# From Italian to English

## Italian for Reading Knowledge

### Second Edition

**Armando Di Carlo**

University of California Berkeley

The McGraw-Hill Companies, Inc.
Primis Custom Publishing

New York  St. Louis  San Francisco  Auckland  Bogotá
Caracas  Lisbon  London  Madrid  Mexico  Milan  Montreal
New Delhi  Paris  San Juan  Singapore  Sydney  Tokyo  Toronto

# McGraw-Hill Higher Education
*A Division of The McGraw-Hill Companies*

### *From Italian to English*
### Italian for Reading Knowledge

Copyright © 1999 by The McGraw-Hill Companies, Inc. All rights reserved. Printed in the United States of America. Except as permitted under the United States Copyright Act of 1976, no part of this publication may be reproduced or distributed in any form or by any means, or stored in a data base retrieval system, without prior written permission of the publisher.

McGraw-Hill's Primis Custom Series consists of products that are produced from camera-ready copy. Peer review, class testing, and accuracy are primarily the responsibility of the author(s).

1 2 3 4 5 6 7 8 9 0   TGX TGX   9 0 9

ISBN 0-07-236147-6

Editor: Julie Kehrwald
Cover Design: Maggie Lytle
Printer/Binder: Techni-Graphix

# FROM ITALIAN TO ENGLISH

ITALIAN FOR READING

KNOWLEDGE

# PREFACE

**From Italian to English** is a comprehensive Italian program designed to help students acquire a solid reading proficiency in Italian by offering a concise presentation of the essential elements of grammar and carefully selected reading material. The textbook is particularly suited for students whose aim is to be able to read and translate original Italian texts in a minimum amount of time, and to see, within a wider context, how characteristic texts illustrate the language. It can be used as an introductory text for students with no background in Italian, or it can serve as a reference text for students wishing to review Italian. The program allows it to be used not only for regular classroom instruction, but also for self-study whenever a good knowledge of grammatical and syntactical structures in other languages has already been mastered.

## Overview

The material of this book is focused on stimulating learners to become progressively more self-reliant and analytical in their approach. **From Italian to English** differs from traditional textbooks where the focus is centered on acquiring listening comprehension skills and a practical speaking knowledge of the language. In fact this book differs widely from traditional texts in aim, activities, vocabulary and reading material. Each chapter presents and explains clearly and concisely the basic aspects of Italian grammar and syntax. Reading material accompanies each lesson: easy descriptive and biographical passages at first, followed by more difficult selections. The selections include a number of quotations from various authors and disciplines, and so represent a broad spectrum of Italian prose in its rich linguistic and cultural diversity. Not all the reading passages coincide perfectly with the grammar presented in the chapter, but this should create a more challenging learning experience for students. The texts date from the Medieval time to the present and represent a great range of linguistic registers, something not readily available in other commercial textbooks. Students will explore classical Italian literary texts as well as some non-traditional forms.

## Organization

The book contains eight chapters. The Introduction (phonetics and orthography) will help the student learn the exact pronunciation of the Italian language. The following chapters are divided into sections that reflect increasing levels of difficulty. They consist of : 1) a graded presentation of all essential grammatical points amply illustrated with examples and their English translations. 2) Extensive and pertinent translation exercises. 3) Reading and translation passages placed according to their grammatical complexity and conceptual difficulty. 4) A vocabulary list proper to the chapter's grammatical content and specific reading/ translation selection. Most of the words in the vocabulary list are accompanied by an English translation. In later chapters, whenever possible, easily-recognized synonyms in Italian are also provided.

## Note to the students

The ability to recall and associate words belonging to a special context is the major component of reading comprehension. Learners should organize information in order to convey a meaning in a semantic net, by a process of reactivating a given experience, or a utilized scheme, and by making critical evaluations of content for consistency and compatibility with prior knowledge and common sense. To this end students are strongly encouraged to use a dictionary so as to expand their knowledge of meanings and usage of specific words and expressions. Extensive lists of Italian words whose meaning may be easily recognized as cognates are also included in the text; this is a valuable addition that should allow one to enrich vocabulary acquisition beyond what appears in the grammar and reading selection. It is also recommended that students compile their own lists/ flash cards of vocabulary pertinent to their specific field of specialization and research. It is hoped that students will come to enjoy the pleasure of analytic reading and interpretation of written texts and that they may acquire an appreciation of the Italian language and culture in their complexity and diversity through the centuries.

In reading Italian you will discover that certain sets of word endings have counterparts in English. You also will discover that there are many cognates, some false cognates, and that certain words may have undergone a semantic change through the centuries. The verb in Italian has many more forms and tenses than in English; therefore, in translating you must be careful to select the most appropriate English equivalent. Usually the sentence structure in Italian is not particularly difficult. There are, of course, Italian writers who delight in writing complicated and long sentences, and some who, imitating the Latin classics, transpose the clauses and place the verb in a difficult position. When this occurs, we suggest that you try to identify the main clause and then rearrange the subordinated clauses according to standard English. We also suggest that you break long sentences into two or three logical parts, when possible.

# Acknowledgments

I am indebted above all to my friend and colleague Professor Catherine Feucht of U C Berkeley for her careful reading of the whole manuscript while it was being written. Besides her constant encouragement, her precious suggestions helped make this a much better text than it would otherwise have been. My thanks go also to Drs. Lori Ultsch and Elizabeth Leake of U C Berkeley, who bravely put this book in manuscript form, to the best by using it in reading courses in Italian for Graduate Students. These trial runs provided practical student feed-back that was quite useful for the book final revision. I also wish to thank Professors Ruggero Stefanini and Nicolas J. Perella for their generous help and friendship.

## TABLE OF CONTENTS

| | |
|---|---|
| **PREFACE** | pag. 2 |
| **ACKNOWLEDGMENTS** | pag. 5 |
| **GENERAL INTRODUCTION** | pag. 14 |
| The Italian Language | pag. 14 |
| Phonology and Orthography | pag. 15 |
| Alphabet | pag. 15 |
| Vowel | pag. 15 |
| Double Consonants | pag. 16 |
| Syllabication | pag. 16 |
| Apostrophe | pag. 17 |
| Word Stress | pag. 17 |
| Capitalization | pag. 17 |
| Apocope | pag. 18 |
| Cognate words | pag. 18 |
| False cognates | pag. 23 |
| **CAPITOLO I** | pag. 25 |
| Nouns and adjectives | pag. 25 |
| Plural of nouns and adjectives | pag. 25 |
| Definite article | pag. 26 |
| Article and gender patterns | pag. 27 |
| Indefinite article | pag. 29 |
| The verb | pag. 29 |
| Subject pronouns | pag. 29 |
| Present tense of **essere** | pag. 30 |

| | |
|---|---|
| Negation (non) | pag. 31 |
| Interrogative form | pag. 31 |
| *Translation:* **La casa di Laura** | pag. 33 |
| Present tense of **avere** | pag. 34 |
| Expressions with **avere** plus nouns | pag. 35 |
| *Translation:* **La cucina italiana** | pag. 37 |
| Present tense of regular verbs | pag. 37 |
| Present tense of some irregular verbs | pag. 39 |
| Some idiomatic expressions | pag. 40 |

*Translations:*

| | |
|---|---|
| **Oroscopo** | pag. 42 |
| **Fulvia** | pag. 43 |
| Prepositions | pag. 44 |
| Prepositions and article combination | pag. 46 |
| *Translation:* **Gli studenti** | pag. 48 |
| Partitives | pag. 49 |

*Translations:*

| | |
|---|---|
| **L'Italia** | pag. 50 |
| **Aspetto delle piante nelle varie stagioni** | pag. 50 |
| **La scuola elementare italiana** | pag. 51 |
| **CAPITOLO II** | pag. 52 |
| Adverbs | pag. 52 |

*Translations:*

| | |
|---|---|
| **Una lingua straniera** | pag. 55 |
| **Le origini della polenta** | pag. 56 |
| **Parentela tra le lingue** | pag. 57 |
| Reflexive and reciprocal verbs | pag. 57 |

*Translations:*

| | |
|---|---|
| **Annuncio** | pag. 59 |

| | |
|---|---|
| **Giovanni** | **pag. 59** |
| **Franco** | **pag. 59** |
| Present indicative of irregular verbs | pag. 60 |
| *Translations:* | |
| **Giuseppe Garibaldi** | **pag. 62** |
| **I venti** | **pag. 63** |
| **I manoscritti di Leonardo Da Vinci** | **pag. 63** |
| The modal verbs | pag. 64 |
| *Translation:* Sci estivo | pag. 65 |
| Present perfect | pag. 65 |
| *Translations:* | |
| **Una cometa è caduta sul pianeta Giove** | **pag. 70** |
| **Gabriele D'Annunzio** | **pag. 71** |
| Relative pronouns | pag. 71 |
| Interrogative pronouns | pag. 73 |
| *Translation:* L'opera lirica | pag. 75 |
| | |
| **CAPITOLO III** | **pag. 76** |
| Past absolute and imperfect | pag. 76 |
| *Translations:* | |
| **Amedeo Modigliani** | **pag. 78** |
| **Michelangelo** | **pag. 78** |
| **Il matrimonio in Italia** | **pag. 79** |
| **Giovanni Pascoli: Fides** | **pag. 80** |
| **Trilussa: Il gatto socialista** | **pag. 81** |
| **Puccini: Tosca** | **pag. 82** |
| Past absolute of irregular verbs | pag. 82 |
| Irregular verbs in -ere | pag. 83 |

*Translations:*

| | |
|---|---|
| **Marco Polo** | pag. 91 |
| **Mio nonno** | pag. 92 |
| Forms of Italian pronouns | pag. 92 |
| Subject pronouns | pag. 93 |
| Reflexive pronouns | pag. 93 |
| Direct pronouns | pag. 93 |
| Indirect pronouns | pag. 97 |
| *Translation:* **Cappuccetto Rosso** | pag. 98 |
| Disjunctive pronouns | pag. 99 |
| Double pronouns | pag. 100 |
| Adverbs of place | pag. 101 |
| Idiomatic use of **ci, ne, se** | pag. 102 |
| The verbs **volerci** and **metterci** | pag. 103 |
| The verb **piacere** | pag. 105 |

*Translations:*

| | |
|---|---|
| **La piazza italiana** | pag. 106 |
| **Esplorazione del continente antartico** | pag. 106 |
| **CAPITOLO IV** | pag. 108 |
| Past perfect: **trapassato prossimo** and **trapassato remoto** | pag. 108 |

*Translations:*

| | |
|---|---|
| **Nobile fu il primo a sorvolare il Polo** | pag. 110 |
| **Padre Cristoforo** | pag. 111 |
| Polite form of address: **Lei, Loro** | pag. 112 |

*Translations:*

| | |
|---|---|
| **Laurana** | pag. 114 |
| **Il lupo e l'agnello** | pag. 115 |
| Future and future perfect | pag. 115 |
| *Translation:* **Se Florindo è fedele** | pag. 118 |

| | |
|---|---|
| Altered words | pag. 119 |

*Translations:*

| | |
|---|---|
| **L'eredità dell'umanesimo e la nuova cultura** | pag. 124 |
| **I partigiani sono ancora scomodi** | pag. 125 |
| **Jacopone Da Todi: Lode alla povertà** | pag. 126 |
| **La città nella sua fisionomia culturale e umana** | pag. 127 |
| Cardinal and ordinal numbers | pag. 128 |

*Translations:*

| | |
|---|---|
| **Leporello** | pag. 132 |
| **I bronzi di Riace** | pag. 134 |

| | |
|---|---|
| **CAPITOLO V** | pag. 136 |
| Demonstrative adjectives and pronouns | pag. 136 |
| *Translation:* **La fiaba del fungo d'oro** | pag. 138 |
| Possessives | pag. 140 |
| Conditional: present and past | pag. 143 |
| Uses of conditional | pag. 143 |

*Translations:*

| | |
|---|---|
| **Gina** | pag. 146 |
| **Marianna** | pag. 147 |
| Indefinite adjectives and pronouns | pag. 147 |
| Infinitive | pag. 153 |
| Gerund | pag. 157 |
| Present participle | pag. 159 |
| Past participle | pag. 159 |

*Translations:*

| | |
|---|---|
| **La festa dell'Epifania** | pag. 160 |
| **Le origini degli etruschi** | pag. 161 |

More about reflexive verbs — pag. 162

## *Translations:*

**Gerundio** — pag. 164

**Il vento, l'acqua e l'onore** — pag. 164

**La poesia ermetica: Ungaretti, Montale, Quasimodo** — pag. 165

**Luigi Pirandello** — pag. 167

**CAPITOLO VI** — pag. 169

Subjunctive — pag. 169

Use of subjunctive and conditional — pag. 175

Use of present subjunctive — pag. 176

Use of present perfect subjunctive — pag. 176

Use of imperfect subjunctive — pag. 177

## *Translations:*

**Cecco Angiolieri: S'i' fosse foco** — pag. 179

**Itali Calvino: L'autodistruzione dell'autore** — pag. 180

**Il monaco al mercato** — pag. 180

**Dottrina politica e sociale del fascismo** — pag. 181

**Francesco Petrarca: Solo e pensoso** — pag. 183

**Muovesi il vecchierel** — pag. 184

Imperative — pag. 185

## *Translations:*

**Batti, batti, o bel Masetto** — pag. 187

**Laudes Creaturarum** — pag. 188

**Costumi sessuali nella Roma antica** — pag. 190

**L'uomo e il mondo** — pag. 191

**Il superamento del dualismo agostiniano** — pag. 192

"Idiota" — pag. 193

**CAPITOLO VII** — pag. 195

Comparative and superlatives — pag. 195

Absolute superlative — pag. 196

*Translation:* **Il filosofo e Pulcinella** — pag. 200

The passive construction — pag. 201

*Traslations:*

**Williams Shakespeare** — pag. 206

**Scoperte archeologiche in Messico** — pag. 206

**L'incidenza delle catastrofi** — pag. 207

**Il battistero** — pag. 208

**Vesti la giubba** — pag. 208

**Il Medioevo** — pag. 209

Impersonal construction and defective verbs — pag. 210

*Translations:*

**La nascita dei Comuni** — pag. 214

**Niccolò Macchiavelli a suo figlio Guido** — pag. 216

**CAPITOLO VIII** — pag. 217

Causative **fare** — pag. 217

*Translations:*

**Vittorio Alfieri** — pag. 218

**Macchiavelli: Della crudeltà e pietà** — pag. 221

Italian prefixes — pag. 221

*Translations:*

**Pompei** — pag. 224

**La villa dei misteri** — pag. 225

Conjunctions, prepositions and sentence connectors — pag. 225

*Translations:*

**Leonardo Sciascia: <u>A ciascuno il suo</u>** — pag. 228

| | |
|---|---|
| Il Decameron | pag. 229 |
| Verbs followed by prepositions | pag. 231 |
| Apocopated words | pag. 232 |

*Translations:*

| | |
|---|---|
| Il Trecento | pag. 233 |
| Inferno | pag. 233 |
| Paolo e Francesca | pag. 234 |
| Purgatorio | pag. 235 |
| Paradiso | pag. 236 |
| Archaic forms of imperfect | pag. 236 |

*Translations:*

| | |
|---|---|
| Giacomo Leopardi | pag. 236 |
| L'infinito | pag. 237 |
| A Silvia | pag. 237 |
| Position of some reflexive pronouns | pag. 238 |

*Translations:*

| | |
|---|---|
| Marco Polo: Il Milione | pag. 239 |
| Quant'è bella giovinezza | pag. 239 |
| Raffaello Sanzio a Simone suo zio | pag. 240 |
| More about prepositions | pag. 240 |
| General importance of the verb | pag. 242 |

*Translations*

| | |
|---|---|
| Quindicesimo secolo | pag. 242 |
| Baldassar Castiglione | pag. 243 |
| La donna di corte | pag. 243 |
| Congruenze copernicane | pag. 245 |
| Indice alfabetico della grammatica | pag. 246 |
| Traduzioni | pag. 249 |

# GENERAL INTRODUCTION

**THE ITALIAN LANGUAGE**

Italian belongs to the Indo-European group of languages of which Latin was an offshoot. From Latin came Portuguese, Spanish, Catalan, Provençal, French, Italian and Rumanian. Italian stemmed from the Latin of the Apennine Peninsula, just as French stemmed from the Latin of Gaul, and Spanish from the Latin spoken in the Iberian peninsula.

All languages derived from Latin are called Romance Languages. Of all Romance Languages, standard Italian appears to be the closest to the language spoken by the Romans in the first century of the Christian era.

Knowing any of the Romance Languages will help you in translating Italian. If you have studied Spanish, you will find a considerable number of words in Italian which resemble, or are identical to their counterpart in Spanish. The study of French may have brought out the similarity between certain French and certain English words. In most cases the same similarities may be found between Italian and English forms. As it is well known, English, although a Germanic language with Anglo-Saxon inflections, has a high percentage of words of Latin or Romance origin which will often lead the student to recognize the meaning of the Italian counterpart. Thus translating Italian is not difficult for an English speaking student. Italian is easy to read also because it has not changed much through the centuries. The Italian of Dante (1265-1321) for instance resembles the Italian of today more than the English of Shakespeare (1564-1616) does present-day English.

**The following abbreviations are used in this manual:**

| | | | |
|---|---|---|---|
| (*agg.*) | adjective | (*m.*) | masculine |
| (*avv.*) | adverb | (*n.*) | noun |
| (*f.*) | feminine | (*pl.*) | plural |
| (*inf.*) | infinitive | (*p.p.*) | past participle |
| (*inv.*) | invariable | (*s.*) | singular |
| (*irr.*) | irregular | (*p. perf.*) | past perfect |
| (*subj.*) | subjunctive | (*imp.*) | imperfect |

# FONOLOGIA E ORTOGRAFIA (phonology and orthography)

1. The Italian **alfabeto** (alphabet) consists of 21 letters: **a b c d e f g h i l m n o p q r s t u v z**

The letters **j k w x y** appear in foreign words which have retained their original spelling.

Italian **vocali** (vowels) **a e i o u** are always pronounced, never slurred, regardless of their position in the word. It is important to distinguish closed **e** from open **e** and closed **o** from open **o**. The conjunction **e** (and) is to be pronounced close while the verb **è** (is) is to be pronounced as the vowel in (bet). Similarly, the conjunction **o** (or) is to be pronounced close while the verb **ho** (I have) is to be pronounced as the vowel in (talk) or (top).

*[margin notes: (nat) è (reign)]*

Here are some helpful hints:

| | | | |
|---|---|---|---|
| a | ama | Italia | approximately as in <u>father</u> |
| i | si | | approximately as in r<u>epea</u>t, r<u>e</u>c<u>ei</u>ve |
| u | uno | una | approximately as in b<u>oo</u>t, r<u>oo</u>t |
| e | e | bene | as in <u>set, bet, let</u> |
| e | sete | mese | approximately as in r<u>ay</u>, b<u>ay</u> |
| o | no | sto ho | approximately as in <u>ough</u>t, p<u>au</u>se |
| o | nome | giorno | approximately as in f<u>oe</u> |

*[margin notes: NO! NON È VERO!]*

Italian spelling does not indicate the difference between the two sounds of **e** and the two sounds of **o** (open and closed). Keep in mind, however, that only stressed **e** and **o** are to be pronounced open.

When **i** and **u** are unstressed and precede another vowel (usually stressed), and form with it a diphthong, they are not pronounced as full vowels, but rather as the semivowels or glides (y) in *yet, you,* and (w) in *which* or *woman* respectively: **uomo** (man), **quale** (which), **cuoco** (cook), **piano** (flat/ quietly/ slow), **piove** (it rains), **fiore** (flower).

The Italian **r** is always rolled. **Roma, treno** (train), **tre** (three).

The Italian **sc** when followed by the vowels **-i** and **-e** (soft vowels) corresponds to the <u>sh</u> sound in English as in <u>shade</u> and <u>sheet</u>: **Pesce** (fish), **sci** (ski). The **sc** followed by the vowels **-o, -a** and **-u,** (hard vowels) sound in English as <u>sk</u> as in <u>skates</u>: **scala,** (stairs) **scopa** (broom).

The Italian **gli** and **gn** are sounds which do not actually exist in English. An approximate English equivalent for **gli** might be <u>bullion,</u> for **gn**, <u>onion</u>: **moglie** (wife), **ragno** (spider).

The Italian **h** is merely a spelling device, and is not pronounced. **Ha** (s/he has), **hotel**.

The Italian **l** is always as in line, lot. ≠ LL ≠ calle (español)

The letter **c** in these combinations: **ca, co, cu, che, chi,** corresponds to the English **k** sound as in kettle, kitten, chemistry, architecture.

The spelling **ce, ci, cia, cio, ciu,** correspond to the English **ch** sound as in chapter and chore.

The spelling **ga, go, gu, ghe, ghi** correspond to the English **g** sound in go, golf, ghetto.

The **ge, gi, gia, gio, giu,** sounds correspond to the English **g** or **j** as in gentle and judge.

The Italian **t** is always clear, as in tip and take.

The **z** sound in Italian is similar to **tz** or **ds**, respectively as in Ritz and gods.

The remaining consonant sounds do not differ from their English equivalent.

**Consonanti doppie** (double consonants)

Double consonants are long consonants. It is very important to learn to distinguish between single and double consonants, because often the addition or omission of a consonant results in an entirely different word. For example: **caro** (dear), **carro** (cart), **sano** (healthy), **sanno** (they know), **casa** (house), **cassa** (case/ box/ chest), **fato** (destiny), **fatto** (fact ). capello / cappello

**Sillabazione** (syllabication):

A vowel can be pronounced alone: **a, o**;

A consonant to be pronounceable must be united with a vowel.

A syllable is a pronounceable unit, **a-mo-re,** (love) **stu-den-te** (student).

An understanding of Italian syllabication will help your pronunciation. Italian words are divided into syllables as follows:

A consonant between two vowels forms a syllable with the vowel that follows: **vo-le-re** (to want), **ca-da-ve-re** (corpse), **sa-ba-to** (Saturday).

Double consonants are separated: **ot-to** (eight), **tet-to** (roof), **gat-to** (cat), **pal-la** (ball).

Two consonants, the first of which is **l m n** or **r**, are also separated: **mer-co-le-dì** (Wednesday), **Al-pi** (Alps), **sim-pa-ti-co** (likable). The consonant **s** is never separated: **co-sto**.

When three consonants come together, the first belongs to the preceding syllable unless it is an **s**: **con-trat-to** (contract), **com-ple-to** (complete), **en-tra-ta** (entrance), **co-stru-zio-ne** (construction).

We have seen that when unstressed **i** or unstressed **u** precede another vowel which is usually stressed, we have a diphthong. The combination of vowels in a diphthong are not separated: **cuo-co** (cook), **piat-to** (plate).

Consonants that belong to the following group are not separated: **fo-glio** (sheet), **pu-gno** (fist), **ta-glia** (size).

L'**apostrofo** (apostrophe)

Two words joined by an apostrophe, are read as one word: l'**Europa**, l'**aria** (the air), l'**isola** (the island), quell'**albero** (that tree), un'**aquila** (an eagle).

**Accento tonico** (word stress)

The accent mark appears only in words which are stressed on the vowel of last syllable: **Gesù** (Jesus), **città** (city), **libertà** (liberty), **università**, **parlò** (s/he spoke), or in some words of one syllable: **più, sì, è, là, sè**, where its function is to distinguish them from homonyms written without an accent. The **accento tonico** can be learned only through hearing, repeating and practicing. It is extremely important to stress the right syllable. A wrong stress is like a wrong note in music.

**Uso della maiuscola** (capitalization):

Adjectives indicating nationality are not capitalized In Italian:

la lingua **inglese**          (the English language)

la grammatica **tedesca**      (the German grammar)

Names of months and days unless they begin a sentence are not capitalized:

**luglio, maggio, marzo**      (July, May, March)

**martedì, sabato, domenica**  (Tuesday, Saturday, Sunday)

**Apocope** (apocope):

The apocope is the dropping of the final vowel of a word. It mostly occurs with titles ending in **ore** when followed by **nomi propri** (proper names):

| | | |
|---|---|---|
| **il signore** | **il signor Rossi** | Mister Rossi |
| **il professore** | **il professor Moretti** | Professor Moretti |
| **male** | **mal di testa** | headache |
| **buono** | **buon giorno** | Good morning |

**PAROLE AFFINI** (cognate words):

1. Thousands of Italian words will already be familiar to you whether you are aware of it or not. Cognates words are words which look alike and have similar or nearly similar meaning in English. In Italian, as in English many words derive from Latin, so you can expect to recognize words that bear resemblance. Compare the following words:

**animale** (animal), **alibi** (alibi), **cordiale** (cordial), **eccellente** (excellent), **differenza** (difference), **probabile** (probable), **errore** (error), **geologia** (geology).

The scientific and technical vocabulary in both languages is quite similar. Cultural and abstract words reveal a common root:

**algebra, anatomia, analisi, scienza, vulcano, atomo, acido, triangolo, commedia, sistema, ciclo, biologia, velocità, applicazione, televisione, studio, filosofia, lunare, ecologia, percezione, legale, accademia, radio, nucleare, intelligenza, prudenza, ignoranza, gratitudine, energia.**

For quick recognition

| | **Italian** | English | **Italian** | English |
|---|---|---|---|---|
| 1. | **-nte** | -nt | **ignorante** | ignorant |
| | | | **intelligente** | intelligent |
| | | | **occupante** | occupant |
| | | | **urgente** | urgent |
| | | | **conveniente** | convenient |

| | | | | |
|---|---|---|---|---|
| 2. | -ico | -ic | **aromatico** | aromatic |
| | | | **generico** | generic |
| | | | **poetico** | poetic |
| | | | **pittorico** | pictorial |
| | | | **allegorico** | allegorical |
| | | | | |
| 3. | -ido | -id | **rapido** | rapid |
| | | | **orrido** | horrid |
| | | | **vivido** | vivid |
| | | | **splendido** | splendid |
| | | | **solido** | solid |
| | | | | |
| 4. | -ore | -or | **aggressore** | aggressor |
| | | | **anteriore** | anterior |
| | | | **pallore** | pallor |
| | | | **valore** | valor |
| | | | **attore** | actor |
| | | | **motore** | motor |
| | | | **autore** | author |
| | | | **tumore** | tumor |
| | | | **aviatore** | aviator |
| | | | **superiore** | superior |
| | | | | |
| 5. | -tà | -ty | **abilità** | ability |
| | | | **affinità** | affinity |
| | | | **varietà** | variety |
| | | | **ospitalità** | hospitality |
| | | | **dignità** | dignity |
| | | | **città** | city |
| | | | **libertà** | liberty |
| | | | **qualità** | quality |
| | | | **formalità** | formality |
| | | | **necessità** | necessity |
| | | | **visibilità** | visibility |
| | | | **celebrità** | celebrity |
| | | | | |
| 6. | -bile | -ble | **adorabile** | adorable |
| | | | **compatibile** | compatible |
| | | | **invincibile** | invincible |
| | | | **abitabile** | habitable |
| | | | **incredibile** | incredible |
| | | | | |
| 7. | -zione | -tion/ction | **abbreviazione** | abbreviation |
| | | | **contribuzione** | contribution |
| | | | **azione** | action |
| | | | **accumulazione** | accumulation |
| | | | **stazione** | station |
| | | | **soluzione** | solution |
| | | | **funzione** | function |

|    |       |      |                |              |
|----|-------|------|----------------|--------------|
|    |       |      | **registrazione** | registration |
|    |       |      | **affezione**     | affection    |
|    |       |      | **intenzione**    | intention    |
|    |       |      | **partecipazione**| participation|
|    |       |      | **soluzione**     | solution     |
| 8. | -nza  | -nce | **adolescenza**   | adolescence  |
|    |       |      | **confluenza**    | confluence   |
|    |       |      | **predominanza**  | predominance |
|    |       |      | **residenza**     | residence    |
| 9. | -ione | -ion | **aggressione**   | aggression   |
|    |       |      | **compassione**   | compassion   |
|    |       |      | **diffusione**    | diffusion    |
|    |       |      | **sessione**      | session      |
|    |       |      | **tensione**      | tension      |
|    |       |      | **passione**      | passion      |
|    |       |      | **espressione**   | expression   |
|    |       |      | **legione**       | legion       |
|    |       |      | **religione**     | religion     |
| 10.| -ale  | -al  | **centrale**      | central      |
|    |       |      | **formale**       | formal       |
|    |       |      | **impersonale**   | impersonal   |
|    |       |      | **originale**     | original     |
|    |       |      | **corale**        | coral        |
| 11.| -ivo  | -ive | **suggestivo**    | suggestive   |
|    |       |      | **ablativo**      | ablative     |
|    |       |      | **corrosivo**     | corrosive    |
|    |       |      | **intuitivo**     | intuitive    |
|    |       |      | **comparativo**   | comparative  |
| 12.| -rio  | -ry  | **contrario**     | contrary     |
|    |       |      | **mercurio**      | mercury      |
|    |       |      | **anniversario**  | anniversary  |
|    |       |      | **laudatorio**    | laudatory    |
|    |       |      | **conservatorio** | conservatory |
| 13.| -oso  | -ous | **curioso**       | curious      |
|    |       |      | **studioso**      | studious     |
|    |       |      | **famoso**        | famous       |
|    |       |      | **coraggioso**    | courageous   |
|    |       |      | **nervoso**       | nervous      |

| | | | | |
|---|---|---|---|---|
| 14. | -etto | -ect | **corretto** | correct |
| | | | **protetto** | protect |
| | | | **prospetto** | prospect |
| | | | **rispetto** | respect |
| 15. | -ia | -y | **biologia** | biology |
| | | | **analogia** | analogy |
| | | | **follia** | folly |
| | | | **anatomia** | anatomy |
| | | | **copia** | copy |
| 16. | -ica | -ic(s) | **musica** | music |
| | | | **politica** | politics |
| | | | **aeronautica** | aeronautics |
| | | | **poetica** | poetics |
| | | | **fisica** | phisics |
| | | | **epica** | epics |
| | | | **semantica** | semantics |
| | | | **linguistica** | linguistics |
| 17. | -ario | -ary | **vocabolario** | vocabulary |
| | | | **necessario** | necessary |
| | | | **straordinario** | extraordinary |
| | | | **diario** | diary |
| 18. | -sta | -ist | **socialista** | socialist |
| | | | **farmacista** | pharmacist |
| | | | **artista** | artist |
| | | | **violinista** | violinist |
| | | | **turista** | tourist |
| 19. | -enza | -ence | **pazienza** | patience |
| | | | **intelligenza** | intelligence |
| | | | **violenza** | violence |
| | | | **coscienza** | conscience |
| 20. | -si | -sis | **idrolisi** | hydrolysis |
| | | | **metastasi** | metastasis |
| | | | **metamorfosi** | metamorphosis |
| | | | **tesi** | thesis |

Most verbs that end in **-care** in Italian, end in -cate in English: **educare** (educate), **duplicare** (duplicate), **sradicare** (eradicate), **confiscare** (confiscate).

Most verbs that end in **-izzare** in Italian, end in <u>-ize</u> in English: **organizzare** (organize), **colonizzare** (colonize), **specializzare** (specialize), **vaporizzare** (vaporize), **autorizzare** (authorize), **atomizzare** (atomize).

Some verb that end in <u>-ire</u> in Italian, end in <u>-ish</u> in English: **finire,** (finish) **abolire,** (abolish), **abbellire** (embellish), **fiorire** (flourish).

2. There are many more correspondences, between Italian and English words:

**studente** (student), **diligente** (diligent), **documento** (document), **possibile** (possible), **eccellente** (excellent), **minerale** (mineral), **comico** (comic), **animale** (animal), **fatalismo** (fatalism), **automatico** (automatic), **speciale** (special), **classico** (classical).

There are thousands of words that are easily identifiable:

**grande** (grand), **acido** (acid), **classe** (class), **persona** (person), **deserto** (desert), **dozzina** (dozen), **metro** (meter), **talento** (talent), **aria** (air), **novembre** (November), **autunno** (autumn), **calma** (calm), **giornale** (journal), **lungo** (long), **assente** (absent), **centrale** (central), **oceano** (ocean), **lista** (list), **consonante** (consonant), **liquido** (liquid), **direttamente** (directly), **madre** (mother), **automobile** (automobile), **affermare** (to affirm), **radio** (radio), **articolo** (article), **nome** (name), **naso** (nose), **pipa** (pipe), **vino** (wine), **operativo** (operative), **dramma** (drama), **causa** (cause), **giudice** (judge), **arrivare** (to arrive), **celebrare** (to celebrate), **terribile** (terrible), **clima** (climate), **data** (date), **villaggio** (village).

3. There are many more Italian words that can be recognized with little imagination. You need to think how to relate the words you are learning to words that you already know. Sometimes the meaning can be slightly different: **luna**, in English is <u>moon</u> but the adjective <u>"lunar"</u> helps you to recognize the Italian noun **luna**. The following words are given only as an indication of the way they relate:

**cane** (dog/ canine), **muro** (wall/ mural), **donare** (to give/ donation), **acqua** (water/ aquatic), **anno** (year/ annual), **lavare** (wash/ lavatory), **mattino/a** (morning/ matinée), **fumo** (smog/ fume), **albero** (tree/ arboretum), **carne** (meat/ flesh/ carnal), **dormire** (to sleep/ dormant), **bere** (to drink/ beverage), **sole** (sun/ solar), **povero** (poor/ poverty), **vendere** (to sell/ vendor/ vending machine), **quanto** (how much/ quantity), **libro** (book/

library), **ricordare** (to remember/ record), **alunno** (student/ alumnus), **legge** (law/ legal), **pena** (punishment/ penalty), **Giove** (Jupiter/ Jove), **rene** (kidney/ renal).

4. Italian, like many other languages, including English, has a word-building system that derives from the basic root: **fumo** (smoke), **fumare** (to smoke), **fumatore** (smoker), **fumante** (smoking/ steaming), **fumaiolo** (chimney/ funnel), **fumata** (smoke/ smoke signal), **fumigare** (to fumigate/ to smoke), **fumogeno** (smoke producer), **fumosità** (smokiness), **fumoso** (smoky), **affumicare** (to fill with smoke/ to blacken with smoke), **affumicato** (smoked/ blackened by smoke), **sfumare** (to shade/ to vanish), **sfumato** (shaded/ vanished), **sfumatura** (shading).

### FALSI AMICI (false cognates)

1. Some Italian words look similar or identical to English, but they have completely different meanings. These words are called <u>false cognates</u> or <u>false friends</u>.

For instance, **biblioteca** is <u>library</u> in English, but **libreria** is <u>bookstore.</u>

**Genitori** in English are <u>parents</u> while **parente/i** in English is <u>relative</u>(s). The English word <u>janitor</u> in Italian is **bidello** (in a school). Below are some of the most common false friends:

| | |
|---|---|
| **abito** (suit/ dress) | **argomento** (topic) |
| **abusivo** (illigal) | **apprendere** (to learn) |
| **avanzo** (left-over) | **avvisare** (to warn) |
| **branda** (camp-bed/ folding bed) | **cava** (quarry) |
| **cancellare** (to erase/ cross out) | **campo** (field) |
| **cauzione** (bail) | **collegio** (boarding school) |
| **commozione** (emotion) | **concorrenza** (competition) |
| **conferenza** (lecture) | **confrontare** (to compare) |
| **connotato** (feature/ mark) | **contesto** (context) |
| **convitto** (bording school) | **crudo** (raw) |
| **disgrazia** (misfortune) | **divertire** (to amuse) |

**domanda** (question)  
**editore** (publisher)  
**estate** (summer)  
**fattoria** (farm)  
**fine** (end/ scope)  
**fronte** (forehead)  
**ginnasio** (classical school)  
**grosso** (big/ large)  
**guardare** (to look)  
**intendere** (to hear/ to understand)  
**lussuria** (lust)  
**patente** (license)  
**pendolare** (commuter)  
**tremendo** (terrible)  
**morbido** (soft/ delicate)  
**scolaro** (pupil/ schoolboy)  
**magazzino** (storehouse/ warehouse)  
**giorno** (day)  
**commodità** (convenience)  

**stampa** (the press/ printing)  
**educato** (polite)  
**fabbrica** (factory)  
**fermo** (still/ stopped)  
**firma** (signature)  
**galleria** (tunnel/ gallery)  
**gratificante** (rewarding)  
**gusto** (taste)  
**ingiuria** (insult)  
**largo** (wide)  
**maneggiare** (to handle)  
**pavimento** (floor)  
**spot** (TV advertisement)  
**stretto** (narrow)  
**sopportare** (to put up with/ tolerate)  
**lettura** (reading)  
**novella** (short story)  
**giornale** (newspaper)  
**attuale** (present/ current)  

**2.** Some words are false cognate only in part, especially when they have more than one meaning. The meaning is related but not equivalent; for instance **coincidenza** has the meaning of <u>coincidence</u> and <u>train connection</u>; **comprendere** has the meaning of <u>to understand</u> and <u>to include</u>; **questione** has the meaning of <u>question</u>, <u>matter</u>, <u>issue</u>, <u>problem</u>, <u>quarrel</u>. They can only be understood in context.

# CAPITOLO I

**NOMI E AGGETTIVI** (nouns and adjectives)

1. Nouns are essential elements in a language. Here we shall treat both nouns and adjectives together since their patterns of transformation are the same. Adjectives agree in gender and number with the nouns they modify. In Italian, a noun is either masculine or feminine. Nouns may end in any one of the five vowels. Nouns and adjectives ending in **-a** are normally feminine and nouns and adjectives ending in **-o** are usually masculine. There is a class of nouns and adjectives that end in **-e**. These nouns and adjectives can be either masculine or feminine.

2. Nouns ending in a consonant are mostly of foreign origin. They are now accepted as part of the Italian vocabulary: **sport, ring, superman, bar, star, meeting, shock, film, stop, fax, laser, yacht, lobby, smog, computer, spot, cowboy, flash, marketing.** They remain <u>unchanged in the plural</u> and most of them are masculine.

3. In Italian like in English there are **nomi collettivi** (collective nouns): **gente** (people), **folla** (crowd), **gregge** (herd); and **nomi composti** (compound nouns): **capostazione** (station-master), **cavatappi** (cork-screw), **cantautore** (singer-composer), **aspirapolvere** (vacuum cleaner).

There are also **omonimi** (homonyms), words with more than one meaning:

**posto** (place/ job/ seat), **imposta** (shutter/ tax), **riso** (rice/ laughter), **palma** (palm tree/ palm), **materia** (subject/ matter/ substance), **calcio** (soccer/ kick/ calcium), **zecca** (mint/ tick), **titolo** (title/ headline/ share/ bond), **processo** (trial/ course/ process),

and **sinonimi** (synonyms), different words with the same meaning or almost the same:

**gente/ persone/ popolo** (people), **faccia/ viso** (face), **dorso/ schiena** (back), **pantaloni/ calzoni** (pants), **capo/ testa** (head).

**PLURALE DEI NOMI E DEGLI AGGETTIVI** (plural of nouns and adjectives)

1. The pattern of transformation from singular to plural is **a-----e: casa** (house)----- **case** (houses),

and **o-----i: tavolo** (table)------ **tavoli** (tables).

Nouns and adjectives ending in **-e** change to **-i** in the plural be they masculine or feminine: **e-----i: verde** (green)----**verdi.**

**2.** No transformation occurs in nouns ending in **-i**: **ipotesi** (hypothesis), **analisi** (analysis), **paralisi** (paralysis), **tesi** (thesis), **crisi** (crisis), **brindisi** (toast), **parafrasi** (paraphrase);

in some nouns ending in **-ie: serie** (series), **specie** (species) **carie** (decay);

in nouns ending in an accented vowel: **società** (society), **città** (city/ town), **caffè** (coffee/ coffee bar), **università** (university), **tribù** (tribe), **falò** (bonfire);

in nouns of one syllable : **re** (king), **dì** (day, poetic form for **giorno**), **gru** (crane);

in those ending with a consonant: **autobus** (bus), **jet** (jet), **computer** (computer);

and in those abbreviated: **foto**, short for **fotografia** (photo/ photograph), **moto,** short for **motocicletta** (motorcycle), **cinema**, short for **cinematografo** (movie theater);

in some foreign nouns that end in a vowel: **moquette, routine, guru, chimono, brioche, privacy.**


**ARTICOLO DETERMINATIVO** (definite article)

| | MASCHILE | | | FEMMINILE | |
|---|---|---|---|---|---|
| SINGOLARE | PLURALE | SINGOLARE | PLURALE | SINGOLARE | PLURALE |
| IL | I | LO | GLI | LA | LE |
| | | L' | GLI | L' | LE |
| Il ragazzo | I ragazzi | Lo studente | Gli studenti | La ragazza | Le ragazze |
| Il padre | I padri | Lo zio | Gli zii | L'agenzia | Le agenzie |
| Il libro | I libri | L'amico | Gli amici | L'opera | Le opere |

Before masculine words beginning with **s** + consonant, **z**, **ps** and **gn**, lo..... gli are used. **Lo** becomes **l'** before a vowel. **La** becomes **l'** before a vowel.

| | | | |
|---|---|---|---|
| **Lo p**sicologo | gli psicologi | **lo gn**omo | gli gnomi |
| **L'**amico | gli amici | **l'**insegnante (*f*) | le insegnanti |
| **Lo s**tivale | gli stivali | **lo z**ingaro | gli zingari |

VOCABOLARIO: **Psicologo** (psichologist), **gnomo** (gnome), **amico** (friend), **insegnante** (teacher, *m. & f.*), **stivale** (boot), **zingaro** (gipsy).

Occasionally in poetic compositions poets use **il** before **s+** consonant or **sce-** and **sci-**. **Li** is sometimes used for **gli**.

### L'ARTICOLO E LE FORME NOMINALI (the article and the gender pattern)

1. The **articolo determinativo** (definite article) serves to identify the **numero** (number): **singolare** or **plurale**, (singular or plural) and the **genere** (gender), **maschile** or **femminile** (masculine or feminine).

In Italian the gender of a noun is established with certainty only <u>through the article:</u>

**la parete** (wall), **la radio** (radio), **il cinema** (movie theater), **la tesi** (thesis), **il clima** (climate), **gli autobus** (busses), **le auto** (cars), **le insegnanti** (female teachers), **gli insegnanti** (male teachers), **le braccia** (arms), **il memorandum** (memorandum), **il meeting** (meeting), **la star** (star), **la mano** (hand), **le mani** (hands), **la gru** (crane), **il tabù** (taboo), **il pianeta** (planet), **gli scioglilingua** (tongue twisters), **il violinista** (male violinist), **la violinista** (female violinist), **le Alpi** (Alps), **il Canada** (Canada), **il Nebraska** (Nebraska), **il Pakistan** (Pakistan).

The article may clarify the meaning of **omofoni** (homophones) with different genders:

| | |
|---|---|
| **il radio** (radium/ radius) | **la radio** (radio) |
| **il capitale** (capital, money) | **la capitale** (capital of a country) |
| **il fine** (scope/ goal) | **la fine** (end) |
| **il fronte** (war front) | **la fronte** (forehead) |
| **il mitra** (machine-gun) | **la mitra** (mitre) |
| **il tema** (theme/ topic) | **la tema** (literary word for fear) |
| **il boa** (boa) | **la boa** (buoy) |
| **il moto** (motion) | **la moto** (motorcycle) |

A number of words in every day usage deviate from the pattern:

| | |
|---|---|
| la mano | le mani (hands) |
| il dito | le dita (fingers) |
| il labbro | le labbra (lips) |
| il programma | i programmi (programs) |
| il braccio | le braccia (arms) |
| l'uomo | gli uomini (men) |
| il cinema | i cinema |

**2.** The agreement of the group **articolo-nome-aggettivo** is illustrated by the following examples:

il ragazzo alto è (is) inglese

la ragazza alta è inglese

i ragazzi alti sono (are) inglesi

le ragazze alte sono inglesi

la bambina intelligente è povera

le bambine intelligenti sono povere

il problema difficile

i problemi difficili

il violinista francese

i violinisti francesi

la violinista francese

le violiniste francesi

le università italiane e francesi

l'esame lungo e difficile

gli esami lunghi e difficili

le mani pulite

l'evoluzione embrionale progressiva

VOCABOLARIO: **Alto** (tall), **libro** (book), **verde** (green), **povero** (poor), **pulito** (clean), **esame** (exam).

NOTE:

In Italian, adjectives normally come after the noun: **lo studente italiano** (the Italian student), but there are exceptions in which the adjective can precede the noun: **Mariella è una bella ragazza.** (Mariella is a beautiful girl.) The position of the adjective conveys occasionally a difference in meaning: **Mariella è una cara amica.** (Mariella is a dear friend.) **La Ferrari è una macchina cara.** (The Ferrari is an expensive car.) **Luigi è un bravo ragazzo** (well behaved). **Luigi è un ragazzo bravo** (performs well).

**ARTICOLO INDETERMINATIVO** (indefinite article)

| MASCHILE | | FEMMINILE | |
|---|---|---|---|
| UN | UNO | UNA | UN' |
| Bambino | Studente | Bambina | Amica |
| Ragazzo | Zio | Madre | Analisi |
| Ingegnere | Specchio | Poesia | Opera |

**Un** is used with all masculine words, including those beginning with a vowel, **uno** only before **s+** consonant or **z, ps** and **gn**. Notice that **un'** is used only before feminine nouns or adjectives beginning with a vowel.

Words like **psicologo, pneumatico, gnomo** take the **lo --> gli** and **uno** forms: **lo psicologo, gli psicologi, uno psicologo.**

VOCABOLARIO: **Ragazzo** (boy), **bambino** (child), **padre** (father), **zio** (uncle), **poesia** (poem), **specchio** (mirror).

**IL VERBO** (the verb)

In Italian the verb has many more forms than in English. Verb forms can be expressed without subject pronouns; in fact subject pronouns are usually omitted in Italian unless they are used for emphasis or contrast.

**PRONOMI SOGGETTI** (subject pronouns)

**Io** (I)

**Tu** (you)

**Lui/ egli** (he)

**Lei/ ella** (she)

**Esso**    (he/ it)

**Essa**    (she/ it)

**Noi**     (we)

**Voi**     (you)

**Loro**    (they)

**Essi**    (they, *m.*)

**Esse**    (they, *f.*)

NOTE: Personal pronoun such as: **egli, ella, esso, essa, essi, esse** are seldom used in conversation, especially in modern Italian. They appear very often in the written form.

### PRESENTE INDICATIVO DI "ESSERE" (present tense of to be)

| | | |
|---|---|---|
| io | **sono** | I am |
| tu | **sei** | you are |
| lei/ lui/ egli ella/ esso/ essa | **è** | she/he/it, is |
| noi | **siamo** | we are |
| voi | **siete** | you are |
| loro/essi/esse | **sono** | they are |

L'Italia è una penisola. (Italy is a peninsula.)

Roma e Milano **sono** due grandi città italiane. (Rome and Milan are two large Italian cities.)

Tu **sei** americano, noi **siamo** italiani. (You are American, we are Italian.)

Voi **siete** inglesi. (You are English.)

Lui è americano? (Is he American?)

**Sono** americane loro? (Are they American?) [*f. pl.*]

**Sono** americani loro? (Are they American?) [*m. pl.*]

Loro **sono** francesi. (They are French.)

**NEGAZIONE** (negation)

**Non** before the verb **essere** is translated (not)

Examples:

Io **non** sono italiano. (I am not Italian.)

L'Inghilterra **non** è una penisola. (England is not a peninsula.)

**Non** siamo americani. (We are not American.)

Il Colosseo **non** è a Firenze. (The Coliseum is not in Florence.)

**FORMA INTERROGATIVA** (interrogative form)

Normally, there is no change in the word order of a question. The change is in the intonation only. Sometimes for emphasis, the subject is placed at the end of the question. (**È italiana Marie?** (Is Marie Italian?)

**TRADURRE IN INGLESE** (Translate into English)

1. Il ristorante italiano. I ristoranti messicani e cinesi.

2. Una lezione di francese. La lingua tedesca.

3. Una banca americana. La cultura inglese.

4. Una signorina felice e contenta.

5. Un ragazzo intelligente. I ragazzi intelligenti. Le ragazze intelligenti.

6. L'mico giovane. Gli amici giovani. Le amiche giovani.

7. Una professoressa brava. I professori bravi. I ragazzi studiosi.

8. Sono italiane loro? No! Loro sono americane.

9. Noi siamo italiani e loro sono americani.

10. Venezia e Firenze sono due belle città italiane.

11. Il signor Rossi è professore. La signora Rossi è professoressa.

12. Siete francesi? No! Noi siamo spagnoli.

13. L'Europa è un continente. La Spagna è in Europa.

14. Tu sei architetto, lei è maestra (teacher in grammar school).

15. Lo studente è diligente. Le studentesse sono intelligenti.

16. Maria è una studentessa italiana. Oscar è uno studioso spagnolo.

17. Siete americane voi? Sì, siamo di (from) San Francisco, noi siamo californiane.

18. Pierina è una bella bambina. Lei è anche brava e ubbidiente.

19. La signora Silvestri è di Firenze.

20. La Sicilia è un'isola; l'Italia è una penisola; anche la Florida è una penisola.

21. Milano è una città grande e moderna. Milano e Torino sono città grandi e moderne.

22. Sei inglese? No! Sono tedesco.

23. Il signor Mori non è di Venezia, è di Bologna. La signora Mori è veneziana.

24. Gli studenti sono in classe, dove (where) è il professore?

25. Maria è una bambina eccezionale. Carlo e Maria sono due bambini eccezionali.

26. Le automobili americane sono comode (comfortable) e grandi.

27. Carlo è al (at /in the) bar, Lisa è in biblioteca e Laura è a scuola.

28. Daniela e Marco sono al caffè; essi sono felici (happy) e contenti.

29. La crisi economica italiana è passata (over).

30. Non tutte le città italiane sono antiche.

31. Tu sei uno studente straniero (foreign)? Di dove sei?

32. Le mani di Marco (Marco's) sono sporche (dirty).

33. La signorina Martini è brava in matematica.

34. I programmi scolastici italiani sono difficili.

35. La crisi economica mondiale non è ancora (yet) passata.

36. Marco ha (has) le braccia lunghe e le dita corte.

37. I colibrì (humming birds) sono uccelli (birds) esotici.

38. L'Italia ha la forma di uno stivale. La Sicilia ha la forma di un triangolo.

39. Lo zio e la zia di Francesco sono di Genova e sono avvocati (lawyers).

40. La Ferrari è un'automobile italiana veloce, costosa ed elegante.

41. Giacomo Leopardi è un famoso poeta lirico italiano.

42. La tesi di Nicola è interessante per gli studiosi di Scienze politiche.

TRADURRE

**La Casa di Laura**

La casa di Laura non è grande, ma (but) è bella e comoda. È a due **piani** e c'è (there is) anche (also) un piccolo giardino. Nel (in) giardino ci sono **alberi**, ci sono rose rosse e **gialle** e un piccolo **prato**. È autunno e gli alberi sono **spogli**, **senza foglie**, ma il prato è verde e bello. **Al piano terreno** ci sono quattro **stanze**: la cucina, il salotto, lo studio e la **sala da pranzo**. Al primo piano ci sono due camere da letto e una **stanza da bagno**. La casa è bianca con il **tetto** rosso.

VOCABOLARIO: **Piano** (floor), **albero** (tree), **giallo** (yellow), **prato** (meadow), **spoglio** (bare/ undressed), **foglia** (leaf), **Pian terreno** (first floor/ ground floor), **stanza** (room), **sala da pranzo** (dining room), **senza** (without), **camera da letto** (bedroom), **stanza da bagno** (bathroom). **tetto** (roof).

TRADURRE

1. Marco è un ragazzo bravo, Maria è una ragazza studiosa e bella.

2. Sei spagnolo? No! Io sono portoghese. E tu? sei spagnola? No! Io sono francese.

3. Monica è **stanca**. Anche noi siamo stanchi. Io non sono stanco.

4. Lui è **grasso** e **alto**. Lei è alta e bionda. Noi siamo bassi e grassi.

5. Noi siamo turisti austriaci. Loro sono ragazzi **tristi**. Loro sono donne giovani e tristi.

6. Sei o non sei uno studente?

7. Mirella è una donna giovane e **simpatica**. Luigi è un uomo **vecchio** e simpatico.

8. È un problema difficile. La fisica e la matematica sono materie difficili.

9. La California è uno Stato americano. Anche il Montana è uno Stato americano.

10. Il Canada, gli Stati Uniti e il Messico sono Paesi del Nord America.

11. Il **pane** e il **latte** sono **cibi** importanti e nutritivi.

12. Roma è la capitale d'Italia. Milano è il **capoluogo** della (of) Lombardia.

13. L'**oro** e l'**argento** sono metalli preziosi. Anche (also) il platino è un metallo prezioso.

14. La pazienza è una virtù. Paolo e Mario sono pazienti. Gina non è paziente.

15. In Italia ci sono tre vulcani: l'Etna, un vulcano attivo; lo Stromboli e il Vesuvio.

VOCABOLARIO:   **stanco** (tired), **grasso** (fat), **alto** (tall), **triste** (sad), **simpatico** (pleasant/ likable), **vecchio** (old), **pane** (bread), **latte** (milk), **cibo** (food), **capoluogo** (capitol city), **oro** (gold), **argento** (silver).


**PRESENTE INDICATIVO DI AVERE**

| | |
|---|---|
| io **ho** | I have |
| tu **hai** | you have |
| lui/ lei/ egli/ ella/ esso/ essa **ha** | he/ she/ it has |
| noi **abbiamo** | we have |
| voi **avete** | you have |
| loro/essi/esse **hanno** | they have |

Examples:

| | |
|---|---|
| Mario **ha** molti amici. | Mario has many friends. |
| **Hai** una macchina? | Do you have a car? |
| **Non ho** una macchina. | I do not have a car. |
| **Abbiamo** una bella casa in campagna | We have a beautiful house in the country |
| Lei **ha** due sorelle. | She has two sisters? |

## TRADURRE

1. Avete un'automobile? No! Noi abbiamo una moto e una bicicletta.

2. Avete **parenti** in Italia? Sì noi abbiamo i **nonni** in Italia.

3. Isabella ha tre **sorelle** e due **fratelli**, ma non ha **figli**.

4. Hai tempo per studiare? **Oggi** non ho tempo.

5. Hanno un cane, un gatto e un uccello.

6. Hai una penna e un **foglio** di **carta**?

7. Lo zio di Tonino ha un'auto nuova.

8. Lui ha occhi azzurri, capelli **ricci** e corti e una barba lunga e nera.

9. Ho due strumenti musicali, un violino ed una tromba.

10. Abbiamo un appuntamento **con** Giorgio oggi.

11. Hai una macchina italiana? Sì, ho una FIAT (fabrica italiana automobilistica Torino).

12. Laura e Lucia hanno un fratello in America. Voi avete un **nipote** in Francia.


**VOCABOLARIO:** **Parente** (relative), **nonni** (grandparents), **sorella** (sister), **fratello** (brother), **figlio** (child), **oggi** (today), **foglio** (sheet), **carta** (paper), **riccio** (curly), **con** (with), **nipote** (nephew/ grandchild).


### ESPRESSIONI CON IL VERBO AVERE + NOMI:

| | | | |
|---|---|---|---|
| **Ho fame** | I am hungry | **Ho sete** | I am thirsty. |
| **Ho sonno** | I am sleepy | **Ho freddo** | I am cold. |
| **Ho caldo** | I am warm | **Ho paura** | I am afraid. |
| **Ho torto** | I am wrong | **Ho fretta** | I am in a hurry. |
| **Ho pazienza** | I am patient | **Ho ragione** | I am right. |
| **Ho bisogno di** | I need | **Ho voglia di** | I feel like... |

The expression: **quanti anni hai?** (how old are you?), literally (how many years do you have?). **Ho 18 anni.** (I am 18 years old.), literally (I have 18 years.).

### EXAMPLES:

Carlo **ha fame**.  Carlo <u>is hungry</u>. (Literally : Carlo has hunger.)

| | |
|---|---|
| Il professore **ha fretta**. | The professor is in a hurry. |
| Mario **ha 10 anni**. | Mario is 10 years old. |
| Marco **ha sonno**. | Marco is sleepy. (Literally: Marco has sleep.) |

## TRADURRE

1. Hai **fame**? No! non ho fame, ma ho sete e sono stanco.

2. I signori Rossi non hanno cugini. I signori Martini hanno tre figlie.

3. Oggi abbiamo una lezione di fisica molto (very) difficile.

4. Io ho ragione, tu hai torto.

5. Mario ha una **zia** e uno zio a Torino e una nipote (nice/ granddaughter) a Napoli.

6. L'Italia ha due lunghe **catene** di **monti**: le **Alpi** e gli Appennini.

7. Quanti anni hai? Ho **venticinque** anni.

8. Mario ha **quindici** anni, la cugina di Mario ha **venti** anni.

9. Avete freddo? No! Ma abbiamo **sonno**.

10. Caterina è molto giovane, ha soltanto (only) **diciassette** anni.

VOCABOLARIO: **Catena** (chain); **monte** (mountain); **Alpi** (Alps); **zia** (aunt); **quindici** (fifteen); **venti** (twenty); **venticinque** (twenty-five); **quanti** (how many); **fame** (hunger); **sonno** (sleep); **freddo** (cold); **diciassette** (seventeen).

Nota: Possession is expressed in Italian by **di** plus the **possessore** (possessor): la cugina **di Mario**. (Mario's cousin.) La macchina **del professore**. (The professor's car.) (Literally: the car of the professor.)


## TRADURRE

1. Gennaio e febbraio sono due mesi invernali freddi.

2. La chimica e la fisica sono materie difficili.

3. Atene è una città antica; anche Roma è una città antica.

4. Ho un libro di storia romana molto interessante.

4. A Perugia ci sono molti (many) studenti stranieri.

5. La cognata (sister in law) di Francesco è giovane, ha solo (only) sedici anni.

6. Franca ha ragione! Tu hai torto.

7. Non ho paura del professore perchè lui è paziente e gentile.

8. La macchina (car) di Antonio è nera.

9. La generosità è una virtù comune in pochi uomini.

10. Mario ha una calcolatrice Olivetti. Questo (this) computer è di Cristina.


TRADURRE

**La cucina italiana**

La cucina italiana è ricca e molto varia. Gli spaghetti sono solo un tipo di pasta; in Italia ci sono molti tipi diversi di pasta come le lasagne, le fettuccine, i rigatoni, le penne ecc. I tortellini sono un **piatto** tipico di Bologna. A Roma i piatti tipici sono le fettuccine, i **saltimbocca** alla romana, l'**agnello** e gli spaghetti all'amatriciana. A Firenze, una delle specialità è la **bistecca** alla fiorentina. A Genova la pasta al pesto è un piatto molto gustoso. A Napoli le specialità culinarie sono la pizza e gli spaghetti. Gli italiani hanno il culto della (of the) cucina, e la cucina italiana ha molti ammiratori e imitatori in tutto il mondo.


VOCABOLARIO: **piatto** (dish/ course); **saltimbocca** (typical Roman dish of veal and prosciutto); **agnello** (lamb); **bistecca** (steak); **alla romana, all'amatriciana, alla fiorentina** (Roman, Amatrice, Florentine style).


**INDICATIVO PRESENTE DEI VERBI REGOLARI** (Present tense of regular verbs)

Given below is the present indicative of a regular verb from each of the three classes of conjugations of Italian verbs easily identifiable by the distinctive endings of the **infinito** (infinitive): am- **are**, vend-**ere**, part-**ire**, plus the conjugation of the so called verbs in **-isc-** : prefer-**ire**.

|         | 1st           | 2nd                          | 3rd     | 3rd                      |
|---------|---------------|------------------------------|---------|--------------------------|
|         | **Ama**re     | vend**ere**                  | part**ire** | prefer**ire**        |

|     |            |                            |     |                        |
|-----|------------|----------------------------|-----|------------------------|
|     | amo        | (I love/I do love/I am loving) |     | amiamo (we love)     |
|     | vendo      | (I sell etc.)              |     | vendiamo (we sell)     |
| io  | parto      | (I leave etc.)             | noi | partiamo (we leave)    |
|     | preferi**sc**o | (I prefer etc.)        |     | preferiamo (we prefer) |

|     |            |                   |     |             |
|-----|------------|-------------------|-----|-------------|
|     | ami        | (you love, etc.)  |     | amate (you love, etc.) |
|     | vendi      |                   |     | vendete     |
| tu  | parti      |                   | voi | partite     |
|     | preferi**sc**i |               |     | preferite   |

|     |            |                    |      |             |
|-----|------------|--------------------|------|-------------|
|     | ama        | (she loves, etc.)  |      | amano (they love) |
|     | vende      |                    |      | vendono     |
| lei | parte      |                    | loro | partono     |
|     | preferi**sc**e |                |      | preferi**sc**ono |

NOTE. Some features of the Italian regular verbs in the **presente indicativo** are:

a. The vowel **-o** is the **desinenza** (ending) of the first person singular.

b. The vowel **-i** is the **desinenza** of the second person singular.

c. **-a** is the ending of the third person singular of verbs of first conjugation.

d. **-e** is the ending of the third person singular of verbs of second and third conjugation.

e. **-iamo** is the ending for the first person plural.

f. **-te** (preceded by the characteristic vowel of the conjugation) is the ending of the second person plural.

g. **-no** is the characteristic ending of the third person plural.


A verb is called **regolare** (regular) when all the forms of its conjugation can be built on the stem of infinitive in a predictable way: **Am-o, am-i, am-a, am-iamo, am-ate, am-ano;** (future): **Am-erò, am-erai, am-erà, am-eremo, am-erete, am-eranno;** (conditional present): **am-erei, am-eresti, am-erebbe, am-eremmo, am-ereste, am-erebbero.**

## INDICATIVO PRESENTE DI ALCUNI VERBI IRREGOLARI

A verb is **irregolare** when some of the forms of the various tenses cannot be built on the stem of infinitive in a predictable way.

**Andare** (to go)         **Fare** (to do, to make)

| Io | vado | noi | andiamo | | io | faccio | noi | facciamo |
|---|---|---|---|---|---|---|---|---|
| tu | vai | voi | andate | | tu | fai | voi | fate |
| egli | va | loro | vanno | | lei | fa | loro | fanno |

**Dare** (to give)        **Dire** (to say)

| Io | do | noi | diamo | | io | dico | noi | diciamo |
|---|---|---|---|---|---|---|---|---|
| tu | dai | voi | date | | tu | dici | voi | dite |
| lei | dà | loro | danno | | egli | dice | loro | dicono |

**Sapere** (to know)        **Stare** (to stay)

| So | sappiamo | | sto | stiamo |
|---|---|---|---|---|
| sai | sapete | | stai | state |
| sa | sanno | | sta | stanno |

**Sapere** (to know how, to know something): Cesare **non sa** nuotare. (Cesare <u>doesn't know how</u> to swim.) Mirella **sa** l'inglese perchè ogni estate va in Inghilterra. (Mirella <u>knows</u> English because she goes to England every summer.)

The great majority of Italian irregular verbs fall into a very precise and constant pattern. The third person plural forms: **vanno, stanno, danno, sanno, fanno** are an example of such pattern.

## ALCUNE ESPRESSIONI CON I VERBI: FARE, ANDARE, DARE, STARE

### FARE

**Fare una domanda** ( to ask a question)       **fare una fotografia** (to take a picture)

**fare colazione** (to have breakfast)          **fare sciopero** (to go on strike)

**fare il pieno** (to fill 'it' up)             **che tempo fa?** (how is the weather?)

**fa caldo** (it is hot), literally, it makes hot)   **fa freddo** (it is cold)

**fa bel tempo** (it is beautiful weather)      **fare domanda** (to apply for a job)

**fare quattro chiacchiere** (to chat)          **fare la spesa** (to go shopping)

**fare il medico** (to be a physician)          **fare uno spuntino** (to have a snack)

**fare una passeggiata/ due passi** (to take a walk)   **fare schifo** (to be disgusting)

**fare il bagno/ la doccia** (to take a bath/ shower)   **fare un sogno** (to dream)

**fare un pisolino** (to take a nap)            **fare piacere** (to please)

**fare rabbia** (to anger)                      **fare una bella figura** (to make a good impression)

**farsi prete** (to become a priest)            **farsi strada** (to make one's way)

**farsi largo** (to push through)               **farsi vivo** (to show up)

**sul fare del giorno** (at daybreak)           **fare male** (to hurt)

### ANDARE

**Andare a piedi** (to walk)                    **andare in treno** (by train)

**andare in aereo** (to fly)                    **andare per le lunghe** (to take a long time)

**andare all'altro mondo** (to die)             **andare a gambe all'aria** (to fail)

### DARE

**dare del tu/ del lei** (to use the **tu** or **lei** form)   **dare la mancia** (to leave a tip)

**dare nell'occhio** (to catch the eye)         **dare una festa** (to have a party)

**dare la mano** (to shake hands)               **dare un esame** (to take a test/ exam)

**dare retta** (pay attention/ to listen to)   **dare la precedenza** (to yield)

## STARE

**Stare bene** (to be fine)   **stare male** (to be not well)

**stare attento** (to be careful)   **stare in piedi** (to be standing)

**stare zitto** (to be quiet)   **stare per** + infinitive (to be about to)

L'autobus **sta per** partire (the bus is about to leave)

NOTE:

a. Normally, the **presente indicativo** furnishes all the nuances of the present tense in English, depending on the context. Thus **noi studiamo** l'italiano may mean: we study Italian, we are studying Italian, and we do study Italian.

b. When an action is represented as having taken place and still continuing at the present moment, it is expressed in Italian by the present tense plus an expression of time:

**Abito** a Milano **da** tre anni. (I have been living in Milan for three years.)

**Sono** due mesi che **studiamo** l'italiano/ **studiamo** l'italiano **da** due mesi. (We have been studying Italian for two months.)

**Da quanto tempo abiti** a Roma? (How long have you been living in Rome?)

**Da quando è** (since when) **che abiti** a Roma? (How long have you been living in Rome?)

**Abito** a Roma **dal** 1994. (I have been living in Rome since 1994.)

## TRADURRE

1. Non vedo Marco da tre giorni. Tu da quanto tempo non lo (him) vedi?

2. Parlo con un amico. Parlano con il dottore. Voi parlate con loro.

3. Da quanto tempo **aspetti** il cugino di Francesco? Sono dieci minuti che lo aspetto.

4. Io mangio un **panino**. Tu che mangi? Perchè non mangiamo i tortellini?

5. Che fai di solito la sera? Perchè non andiamo al cinema? Sono stanco.

6. Sai che Mario abita a Napoli? Domani andiamo a Napoli.

7. La farmacista vende la sua (her) macchina. La (it) compriamo noi.

8. Mariella **pulisce** la casa; noi puliamo l'ufficio. Loro che puliscono?

9. Tu parti oggi, io parto domani. Loro quando partono?

10. **Ascolto** la musica classica. Loro preferiscono ascoltare le canzoni moderne.

11. Che fate? Abbiamo fretta! Non sapete che il treno parte a mezzogiorno?

12. Noi **restiamo** a casa; voi andate a teatro; sapete dove va Livio?

13. Preferisci un tè o un caffè? Io veramente preferisco un **bicchiere** di vino rosso.

14. Sappiamo che vendono la macchina fotografica e l'**orologio**; sai quanto costano?

15. **Conosciamo** il professor Rossi da sette **anni**. È una persona molto simpatica.

16. Il signor Moretti è un ottimo giornalista; **scrive** articoli per il Corriere della Sera.

17. Noi **paghiamo** il **tassista**. Voi pagate il **pranzo**. Lei paga il **gelato**.

18. I signori Bianchi vanno sempre a messa la domenica. E i signori Bucci che fanno?

19. Tu dormi sempre. Clara **non** dorme **mai**. Lui sta a casa e aspetta una telefonata.

20. Voi dite che è tardi, loro dicono che è presto, noi non sappiamo che fare.

21. Nadia fa la **commessa** in una gioielleria. Rocco fa l'elettricista.

22. Loro vanno a scuola a piedi, io vado in macchina e Giulio va in autobus.

23. Da quando sta male lo zio di Sofia? - Da due anni.


VOCABOLARIO: **Aspettare** (to wait for); **panino** (sandwich); **pulire** (to clean/ to polish); **ascoltare** (to listen to); **restare** (to remain); **bicchiere** (glass); **orologio** (watch); **conoscere** (to know); **anno** (year); **scrivere** (to write); **pagare** (to pay); **tassista** (taxi driver); **pranzo** (dinner); **gelato** (ice-cream); **non ... mai** (never); **commessa** (shop-girl/ clerk).


TRADURRE

**Oroscopo** - Vergine. Sotto la protezione di Venere è facile fare nuove conoscenze e stabilire nuove relazioni sentimentali. Se avete coraggio le oppurtunità non mancano. Non trascurate però il lavoro e gli studi.

**Oroscopo** - Sagittario. Poichè continua l'opposizione di Marte e Saturno non è il caso di agire in fretta. In amore è possibile avere un momento di perplessità a causa di un equivoco: ma non fate una tragedia (make a fuss). Il lavoro e le amicizie invece non creano difficoltà.

**Oroscopo** - Leone. L'opposizione di Mercurio e Venere non è certamente piacevole, ma può (can) essere utile. Un momento di pausa può essere utile a capire se c'è qualcosa da cambiare nel vostro atteggiamento. Cercate distrazioni nello sport.

VOCABOLARIO: **Venere** (Venus); **conoscenze** (acquaintances); **invece** (instead); **mancare** (to lack/ to miss); **trascurare** (to neglect); **però** (but); **poichè** (because); **a causa** (because); **equivoco** (misunderstanding); **utile** (useful); **servire** (to be needed); **qualcosa** (something); **atteggiamento** (attitude); **cercare** (to look for).

## TRADURRE

1. L'amicizia di solito cresce quando le persone hanno un animo aperto e generoso.

2. La storia ci (to us) insegna che la democrazia è un processo, non un avvenimento.

3. La memoria è simile ad uno specchio dove guardiamo le persone assenti.

4. Molte riforme sociali spesso non portano ad un cambiamento autentico.

5. I grandi uomini continuano ad inseguire ideali irraggiungibili.

6. Dittatori e militari cercano di controllare l'ondata democratica in molte regioni africane.

7. Da dieci anni turisti e curiosi visitano questa (this) maestosa e antica abbazia.

8. Un particolare tipo di colesterolo l'HDL contribuisce a tenere pulite le arterie.

9. L'esercizio fisico e le tecniche di rilassamento combattono lo stress.

10. L'eccesso di peso aumenta le probabilità di ipertensione e diabete.

## Fulvia

Fulvia prende il treno a Milano il pomeriggio, e arriva a Firenze la sera, all'ora di cena (supper). Pietro va a prenderla alla stazione di Firenze e insieme vanno a mangiare in un ristorante elegante. Dopo cena Fulvia è stanca e va in albergo. Ha la stanza numero otto; è una bella stanza da (from) dove vede il fiume Arno. La mattina seguente dopo la colazione (breakfast) i due cugini vanno a visitare il museo gli Uffizi; vanno a piedi perchè gli Uffizi non è lontano dall'albergo.

## PREPOSIZIONI

The word preposition comes from Latin and it means "placed before". It is a word which expresses a relation between nouns, pronouns, verbs and adjectives. L'incidente è accaduto **sotto** il ponte. (The accident occurred <u>under</u> the bridge.) The preposition **sotto** shows the relationship between the noun **ponte** and the verb **è accaduto.** In the sentence "Osvaldo abita **con** il fratello **del** signor Bruni," the preposition **con** expresses a relation between the verb **abita** and the noun **fratello** and **del** expresses a relation between the noun **fratello** and the noun **signore**. The words **fratello** and **signore** are called the "objects" of the prepositions **con** and **del**. Because prepositions are capable of having a wide variety of meanings and functions, they present some difficulties.

**The principal prepositions are:**

**A** (at/ to)

**attraverso** (through/ across)

**circa** (about)

**con** (with)

**contro** (against)

**da** (from/ by)

**davanti a** (in front of)

**dentro** (in/ inside)

**di** (of)

**dietro a** (behind)

**dopo** (after)

**durante** (during)

**eccetto** (except)

**fino a** (antil/ as far as)

**fra** (between/ within)

**fuori di** (outside of)

**in** (in/ into)

**in mezzo a** (in the middle of)

**intorno a** (around)

**invece di** (instead of)

**lungo** (along)

**oltre** (beyond)

**per** (for/in order to/ through)

**per mezzo di** (by means of)

**poi** (after)

**prima di** (before)

**quanto a** (as for)

**fa** (ago)

**riguardo a** (with regard to)

**rispetto a** (as to)

**secondo** (according to)

**senza** (without)

**sopra** (on/ above)

**sotto** (under)

**su** (on/ upon/ up)

**tra** (between/ within)

**in quanto** (as for)  **verso** (toward/ around)

**insieme a** (together/ with)  **vicino a** (near)

There are instances in which Italian and English language structures require different prepositions as in the following examples:

Il Monte Bianco è sempre coperto **di** neve. (Mont Blanc is always covered <u>with</u> snow.)

Egli preferisce fare traduzioni dall'inglese **in** italiano. (He prefers to translate from English <u>into</u> Italian.)

Giorgio è innamorato **di** Marina. (Giorgio is in love <u>with</u> Marina.)

Il dottor Rossi parla sempre **della** politica americana. (Dr. Rossi speaks always <u>about</u> American politics.)

È morto **di** fame. (He died <u>from</u> hunger.)

NOTE:

a. Sometimes the Italian language uses a preposition where English does not; the reverse is also true.

Gina è una ragazza **di** venti anni. (Gina is a twenty years old girl.)

Marina telefona **a** Mario ogni domenica. (Marina telephones Mario every sunday.)

La Ferrari è una macchina **da** corsa. (The Ferrari is a racing car.)

Ho comprato un anello **d'**oro. (I bought a golden ring.)

Aspettiamo l'autobus. (We are waiting <u>for</u> the bus.)

Ascoltano l'opera **alla** radio. (They listen <u>to</u> the opera <u>on the</u> radio.)

TRADURRE

1. Vittorio abita a Roma. Nicola è di Firenze. La giacca è di cotone. Abitiamo in città.

2. Il Tevere passa per Roma. La banca è tra il museo e il tribunale, dietro la chiesa.

3. Tre anni fa abitavo (I used to live) in via Garibaldi, vicino alla scuola media.

4. Tivoli e Frascati sono due piccole città non lontane da Roma.

5. Marco abita con i genitori. Lavora vicino a Tivoli. Non ha un conto in banca.

6. È seduto (sits) dietro la porta. Va a scuola. Mi manda (sends me) il libro per posta.

7. Che fai dopo la lezione? Faccio una passeggiata lungo (along) il fiume.

8. Secondo il professor Spini, Amarcord di Fellini è un film eccezionale.

9. Stanno a casa fino a lunedì; dopo vanno in vacanza a Acapulco in Messico.

10. Da dove arriva il treno? Da Milano, arriva sul binario due.

11. Una donna di circa 30 anni, e un ragazzo di 13, abitano davanti alla scuola.

12. È un dizionario di 1.800 pagine. È un uomo di grandi virtù. È un operaio senza lavoro.

13. Che fate per Natale? Non sappiamo, forse restiamo a casa con i genitori.

14. Marco va in centro (downtown) a piedi, Giorgio invece in bicicletta.

15. Loro fanno colazione a mezzogiorno. Vanno a letto prima di mezzanotte.

16. Studia l'italiano per passione. Dice certe parole solo per scherzo.

17. Preferisci il tè con il limone o senza? Di solito (usually) prendo il tè con biscotti.

18. In Italia le banane costano molto, circa 5 mila lire al chilo.

19. Marco cammina verso casa. Dietro, a pochi metri, lo seguono Laura e Sandra.

20. Arriviamo fino a Venezia, non andiamo oltre; non abbiamo molto tempo per viaggiare.

21. Fa freddo, Carlo indossa (wears) un vestito di lana e aspetta l'amico davanti al cinema.

22. Tutti i giorni leggo l'oroscopo sul giornale.

23. Cerco un libro da molte settimane.

24. Perchè non telefoni a Claudio? Lui aspetta la tua telefonata.

25. La camicetta di Maria è di seta.

**PREPOSIZIONI ARTICOLATE** (prepositions and article combination)

Italian monosyllabic prepositions **di, a , da, in, su** and definite articles are almost always contracted into one word as shown in the following table. When combined with the definite article, they follow the same pattern as the article. Examples: "**la** casa", la porta **della** casa. "**L'**Inghilterra", Londra è la capitale **dell'**Inghilterra. "**Lo** sport", il Palazzo

**dello** sport. "**Gli** stivali", il prezzo **degli** stivali. "Il ristorante", **del, al, dal, nel, sul** ristorante.

|         | il    | i    | lo     | gli   | la    | le    | l'    |
|---------|-------|------|--------|-------|-------|-------|-------|
| **di** (of)  | del   | dei  | dello  | degli | della | delle | dell' |
| **a** (to, at) | al    | ai   | allo   | agli  | alla  | alle  | all'  |
| **da** (from) | dal   | dai  | dallo  | dagli | dalla | dalle | dall' |
| **in** (in)  | nel   | nei  | nello  | negli | nella | nelle | nell' |
| **su** (on)  | sul   | sui  | sullo  | sugli | sulla | sulle | sull' |

The prepositions **Con** (with) and **per** (for) are rarely contracted.

Examples:

Mario studia **con gli** amici.

Carla viaggia **con il** padre.

Giorgio ha un regalo **per la** madre.

Expressions like Mario studia **cogli** amici; Carla viaggia **col** padre; Giorgio ha un regalo **pella** madre, are less common.

## TRADURRE

Nell'Italia del Nord. I libri degli studenti. Il diario della studentessa. La collega del professor Tozzi. Nei ristoranti italiani. Nel mese di giugno. Il direttore dell'istituto di filosofia. Esame della situazione politica italiana. Arriva col treno. Abita negli Stati Uniti.

## TRADURRE

1. Perchè non andate al ristorante cinese?

2. Hai il numero di telefono del dottor Meli?

3. Nel mese di agosto andiamo al mare, a gennaio invece andiamo sulle Alpi a **sciare**.

4. Marta arriva con la macchina di Marco.

5. Nell'ufficio del professore ci sono molti libri sugli **scaffali**.

6. Molti studenti abitano **vicino** all'università.

7. La conferenza inizia **alle** tre del pomeriggio e finisce alle nove di sera.

8. Il signor Rossi non sa che nel centro della città c'è una grande biblioteca.

9. Gli spaghetti sono nel piatto, sulla tavola, vicino al frigorifero.

10. Francesco studia il greco dal mese di settembre.

11. Dalle due alle quattro faccio i **compiti** per il corso di tedesco.

12. Il traffico nelle grandi città italiane è caotico.

13. Nell'autunno gli alberi diventano gialli e perdono le foglie.

14. La signorina Rossi va alla biblioteca e prende un libro per un'amica che non sta bene.

15. Ogni giorno faccio una passeggiata dallo zoo allo stadio.

16. Onofrio usa sempre la macchina dei genitori di Claudio.

18. Purtroppo non c'è una facile soluzione ai problemi del traffico nelle grandi città.

19. **Tra** un'ora incomincia lo spettacolo. Finisce alle cinque del pomeriggio.

VOCABOLARIO: **Sciare** (to ski); **scaffale** (shelf); **vicino** (near); **alle** tre (at three o'clock); **compiti** (homework); **tra** (in/ within).

## Gli studenti

Gli studenti scrivono molte frasi sul quaderno. Le alunne e gli alunni scrivono con la penna, io scrivo con la matita così posso (I can) cancellare quando faccio uno sbaglio (mistake). Il professore cancella le parole sulla lavagna e ritorna alla scrivania. Poi chiama quattro studenti e chiede loro (them) di scrivere frasi nella lavagna. Gli studenti cominciano a scrivere, naturalmente fanno errori, ma sono piccoli errori; il professore corregge le frasi ed elogia (praises) gli studenti e le studentesse perchè sono molto bravi.

Prepositions are also used in expressions indicating locations:

Giorgio ha una macchina vecchia, è sempre **dal** meccanico. (Giorgio has an old car, he is always at the mechanic's.)

Noi entriamo **dalla** porta principale. (We will enter through the main door.)

Questa sera vado **da** Giorgio. (Tonight I am going to Giorgio's house.)

## PARTITIVI

In Italian the combination of **di** with the definite articles is frequently used to translate the word "some" or "any":

Tommaso ha **degli** amici in Germania. (Tommaso has some friends in Germany.)

Bevo **del** caffè ogni mattina. (I drink some coffee every morning.)

Ho mangiato **del** formaggio e ho bevuto **della** birra. (I ate some cheese, and I drank some beer.)

Hai **dei** parenti in Canada? (do you have any relatives in Canada?)

Si, ho **degli** zii. (Yes, I have some uncles.)

Ho comprato **dei** limoni e **delle** olive al mercato. (I bought some lemons and some olives at the market.)

The use of indefinite ajectives: **Alcuni, alcune** and **qualche** (the latter always used with the singular form of the noun), is another way of expressing the partitive:

Ho letto **qualche** novella del Decamerone. (I read **some** short stories in the Decameron.)

**Alcuni** poeti si ispirano ai miti greci. (Some poets are inspired by Greek myths.)

Ho ricevuto **alcune** offerte di lavoro in Australia. (I received some job offers in Australia.)

**Un po' di**, meaning some, a little of, is used with nouns of things that cannot be counted:

Quando mangia, lei beve sempre **un po' di** vino. (When she eats she drinks always <u>some</u> wine.)

NOTE

**Qualche volta** and **a volte** means <u>sometimes.</u>   Qualche volta non faccio colazione. (Sometimes I do not have breakfast.)

TRADURRE

**L'Italia**

L'Italia è una penisola **che** ha la forma di uno **stivale**. Al Nord le Alpi, che sono montagne molto alte quasi sempre coperte di neve, separano l'Italia dagli altri Paesi europei come la Francia, la Svizzera, l'Austria e la Slovenia. L'Italia è divisa in varie regioni: il Veneto, la Lombardia, il Piemonte, la Toscana, il Lazio, l'Emilia Romagna, la Campania, la Sicilia, la Sardegna ecc... Roma è la capitale d'Italia. Altre città famose sono Firenze che è in Toscana, Milano e Torino che sono due grandi città industriali del Nord; Napoli, Bologna, Venezia e Palermo. Genova in Liguria e Napoli in Campania sono due porti molto importanti. La Sicilia e la Sardegna sono due grandi isole italiane, ma tutti sanno che in Italia ci sono molte altre belle e piccole isole. Molti turisti conoscono l'isola di Capri non lontano da Napoli. Il Po, il **fiume** più lungo (longest) della penisola attraversa la **pianura padana** da Ovest ad Est fino al mare Adriatico. In Italia ci sono tre vulcani: l'Etna, lo Stromboli ed il Vesuvio. Il clima è differente nelle varie regioni e cambia secondo le stagioni. Nel Nord è freddo d'autunno e d'inverno e a volte c'è nebbia nelle valli ai piedi delle montagne ma è molto bello a primavera e durante l'estate. Nel **Mezzogiorno** fa più caldo ed il clima è dolce in **quasi** tutte le stagioni.

VOCABOLARIO: **Che** (that); **stivale** (boot); **fiume** (river); **pianura** (plain); **pianura padana** (Po valley); **Mezzogiorno** (south/ southern Italy); **quasi** (almost).

Read the following passage and then write a summary in English providing as much information as you can.

**Aspetto delle piante nelle varie stagioni**

In natura ci sono delle piante che vivono per una sola stagione e delle piante che invece vivono per anni e arrivano a volte a sfidare anche i secoli. Le prime sono dette (called) annuali, e di solito muoiono (die) in autunno all'arrivo dei primi freddi. Le altre sono dette perenni. Durante l'autunno, alcune piante subiscono un cambiamento: le foglie cominciano a cambiare colore, dal verde passano al giallo e poi al marrone, quindi cadono e lasciano i rami nudi fino alla primavera seguente. La luce è un elemento indispensabile per la vita delle piante, però non tutte le piante hanno bisogno della stessa intensità di luce. Anche la temperatura influisce sullo sviluppo delle piante. L'acqua è un elemento indispensabile, ma le piante hanno bisogno di acqua in misura molto diversa; non la stessa quantità per le piante delle zone desertiche o per quelle (those) delle foreste vergini.

## TRADURRE

**La scuola elementare italiana**

La scuola elementare italiana dura 5 anni ed ha attualmente circa 4 milioni di alunni con oscillazioni legate alle nascite. Il tasso di natalità in Italia continua a scendere ogni anno, infatti è il più basso (lowest) d'Europa e forse del mondo. Gli italiani fanno pochi figli, il tasso di natalità è molto basso, è di circa 1, 2 per coppia. Il rapporto tra popolazione ed alunni dimostra che nel Sud e nel Centro dell'Italia c'è una maggiore percentuale di bambini rispetto al Nord. I bambini italiani iniziano a frequentare la scuola elementare quando hanno sei anni. Finiscono quando hanno undici anni. Prima della scuola elementare all'età di quattro anni, frequentano l'asilo (pre-school). Il maestro o la maestra insegnano nella scuola elementare. Tra le varie riforme fatte (made) recentemente nella scuola elementare italiana, l'introduzione dell'insegnamento di una lingua straniera è la più (most) importante.

# CAPITOLO II

**AVVERBI**

**1.** An adverb, like the word says, is a word that we add to a verb to expand its meaning.

Examples: Carlo e Luigi studiano **poco.** ("Poco" tells how much they study).

La signorina Rossi parla **bene** tre lingue straniere. ("bene" tells how she speaks three foreign languages).

Andate (go) **giù**! ("Giù" tells where to go).

Adverbs are usually but not always placed immediately after the verb. **Non,** however, always precedes the verb:

Lui **non** mangia **mai** frutta.

In Italian many adverbs are formed by adding the suffix **-mente** (corresponding to -ly in English) to the feminine form of the adjective: onesta**mente** (honestly), libera**mente** (freely), valorosa**mente** (courageously).

If adjectives ends in **-e**, we just add **-mente**: Eloquente**mente** (eloquently), veloce**mente** (quickly, fast). Adjectives ending in **-ale, -ile, -are**, drop the final -e before adding **-mente**: gentile, gentil**mente**; particolare, particolar**mente**; regolare, regolar**mente**; ideale, ideal**mente.**

Giovanni vive **onestamente.** (Giovanni lives honestly.)

Giorgio è **follemente** innamorato di Patrizia. (Giorgio is madly in love with Patrizia.)

I signori Rossi visitano **regolarmente** la figlia ogni domenica. (The Rossis visit their daughter regularly every Sunday.)

The following are few of the most common adverbs which are not based on adjectives:

| | |
|---|---|
| **Abbastanza** | (enough) |
| **adagio** | (slowly) |
| **affatto** | (at all) |
| **assai** | (very/ sufficiently) |
| **certo** | (sure) |
| **come** | (how) |
| **davvero** | (really/ indeed) |

| | |
|---|---|
| **dopo** | (after) |
| **forse** | (perhaps) |
| **mai** | (ever) |
| **neanche** | (not even) |
| **nemmeno** | (not even) |
| **neppure** | (not even) |
| **niente** | (nothing) |
| **nulla** | (nothing) |
| **poi** | (afterwards) |
| **presto** | (early/ quickly) |
| **proprio** | (really/ very) |
| **sempre** | (always) |
| **spesso** | (often) |
| **tardi** | (late) |
| **volentieri** | (gladly) |

Abbiamo **abbastanza** da fare per questa sera. (We have enough to do for this evening.)

Quello che Patrizia dice non è **affatto** vero. (What Patrizia is saying is not true at all.)

Siete stanchi? **Certo** che siamo stanchi! (Are you tired? Sure we are!)

**2.** Many adverbs maintain the form of the adjective without the addition of the suffix **-mente**. The following are a few of the most common ones:

| | |
|---|---|
| **Molto** | (a lot/ a great deal) |
| **troppo** | (too much) |
| **poco** | (a little) |
| **piano** | (slowly/ softly) |
| **forte** | (loudly) |
| **vicino** | (near/ by) |
| **lontano** | (far away) |
| **sicuro** | (sure) |
| **solo** | (only) |

Guadagna **poco**, ma spende **molto**. (She earns little but she spends a lot.)

Maria Abita **vicino** alla farmacia. (Maria lives near the pharmacy.)

Carlo ha **solo** venti anni. (Carlo is only twenty years old.)

Vado **piano** perchè non vedo **bene**. (I am going slowly because I do not see well.)

There are also expressions which taken as unit, perform the function of adverbs:

| | | | |
|---|---|---|---|
| **In fretta** | (in a hurry) | **ad alta voce** | (aloud) |
| **di giorno** | (by day) | **ogni tanto** | (fron time to time) |

| | | | |
|---|---|---|---|
| **a bassa voce** | ('to speak' softly) | **di passaggio** | (passing through) |
| **di solito** | (usually) | **di buon'ora** | (early) |
| **d'ora in poi** | (from now on) | **ad un tratto** | (suddenly) |
| **a destra** | (to the right) | **da ogni parte** | (from everywhere) |
| **al di là** | (beyond) | **lassù** | (up there) |
| **da lontano** | (from afar) | **laggiù** | (down there) |
| **senz'altro** | (certainly) | **del tutto** | (entirely) |
| **di quando in quando** | (from time to time) | **quasi mai** | (almost never) |
| **di tanto in tanto** | (once in a while) | **in punto** | (on the dot/ sharp) |

Devo finire il lavoro **in fretta**. (I must finish my work in a hurry.)

Loro parlano **a bassa voce**, non capisco niente. (They speak softly, I don't understand anything.)

Quest'estate vado **senz'altro** a Roma. (This summer I will certainly go to Rome.)

**Lassù** avrai una bella veduta della città. (Up there you will have a beautiful view of the city.)

Il signor Rossi siede alla **sinistra** della signora Verdi. (Mr. Rossi sits to the left of Mrs. Verdi.)

L'Austria è **al di là** delle Alpi. (Austria is beyond the Alps.)

A Firenze vengono turisti **da ogni parte**. (In Florence tourists come from everywhere.)

NOTE:

**a.** All adverbs remain unchanged.

**b.** Negative adverbs like **mai, neanche, neppure, nemmeno, niente, nulla** when come after a verb require a double negative:

Lui **non** ha **nemmeno** una lira in tasca. (He has not even a lira in his pocket.)

**Non** bevo **mai** latte. (I never drink milk.)

**c.** Words such as **adesso, ora, presto, tardi,** are adverbs of time. Words such as **qui, qua, là, laggiù, al di là** are adverbs of place. **Ci, vi** and **ne** are adverbial particles and will be addressed in the next chapter.

# TRADURRE

1. Come stai? Io sto bene e tu? Io così così.

2. Spesso fa una passeggiata nel bosco. Passeggia volentieri lungo la spiaggia.

3. Tommaso ascolta attentamente. Gina e Tommaso studiano insieme.

4. Mettono la scrivania lì, vicino alla finestra. Camminano lentamente.

5. Gli invitati arrivano presto, perciò già preparano la tavola.

6. Il negozio è sempre pieno. Trattano i clienti cortesemente.

7. Non capisco mai le sue (her) conferenze. La lettrice non parla chiaramente.

8. È un principiante, ma lavora diligentemente. Preferisce lavorare di giorno.

9. Ritorna a casa tardi, anche se va in ufficio presto.

10. Il serbatoio (tank) della macchina è quasi sempre vuoto; Luigi raramente fa il pieno.

11. Il treno entra nella stazione di Roma. Dal treno scende una ragazza che viene da Torino.

12. È Silvia, porta un vestito leggero di lana, un cappello di paglia e scarpe con tacchi.

13. Silvia è una ragazza dagli occhi azzurri e dal sorriso incantevole.

14. Abita a Torino dall'età di dieci anni. Conosco Silvia da quando era (was) bambina.

15. Ogni anno lei va in Francia a studiare il francese.

16. Ora lei abita in campagna non lontano da Torino, con la sua famiglia.

17. Sa suonare il flauto dolcemente e sa anche cantare e ballare.

Read the following passage and then write a summary in English providing as much information as you can.

## Una lingua straniera

Fido ha due anni. È il cane più intelligente di Roma. Il primo giorno di scuola esce (goes out) di casa alle otto di mattina. Desidera arrivare presto a scuola. È un cane molto ambizioso. La madre chiede al figlio:

- A che ora ritorni oggi, cucciolo (puppy) mio? -
- Ritorno a casa dopo la scuola, all'una - risponde Fido.

Fido saluta la madre e va a scuola. Mentre Fido è a scuola, la mamma che si interessa molto all'educazione del figlio, guarda di tanto in tanto l'orologio. A mezzoggiorno apre la finestra e aspetta al balcone il ritorno del figlio. All'una in punto Fido arriva davanti al portone. Entra, corre su per le scale e trova la madre davanti alla porta di casa.

- Buon giorno, Fido! -
- Miao, miao! - dice Fido, imitando (imitating) un gatto.
- Ma che dici, Fido mio?- Chiede la madre-
- Perchè imiti un gatto? Non sai più abbaiare come tutti noi?-
- Ma si che so abbaiare - risponde il cucciolo -

- È che desidero mostrarti (to show you) quanto sono intelligente. Quest'anno a scuola impariamo una lingua straniera. Vedi, io so già dire le prime parole: miao, miao -.


TRADURRE

**Le origini della polenta**

In Italia le prime testimonianze di attività agricole **risalgono** al periodo neolitico e riguardano le regioni della Magna Grecia, e dell'Italia Centrale. In questo territorio secondo gli studiosi, il primo popolo a meritare veramente il nome di agricolo, è il popolo etrusco. Gli etruschi coltivano prevalentemente l'orzo ed il **farro**. Con questi due cereali preparano un impasto che i romani chiamano *puls etrusca*, una specie di polenta. Da questo antico cibo etrusco-romano, deriva il termine polenta che per tutto il Medioevo è usato per identificare un impasto a base di legumi, farina di castagne, **miglio** ed altri cereali. Soltanto con l'arrivo del mais dalle Americhe la farina di **granturco** sostituisce questi cereali. Sull'origine della polenta a base di farina di mais non ci sono teorie **concordanti**. Rimane il fatto che Ferdinando Colombo nel libro <u>Vita e viaggi di Cristoforo Colombo</u> afferma che dagli Indiani i navigatori apprendono non solo a coltivare il mais ma a cucinare questo **frumento** in vari modi semplici e gradevoli ed in forma di focaccia e di polenta.

VOCABOLARIO: **Risalgono** (date back); **farro** (spelt); **miglio** (millet); **granturco** (corn/ maize); **concordanti** (agreeing/ concordant); **frumento** (wheat/ grain).

# Parentela tra le lingue

Se consultiamo l'albero genealogico di un'antica famiglia scopriamo i diversi gradi di parentela; lo stesso possiamo fare delle lingue. L'italiano è figlio del latino, ed ha parecchi fratelli: il francese, lo spagnolo, il rumeno, il portoghese ecc...Il latino oltre ad avere parenti tra le vecchie lingue italiche, era (was) cugino del greco. Come nelle famiglie c'è somiglianza tra genitori e figli, tra nonni e nipoti e tra cugini di vario grado, così anche nelle famiglie linguistiche c'è somiglianza. Tutti possono vedere che l'italiano somiglia allo spagnolo ed al francese, e lo spagnolo al portoghese. Così il nome italiano 'madre', che è *mater* in latino, e *meter* e *mater* nei due principali dialetti del greco classico, ritorna nelle lingue germaniche come *Mutter* in tedesco, e come *mother* in inglese. In francese è *mère* e in russo è *matka*. Nel sanscrito è*mata*. Se avete a disposizione vocabolari di altre lingue potete estendere la ricerca e trovare analogie anche tra lingue apparentemente tra loro meno affini. Naturalmente è possibile trovare divertenti sorprese come 'burro' (butter) che in spagnolo significa asino o la parola francese *botte* che non ha niente in comune con la parola italiana botte (barrel) ma ha semplicemente il significato di stivale. Alcune parole hanno una storia tutta diversa.

Adapted from: <u>Come parlare e scrivere meglio</u>, Selezione dal Reader's Digest, Milano, 1985, p. 29.


## VERBI RIFLESSIVI E RECIPROCI

1. Reflexive verbs express actions which refer back to the subject. They are conjugated by putting the appropriate reflexive pronoun before each form of the verb:

**Si** alza alle nove ogni giorno. (S/he gets up at nine every day.)

**Mi** laureo il prossimo anno. (I will graduate next year.)

The infinitives of these verbs are: alz**arsi** and laure**arsi**. Reflexive verbs are conjugated as follows:

| I | II | III |
|---|---|---|
| **laurearsi** | **arrendersi** | **divertirsi** |
| (to graduate) | (to surrender) | (to have good time) |

| | | | | |
|---|---|---|---|---|
| Io | **mi** | laureo | arrendo | diverto |
| tu | **ti** | laurei | arrendi | diverti |
| lei/ lui/ egli ella/ essa/ esso **si** | | laurea | arrende | diverte |
| noi | **ci** | laureiamo | arrendiamo | divertiamo |
| voi | **vi** | laureate | arrendete | divertite |
| loro/ esse/ essi **si** | | laureano | arrendono | divertono |

Many transitive verbs can also assume the reflexive or reciprocal form, according to their function in the sentence:

**Io mi lavo** (I wash myself) is reflexive,

but : **io lavo** la macchina (I wash the car) is transitive.

Laura **si sveglia** alle otto. (Laura wakes up at eight.)

Laura **sveglia** i bambini alle otto, (Laura wakes the children up at eight), is transitive.

Reciprocal actions involve more than one subject:

Io e Antonio **ci scriviamo** ogni mese. (Antonio and I write each other every month.)

Graziella e Mario sono buoni amici, **si aiutano** a scuola. (Graziella and Mario are close friends, they help one another at school.)


## TRADURRE

1. Io mi chiamo Claudio, tu come ti chiami?

2. Giorgio si laurea in lettere nel 2001. Cristina e Franco si laureano in chimica a dicembre.

3. Come ti senti? mi sento poco bene. Ho mal di stomaco.

4. D'inverno fa freddo, perciò ci mettiamo il cappotto.

5. Claudia si lamenta perchè Giorgio è innamorato di lei.

6. Quando il dottor Rossi va a teatro si veste elegantemente, si mette il cappello, la giacca e la cravatta.

7. Carla e Giorgio si conoscono da tre mesi. Si telefonano e si scrivono molto spesso.

8. Luigi si fa la barba mentre Mirella si fa il bagno.

9. Loro non si parlano, sono arrabbiati.

10. I bambini giocano nel giardino e si divertono.

11. Da quanto tempo vi conoscete? Noi ci conosciamo da molti anni.

12. Claudia si ammala spesso durante l'inverno.

13. Marta e Bruno lavorano nella stessa biblioteca, ma non si vedono spesso.

14. Loro sono brave ragazze; si comportano sempre bene.

## TRADURRE

(**Annuncio** sul giornale) Si sposano oggi alle ore 12, nella chiesa di San Giovanni, a Roma, il dottor Mario Trotti e la signorina Lucia Neri. Tanti auguri e tanta felicità ai giovani sposi.

### Giovanni

Giovanni di solito si sveglia alle sei e si alza alle sei e mezzo. Si lava, si fa la barba e poi si avvia al lavoro. Lavora otto ore al giorno. A mezzogiorno durante l'ora del pranzo si incontra in un ristorante con gli amici. Mangiano, ridono e si raccontano barzellette. Si divertono molto. La sera se non possono ritrovarsi al bar, si scambiano telefonate per fare programmi per il giorno dopo. Giovanni si addormenta verso le undici per poi risvegliarsi la mattina alle sei.

### Franco

Franco frequenta il secondo anno di legge o almeno così dice il suo libretto universitario. In realtà lui passa quasi l'intera giornata al caffè. Arriva al caffè ogni mattina alle otto in punto per prendere un cappuccino e una pasta. Due ore dopo torna per bere un caffè ristretto e poi a mezzogiorno per un aperitivo. Verso le due lui ritorna per un altro caffè ristretto tanto per non dormire durante il pomeriggio. Alle nove di sera si trova ancora una volta al caffè per un digestivo e per una bella discussione sulla politica o una partita a carte con gli amici. Al caffè tutti lo conoscono. La gente pensa che Franco sia (is) un tipo simpatico e anche molto allegro.

**VERBI IRREGOLARI**

We have seen in a previous chapter that the great majority of Italian irregular verbs fall into a very precise and constant pattern. The verb **proporre,** (to propose) a verb of the second conjugation is conjugated like the verbs with the same ending: **porre** (put/ place), **supporre** (to suppose), **comporre** (to compose), **opporre** (to oppose), **posporre** (to postpone).

**INDICATIVO PRESENTE**

|  | **proporre** | **supporre** | **opporre** | **posporre** |
|---|---|---|---|---|
| Io | propongo | suppongo | oppongo | pospongo |
| Tu | proponi | supponi | opponi | posponi |
| Lei | propone | suppone | oppone | pospone |
| Noi | proponiamo | supponiamo | opponiamo | posponiamo |
| Voi | proponete | supponete | opponete | posponete |
| Loro | propongono | suppongono | oppongono | pospongono |

The verbs **rimanere,** (to remain), **valere** (to be worth), **sedersi** (to sit down), and **bere** (to drink) are verbs of the second conjugation and the **presente indicativo** is conjugated as follows:

| Io | rimango | valgo | mi siedo | bevo |
|---|---|---|---|---|
| Tu | rimani | vali | ti siedi | bevi |
| Lei | rimane | vale | si siede | beve |
| Noi | rimaniamo | valiamo | ci sediamo | beviamo |

| | | | |
|---|---|---|---|
| Voi rimanete | valete | vi sedete | bevete |
| Loro rimangono | valgono | si siedono | bevono |

## TRADURRE

1. Gli scienziati spesso propongono soluzioni che i politici oppongono.

2. Il direttore espone sempre idee pratiche.

3. Gli astronomi espongono continuamente nuove teorie sull'origine dell'universo.

4. L'uomo propone ma Dio dispone (proverbio).

5. È un ragazzo preparato, ha idee che valgono.

6. Noi rimaniamo qui, e voi che fate?

7. Io bevo vino, voi che bevete?

8. Perchè non ti siedi e rimani qui? Dove vai?

9. Claudio rimane a casa, desidera scrivere lettere e comporre poesie.

10. La signorina Rossi si siede sempre in prima fila.

The verbs **morire** (to die); **cucire** (to sew); and **udire** (to hear) are verbs of the third conjugation and in the indicative are conjugated as follows :

| | | | |
|---|---|---|---|
| Io | muoio | cucio | odo |
| Tu | muori | cuci | odi |
| Egli | muore | cuce | ode |
| Noi | moriamo | cuciamo | udiamo |
| Voi | morite | cucite | udite |
| Loro | muoiono | cuciono | odono |

## TRADURRE

1. Gli Italiani preferiscono bere vino a pranzo, ma molti bevono anche acqua minerale.

2. Le opinioni dei professori valgono molto .

3. Giorgio rimane a casa perchè è malato.

4. Il nostro professore tiene una raccolta di libri classici.

5. Prima di un esame ogni studente è preoccupato.

6. I ricordi dell'infanzia non muoiono mai.

7. Si siede sempre davanti al televisore. Rimane **lì** per ore.

8. Udite anche voi il **rumore** che viene dalla strada?

9. È **fatica salire** le scale. Non c'è l'ascensore. Ogni giorno salgo fino al **sesto** piano.

10. È una persona magnifica. Vale quanto **pesa**. (proverbio)


VOCABOLARIO: **Lì** (there); **rumore** (noise); **fatica** (fatigue/ exhaustion); **salire** (to climb/ to go up); **sesto** (sixth); **pesare** (to weigh).

Another pattern of irregularity is seen in the present of: **Scegliere** (to choose), **uscire** (to go out/ exit), **tenere** (to keep/ hold) and **sapere** (to know):

| | | | | |
|---|---|---|---|---|
| Io | scelgo | esco | tengo | so |
| Tu | scegli | esci | tieni | sai |
| Egli | sceglie | esce | tiene | sa |
| Noi | scegliamo | usciamo | teniamo | sappiamo |
| Voi | scegliete | uscite | tenete | sapete |
| Essi | scelgono | escono | tengono | sanno |

TRADURRE

**Giuseppe Garibaldi**

Giuseppe Garibaldi, grande eroe legato (tied/ connected) all'unità d'Italia, nasce il 4 luglio 1807 a Nizza, sulla costa della Francia meridionale. Amante del mare e dell'avventura, va nell'America latina e combatte eroicamente per l'indipendenza di quei (those) Paesi. La sua fama è legata soprattutto alla riunificazione dell'Italia. Sbarca (disembarks) con soltanto mille uomini a Marsala in Sicilia, e dopo molte battaglie libera il Sud dell'Italia dal dominio borbonico. Muore a Caprera, una piccola isola vicino la Sardegna, il 2 giugno, 1882.

## I Venti

I venti sono correnti d'aria che si producono a causa delle differenze di pressione atmosferica. L'aria infatti si sposta da una zona di maggior pressione ad un'altra dove la pressione è minore. L'aria fredda tende (tends/ is inclined) ad occupare il posto dell'aria calda. Le due caratteristiche fondamentali del vento sono la velocità e la direzione. La velocità dipende dalla differenza di pressione fra due zone e dalla distanza che c'è fra di loro. Una forte differenza di pressione ed una distanza breve generano un vento molto forte. Un vento forte arriva a superare i 100 chilometri all'ora. La direzione del vento è il punto di origine. Una semplice banderuola (weathervane/ pennant) può (can) indicare la direzione. La pressione atmosferica dipende principalmente dalla temperatura. L'atmosfera si riscalda con l'assorbimento dei raggi solari. Con l'aumentare della temperatura, l'aria si dilata (expands), pesa meno, e tende a salire mentre l'aria fredda tende a occupare il suo posto; da luogo così ad una corrente circolare che è il vento. Lo strumento usato per misurare la temperatura dell'aria è il termometro, una colonnina di vetro piena di mercurio che si dilata con il calore e si ristringe con il freddo e così indica di continuo la temperatura.

## I manoscritti di Leonardo da Vinci

Leonardo nel suo **testamento** lascia tutti i suoi (his) manoscritti a Francesco Melzi suo fedele amico e discepolo. Melzi custodisce gelosamente nella sua casa a Vaprio d'Adda il prezioso patrimonio che rimane integro fino alla sua morte. Dopo la sua morte inizia la dispersione dei manoscritti di Leonardo. Infatti le carte leonardesche vanno disperse per tutto il mondo. **Malgrado** perdite e dispersioni, la maggior parte del *corpus* dei manoscritti leonardeschi è oggi recuperata e conservata nelle collezioni di grandi musei e biblioteche in Italia e all'estero. Il disegno è per Leonardo il mezzo espressivo per eccellenza e nei **fogli** leonardeschi, disegni e testi scritti sono strettamente complementari. Di nessun altro artista conosciamo o conserviamo una **paragonabile** quantità e varietà di disegni; più di (more than) 4 mila pagine. Il testo scritto (written) è un elemento essenziale, rivela il desiderio di Leonardo di comporre armonicamente la pagina, e una **profondità** di studio sull'argomento scelto. Dall'osservazione di un fenomeno naturale come il moto dell'acqua o il volo degli **uccelli**, Leonardo riesce a **cogliere** le strutture geometriche e persino le leggi universali della scienza che le (them) governano.

VOCABOLARIO: **Testamento** (will); **malgrado** (in spite of); **foglio** ('drawing' sheet); **paragonabile** (comparable); **profondità** (depth); **uccello** (bird); **cogliere** (to grasp/ comprehend).

VERBI MODALI: **Dovere, potere, volere**

**Dovere** ( must/ to have to), **potere** (can/ may/ to be able), **volere** (to want/ to wish) as modal verbs are almost always followed by an infinitive without a preposition. They express the mode by which an action takes place:

**Devo** andare a casa perchè **voglio** studiare. (I have to go home because I want to study.)

**Vogliono** ritornare a Roma il prossimo anno. (They want to return to Rome next year.)

PRESENTE INDICATIVO:

| Dovere | potere | volere |
|---|---|---|
| devo/ debbo | posso | voglio |
| devi | puoi | vuoi |
| deve | può | vuole |
| dobbiamo | possiamo | vogliamo |
| dovete | potete | volete |
| devono/ debbono | possono | vogliono |

TRADURRE

1. Non può venire, deve andare a scuola.

2. Devono partire alle nove se vogliono arrivare a Genova prima di mezzogiorno.

3. Devono essere a casa, le finestre sono aperte.

4. L'esame di fisica è complicato, dovete studiare con serietà.

5. Non possono ricevere un premio ogni anno.

6. Dobbiamo aiutare gli africani che muoiono di fame ed impedire il genocidio.

NOTE: **dovere** has also the meaning of "to owe": **devo** al dottor Masi le mie ottime condizioni fisiche. (I owe Dr. Masi my excellent physical condition.) Federico mi **deve** 100 mila lire. (Federico owes me 100 thousand liras.)

Read the following passage and then write a summary in English providing as much information as you can.

## Lo sci estivo

In Italia in estate la maggior parte della gente va al mare. C'è però un piccolo gruppo di persone che ama lo sci, e per queste, fortunatamente esistono ora in Italia numerose scuole di sci estivo. Lo sci estivo non è molto diverso da quello invernale. Certo durante i mesi caldi, la qualità della neve non è molto buona. È possibile sciare da maggio a settembre ma non c'è quella bella neve invernale. È vero che sciare con la neve pesante è più difficile proprio perchè l'esecuzione di ogni movimento deve essere perfetta per riuscire bene. La vita in una scuola di sci estivo dura una settimana ed è molto disciplinata. In genere, gli studenti si svegliano presto la mattina e vanno a letto altrettanto presto la sera. Dopo un'abbondante prima colazione e qualche esercizio preparatorio, seguono tre o quattro ore di lezioni in piccole classi sotto la guida di esperti maestri. Il pomeriggio quando la neve è troppo pesante per sciare, si riposano e prendono il sole. Il sole di montagna brucia e abbronza ed è quindi necessario proteggere la pelle. Oltre alla normale attrezzatura (equipment) da sci, c'è bisogno di una buona riserva di creme protettive. Tutto sommato i benefici dello sci estivo includono una vita sana e sportiva al sole ed all'aria aperta, via dalle spiagge affollate, dal caldo ossessivo e dall'asfalto delle città.

## PASSATO PROSSIMO

The **passato prossimo** can be used to express events which occurred in the past. It consists of two separate parts, the present tense of the auxiliary verbs **essere** or **avere**, and the past participle of the principal verb. The **participio passato** of regular verbs is formed by adding to the stem of the infinitive the suffix -**ato** for verbs of the first conjugation, and -**uto** and -**ito** for verbs of the second and third conjugations respectively: am-**ato**, (loved); ven-**duto** (sold); sent-**ito** (heard).

|      |         | amare | vendere | sentire | partire (conj. with **essere**) |
|------|---------|-------|---------|---------|------------------------------------|
| Io   | ho      | amato | venduto | sentito | sono partito/a                     |
| Tu   | hai     | amato | venduto | sentito | sei partito/a                      |
| Lui  | ha      | amato | venduto | sentito | è partito/a                        |
| Noi  | abbiamo | amato | venduto | sentito | siamo partiti/e                    |
| Voi  | avete   | amato | venduto | sentito | siete partiti/e                    |
| Essi | hanno   | amato | venduto | sentito | sono partiti/e                     |

**1. Ho amato,** may be translated into English: I have loved, I loved and I did love.

The **passato prossimo** may be used to indicate an event which took place in the recent past:

Il signor Rossi **ha comprato** il giornale due minuti fa (Mr. Rossi <u>bought</u> the newspaper two minutes ago),

or in a period of time not yet completed:

Quest'anno **ho insegnato** soltanto un corso di letteratura medievale. (This year <u>I have taught</u> only a course of Medieval literature.)

The Italian **passato prossimo** like the English present perfect can also be used when the writer or the speaker wishes to indicate that the action which occurred in the past is relevant in the present or future time:

La televisione **ha rivoluzionato** i mezzi di comunicazione moderna (Television <u>has revolutionized</u> modern mass communication.)

It is also the most frequently used tense in conversational Italian as the equivalent of both the past absolute and present perfect:

**Abbiamo passato** una bella vacanza in Italia. (<u>We spent</u> a beautiful vacation in Italy.)

Il professore **ha completato** finora due capitoli del suo libro. (The professor <u>has completed</u> two chapters of his book so far.)

**2.** Usually transitive verbs in the active form take **avere** as an auxiliary verb in all compound tenses:

**Ha scritto** un articolo interessante su Pirandello. (S/he wrote an interesting article on Pirandello.)

If the verb is reflexive, reciprocal, passive and intransitive the auxiliary is **essere:**

**Si sono divertiti** molto al cinema. (They had very good time at the movie.)

Paolo e Lisa **si sonoscritti** per due anni. (Paolo e Lisa wrote each other for two years.)

**L'itinerario è stato cambiato.** (The itinerary has been changed.)

**Sono sceso** dal treno a Milano. (I got off the train in Milan.)

If the verb is intransitive but it functions as transitive verb and has an object, the auxiliary is **avere:**

**ho sceso** le scale in fretta. (I hurried down the stairs.)

3. A past participle used with the auxiliary **avere** doesn't usually agree in gender and number with the object that follows:

**Ho studiato** la filosofia. (I studied philosophy.)

The past participle always agrees when the object is a direct pronoun preceding the verb:

Ho venduto i miei libri ieri. (I sold my books yesterday.)

**Li** "my books" (direct pronoun) ho **venduti** ieri. (I sold them yesterday.)

A past participle used with the auxiliary **essere** must agree with its subject in gender and number:

Cristina e Isabella **si sono alzate** alle sette, **si sono vestite** e poi **sono** subito **uscite.** (Cristina and Isabella got up at seven, got dressed and then they soon went out.)

NOTE: The past participle of **essere** is "stato" and that of **avere** is "avuto":

Paola **è stata** a Torino due volte, ma non **ha** mai **avuto** tempo di visitare il Palazzo reale. (Paola has been in Turin two times, but she never (has) had time to visit the royal palace.)

The following is a list of common verbs whose **participio passato** is formed irregularly:

| Accogliere (to welcome/ receive) | **accolto** (received) |
| accendere (to light) | **acceso** |

| | |
|---|---|
| accorgersi (to realize) | **accorto** (realized) |
| aggiungere (to add) | **aggiunto** |
| apparire (to appear) | **apparso** |
| appendere (to hang) | **appeso** |
| aprire (to open) | **aperto** |
| ardere (to burn) | **arso** |
| arrendersi (to surrender/ give up) | **arreso** |
| assumere (to hire) | **assunto** |
| attendere (to wait) | **atteso** |
| bere (to drink) | **bevuto** |
| chiedere (to ask) | **chiesto** |
| chiudere (to close) | **chiuso** |
| cogliere (to pick) | **colto** |
| commettere (to commit) | **commesso** |
| compiere (to fulfill) | **compiuto** |
| correggere (correct) | **corretto** |
| correre (to run) | **corso** |
| costringere (to force) | **costretto** |
| dare (to give) | **dato** |
| decidere (to decide) | **deciso** |
| dire (to say) | **detto** |
| discutere (to discuss) | **discusso** |
| distruggere (to destroy) | **distrutto** |
| eludere (to elude/ evade) | **eluso** |
| emergere (to emerge) | **emerso** |
| escludere (to exclude) | **escluso** |
| fare (to do) | **fatto** |
| indurre (to induce) | **indotto** |
| intendere (to understand) | **inteso** |
| leggere (to read) | **letto** |
| mettere (to put) | **messo** |
| morire (to die) | **morto** |
| muovere (to move) | **mosso** |
| offendere (to offend) | **offeso** |
| offrire (to offer) | **offerto** |
| opprimere (to oppress) | **oppresso** |

| | |
|---|---|
| ottenere (to obtain) | **ottenuto** (obtained) |
| nascere (to be born) | **nato** |
| parere (to seem) | **parso** |
| percuotere (to hit/ strike) | **percosso** |
| piacere (to like) | **piaciuto** |
| piangere (to cry/ weep) | **pianto** |
| prendere (to take) | **preso** |
| pretendere (to pretend) | **preteso** |
| produrre (to produce) | **prodotto** |
| proteggere (to protect) | **protetto** |
| ridere (to laugh) | **riso** |
| rimanere (to remain) | **rimasto** |
| riscuotere (to cash) | **riscosso** |
| rispondere (to answer) | **risposto** |
| scegliere (to choose) | **scelto** |
| scendere (to discend/ come down) | **sceso** |
| soffrire (to soffer) | **sofferto** |
| scrivere (to write) | **scritto** |
| stringere (to tighten/ squeeze) | **stretto** |
| succedere (to happen) | **successo** |
| tacere (to be silent/ keep quiet) | **taciuto** |
| tendere (to hand/ stretch out) | **teso** |
| tingere (to color/ tint) | **tinto** |
| togliere (to remove) | **tolto** |
| trarre (to pull/ extract) | **tratto** |
| uccidere (to kill) | **ucciso** |
| valere (to be worth) | **valso** |
| vedere (to see) | **visto/veduto** |
| vincere (to win) | **vinto** |
| vivere (to live) | **vissuto** |
| volere (to want) | **voluto** |

## TRADURRE

1. Questa mattina abbiamo bevuto un tè e poi abbiamo studiato la lezione.

2. Sono andate in Italia nel mese di giugno e sono ritornate nel mese di settembre.

3. Mi sono divertito molto, è durato tre ore ma è stato un bel film.

4. In un periodo di instabilità politica, si sono formati molti nuovi partiti politici.

5. I nuoivi partiti politici hanno cercato di rimpiazzare (replace) o sostituirsi ai vecchi.

6. Siamo rimasti a casa tutto il giorno, abbiamo deciso di non uscire.

7. Appena Isabella e Dario si sono visti, si sono salutati e poi si sono baciati.

8. Ieri la festa è finita a mezzanotte. Questa mattina mi sono svegliato alle dieci.

9. Giulio Cesare è stato un grande condottiero (army leader). Molti studenti lo hanno letto e apprezzato come grande scrittore.

10. Ieri abbiamo avuto mal tempo: è piovuto e ha fatto freddo.

11. Carlo e Gina hanno dovuto leggere il romanzo due volte prima di poterlo (it) capire.

12. Devo pagare i miei (my) debiti. Devo alla banca circa un milione di lire.

13. Il professor Ghiotti ha dovuto fare una conferenza sul Petrarca.

14. L'autobus è già partito, devi aspettare 15 minuti per il prossimo.


TRADURRE


**Una cometa è caduta sul pianeta Giove**

Nel mese di luglio, alcuni anni fa, una grande cometa è caduta sul pianeta Giove. Due astronomi **statunitensi** hanno fotografato la cometa dall'osservatorio spaziale di Monte Palomar. Non appena la cometa ha **toccato** il pianeta si è **frantumata** in molti pezzi. Alcuni pezzi sono rimasti in orbita attorno a Giove, altri sono caduti sul pianeta, sono **esplosi** come bombe e hanno così provocato sulla crosta grandi cambiamenti. Giove è molto lontano dalla Terra, quindi noi non abbiamo **potuto** osservare questo spettacolare evento. Gli scienziati hanno potuto vedere le esplosioni che ci sono state su Giove perchè hanno usato dei telescopi molto potenti.

VOCABOLARIO: **Statunitense** (American/ USA citizen); **toccare** (to touch); **frantumarsi** (to shatter/ to break up); **esplosi** (*p.p.* of **esplodere**); **potuto** (*p.p.* of **potere**).

## Gabriele D'Annunzio

Gabriele D'Annunzio è nato a Pescara il 12 marzo 1863. Ha frequentato il liceo in Toscana. Studente eccezionale, a sedici anni ha avuto un grande successo con il suo (his) primo libro di poesie. Ha scritto molte poesie, romanzi e drammi. Ha combattuto con valore durante la prima guerra mondiale, dove ha perduto la vista nell'occhio destro in un incidente aereo. È morto a Gardone il primo marzo 1938.

## PRONOMI RELATIVI

**Che, chi, cui, il quale, la quale, i quali, le quali, quel che, quello che, ciò che**

1. In Italian the relative pronoun **che** (that, which, who, whom) is invariable and it is used both as subject and direct object:

La lettera **che** ho scritto chiarifica il nostro rapporto. (The letter <u>which</u> I wrote will clarify our relationship.)

Leopardi è il poeta **che** ha scritto "La sera del dì di festa". (Leopardi is the poet <u>who</u> wrote "La sera del dì di festa.")

2. The relative pronoun **chi** (he who, the one who, those who) is also invariable. It is followed by the third person singular of a verb and appears mostly in proverbs:

**Chi** vivrà vedrà. (He <u>who</u> will live will see it.)

**Chi** cerca trova. (<u>Who</u> seeks will find.)

or in general statements:

**Chi** studia si affermerà nella vita (<u>He who</u> studies will succeed in life.)

or as distributive pronoun:

**Chi** studia il latino e **chi** studia il greco. (<u>Some</u> study Latin, <u>others</u> study Greek.)

**3. Cui** is a relative pronoun; it is the equivalent of the English whom and which and replaces **che** as object of prepositions. It is invariable and must be preceded by a preposition:

Il professore **con cui** faccio ricerche, abita a Siena. (The professor with whom I do research, lives in Siena.)

La compagnia **per cui** lavoro fabbrica automobili. (The company for which I work, makes cars.)

**Cui** when preceded by a definite article is rendered in English by whose and the article agrees with the noun that follows:

Ho conosciuto lo scrittore Italo Calvino **le cui** opere sono molto apprezzate negli Stati Uniti. ( I met the writer Italo Calvino, whose works are very appreciated in US.)

Mi piace leggere Petrarca **la cui** poesia ha influenzato molti poeti attraverso i secoli. (I like to read Petrarca whose poetry affected many poets throughout centuries.)

Ti presento Claudio **i cui** genitori abitano in America. (I would like you to meet Claudio whose parents live in America.)

**Il quale, la quale, i quali, le quali** may replace **cui** after a preposition. It may also be used instead of **che** to avoid ambiguity:

La ragazza **con cui/ con la quale** esco è tedesca. (The girl with whom I go out is German.)

Mi è piaciuta la conferenza **nella quale/ in cui** hai discusso l'importanza delle scoperte di Galileo. (I liked the lecture in which you discussed the importance of Galileo's discoveries.)

Antonio è il fidanzato di Isabella **che/ la quale** studia a Roma con me. (Antonio is Isabella's fiancee who is studying in Rome with me).

**Quello che, quel che, ciò che** (that which, what) normally refer to a whole clause and should not be confused with the interrogative pronouns which we will see next:

Giorgio non ha capito **quel che/ quello che/ ciò che** ha spiegato il professore. (Giorgio did not understand what the professor explained.)

**Quello che** ho studiato non è stato sufficiente per passare l'esame. (What I studied was not sufficient to pass the examination.)

NOTE:

**In cui** translates as <u>when</u> in expressions of time and as <u>where</u> in expressions of place. In the latter case, it may be replaced by **dove**. **Per cui** translates as <u>why</u> in the expression <u>the reason why/ that:</u>

L'anno **in cui** (**quando**) mi sono laureato ho conosciuto mia moglie. (The year [<u>when</u>] I graduated I met my wife.)

La casa **in cui** (**dove**) abito appartiene a mio nonno. (The house <u>in which</u> [where] I live, belongs to my grandfather.)

Ecco la ragione **per cui** sono venuto .....(Here is the reason <u>why</u> I came....)

## PRONOMI INTERROGATIVI

**Chi? che? cosa? che cosa?**

1. The interrogative pronouns **chi** (who, whom) **che, cosa, che cosa** (what) are invariable and may be used in direct and indirect questions and are object of prepositions:

**Che cosa** hai mangiato? (<u>What</u> did you eat?)

**Con chi** devo viaggiare? (With <u>whom</u> do I have to travel?)

**Per chi** lavori? (<u>Whom</u> are you working for?).

**Che** hai detto? (<u>What</u> did you say?)

2. **Quale? quali?**

**Quale? quali?** (which? which one?) may be an interrogative adjective or pronoun and can be the object of a preposition:

**Di quale** libro parli? (<u>Which</u> book are you talking about?) Litterally: of which book are you talking?

**Quali** canti dell'Inferno hai letto? (<u>Which</u> Inferno's cantos have you read?)

## TRADURRE

1. Ho letto il libro che descrive Palermo.

2. Questi sono i compiti che abbiamo fatto ieri.

3. Ho letto il romanzo di cui il professore ha parlato durante la lezione.

4. Questo è il quadro del pittore che insegna storia dell'arte all'Università di Roma.

5. Il signor Meli è l'uomo a cui ho venduto la mia Fiat.

6. La casa nella quale ho abitato per alcuni anni appartiene a mio zio.

7. Non so di chi sono questi (these) stivali.

8. Il signore con cui ha parlato Gina è di Boston.

9. Giovanni ha conosciuto la ragazza il cui padre insegna storia romana all'università.

10. Chi non lavora non mangia.

11. Chi va piano va sano e va lontano.

12. Non so a chi spedire questa lettera; chi suggerisce al direttore, chi alla segretaria.

13. Da chi hai appreso queste notizie?

14. Sei rimasto in ufficio per pochi minuti, che hai fatto? A chi hai scritto?

15. È difficile credere quello che hai detto.

16. È un inferno: chi piange, chi grida, chi corre, chi salta e chi rompe ogni cosa.

17. Non ho apprezzato le osservazioni che hai fatto riguardo il mio comportamento.

18. Ha illustrato brevemente quello che i romani hanno fatto in Spagna.

19. Il signor Bosco mangia solo quello che ha cucinato sua moglie.

20. Laura è la donna a cui Petrarca si è ispirato.

21. La direttrice a cui hai telefonato la scorsa settimana si è trasferita a Venezia.

22. Quali corsi segui? Uno di filologia romanza e uno di psicologia. Quale preferisci?

23. Con quale treno sieti arrivati? Di che treno parli? Siamo venuti in macchina.

24. A chi piace giocare a tennis, a chi a pallacanestro.

25. Spesso raccontiamo la storia della nostra (our) vita alle persone di cui ci fidiamo.

## L'opera lirica

L'opera lirica è uno spettacolo teatrale fatto di musica e di canto. Nella composizione dell'opera lirica c'è chi scrive il libretto e chi compone la musica. L'opera lirica è suddivisa in atti. Ci sono vari tipi di opere liriche: l'opera seria, l'opera semiseria e l'opera buffa. L'opera seria di solito presenta episodi storici o mitologici e ha un finale tragico. L'opera semiseria **si svolge** in **ambienti** semplici e spesso ha un fine lieto. L'opera buffa è sempre a lieto fine. Alcune voci sono più (more) adatte a rappresentare certi personaggi; per esempio il basso e la soprano rappresentano rispettivamente il vecchio **burlone** e la servetta irritabile. Le voci dei personaggi femminili sono: soprano, mezzosoprano e contralto. Le voci dei personaggi maschili sono: tenore, baritono e basso. Soprano e tenore hanno una voce di alto registro; contralto e basso hanno la voce di timbro (timbre) più grave; baritono e mezzosoprano hanno una voce di medio registro.

VOCABOLARIO: **Svolgersi** (to be set); **ambiente** (surroundings/ environment/ background); **burlone** (joker/ jester).

# CAPITOLO III

**PASSATO REMOTO E IMPERFETTO**

What follows is the conjugation of the **passato remoto** and **imperfetto** of **essere**, **avere** and regular verbs:

**PASSATO REMOTO**

|  |  | I | II | III |
|---|---|---|---|---|
| ESSERE | AVERE | CANT-ARE | RIPET-ERE | PART-IRE |
| fui | ebbi | cantai | ripetei | partii |
| fosti | avesti | cantasti | ripetesti | partisti |
| fu | ebbe | cantò | ripetè | partì |
| fummo | avemmo | cantammo | ripetemmo | partimmo |
| foste | aveste | cantaste | ripeteste | partiste |
| furono | ebbero | cantarono | ripeterono | partirono |

**IMPERFETTO**

| | | | | |
|---|---|---|---|---|
| ero | avevo | cantavo | ripetevo | partivo |
| eri | avevi | cantavi | ripetevi | partivi |
| era | aveva | cantava | ripeteva | partiva |
| eravamo | avevamo | cantavamo | ripetevamo | partivamo |
| eravate | avevate | cantavate | ripetevate | partivate |
| erano | avevano | partivano | ripetevano | partivano |

**1.** The **passato remoto** is used to indicate an event that occurred at a definite time in the past, was completed and not related to the present. It is a narrative tense of historical past:

La rivoluzione francese **scoppiò** nel 1789.( French revolution broke out in 1789.)

L'eruzione del Vesuvio **ricoprì** di lava e cenere le città di Ercolano e Pompei. (Vesuvius eruption covered with lava and ashes the cities of Herculanum and Pompeii.)

Giorgio Washington **fu** il primo presidente degli Stati Uniti. (George Washington was the first president of US.)

**2.** The **imperfetto** is used in a description or an habitual action in the past:

Ogni estate **andavo** a Parigi. (Every summer I used to go to Paris.)

It indicates an action or event which was in progress at that moment or thought of as continuing over a space of time:

**Dormivamo** nella sala d'aspetto quando arrivò il treno. (we were sleeping in the waiting room when the train arrived.)

**Pioveva** ed **era** freddo, non **volevo** uscire. (It was raining and it was cold, I didn't want to go out.)

It is a descriptive tense indicating a state of being:

Nel 1966 **avevo** 18 anni e **studiavo** all'Università di Roma. (In 1966 I was 18 years old and I was studying at the University of Rome.)

It is used to express intentions, describe physical conditions and state of the mind and to indicate time in the past:

**Dovevo** scrivere delle lettere, ma **ero** stanco. (I was supposed to write some letters, but I was tired.)

Quando Mario partì, Isabella **era** triste e **piangeva**. (When Mario left, Isabella was sad and she was crying.)

**Erano** le sette del pomeriggio. (It was seven in the afternoon.)

The **imperfetto** is often introduced by **mentre** (while) to indicate a condition or event that was going on while another occurred at the same time:

Giovanni è uscito **mentre** Maria **studiava** (Giovanni left while Maria was studying),

or to indicate that two actions were going on at the same time:

Mentre gli studenti **leggevano**, il professore **beveva** un caffè. (While students were reading, the professor was drinking a coffè.)

The **imperfetto** is formed from the stem of the infinitive, but some verbs go back to their archaic form of the infinitive: **bere** (bevere----be**ve**va), **fare** (facere----face**va**).

Read the following passage and then write a summary in English providing as much information as you can.

**Amedeo Modigliani**

Amedeo Modigliani, pittore e scultore italiano **nacque** a Livorno nel 1884. Nel 1906 si trasferì a Parigi dove frequentò artisti come Picasso e Matisse che studiavano nuovi modi di espressione nella pittura. Modigliani era molto povero e non aveva un luogo dove abitare. Un medico parigino che si chiamava Paul Alexandre offrì a Modigliani uno studio in una sua villa dove Modigliani **potè** vivere e lavorare. Paul Alexandre ammirava molto i disegni di Amedeo Modigliani così comprò e conservò molti dei suoi (his) disegni che formarono poi la "collezione Alexandre". Modigliani dipinse nudi femminili e maschili e ritratti di amici con contorni (outlines) precisi e un po' allungati. Tra i ritratti, c'è anche il ritratto che **fece** al suo amico Paul. Modigliani morì a Parigi nel 1920, aveva solo 36 anni.

VOCABOLARIO: **Nacque** (passato remoto di nascere: nacqui, nascesti, nacque, nascemmo, nasceste, nacquero); **potè** (passato remoto di potere); **fece** (passato remoto di fare: feci, facesti, fece, facemmo, faceste, fecero).

**Michelangelo**

Michelangelo Buonarroti nacque a Caprese, vicino Firenze, in Toscana nel 1475. Fu pittore, scultore, architetto e poeta. Michelangelo aveva 23 anni quando scolpì la Pietà. L'opera **apparve** subito un capolavoro (masterpiece); essa è una di quelle opere d'arte che tutti amano perchè parla un linguaggio universale. Una particolarità che distingue questo da altri capolavori di Michelangelo è che questa è l'unica opera firmata dall'artista. Secondo la tradizione, Michelangelo mise la firma in una cintola (belt). A Roma Michelangelo progettò la Cupola di San Pietro e **dipinse** gli affreschi della Cappella Sistina. Il papa Sisto V, da cui viene il nome Cappella Sistina, **diede** a Michelangelo l'incarico di dipingere il soffitto della Cappella con temi biblici. Venticinque anni dopo Michelangelo dipinse anche il Giudizio Universale (Last Judgment) sulla parete centrale della Cappella Sistina. Michelangelo **finì** questo affresco nel 1541. Nel 1546 il papa Paolo III chiamò Michelangelo a dirigere i lavori per la costruzione della basilica di San Pietro. L'apporto (contribution) di Michelangelo alla nuova costruzione riguardò specialmente l'architettura esterna e l'impostazione della cupola sopra i quattro grandi piloni **bramanteschi**. Michelangelo fece prima eseguire un modello di legno di metà della cupola. In seguito lui **apportò** diverse modifiche al suo progetto.

Tutti sanno che alcuni anni fa, i restauratori hanno ripulito i dipinti del Giudizio Universale dal fumo delle candele e dalla polvere che oscuravano l'affresco. Il fumo delle candele e la polvere per molti anni hanno ricoperto questi capolavori che dopo il restauro senza lo strato di sporco, sono tornati a brillare. Il grigio colore del cielo prima del restauro ora appare di un azzurro brillante. Michelangelo dipingeva in un modo nuovo e diverso dagli altri artisti; nel Giudizio Universale Michelangelo dipinse solo figure umane senza **sfondi** architettonici e senza paesaggi. Le sue figure rivelano una grande ricchezza di dettagli. Michelangelo morì nel 1564 all'età di 89 anni.

VOCABOLARIO: **Apparve** (passato remoto del verbo irregolare apparire: apparvi/ apparii/ apparsi, appariste, apparve/ apparì/ apparse, apparimmo, appariste, apparvero/ apparirono/ apparsero); **Dipinse** (passato remoto di dipingere: dipinsi, dipingesti, dipinse, dipingemmo, dipingeste, dipinsero); **diede** (passato remoto di dare: diedi/ detti, desti, diede/ dette, demmo, deste, diedero/ dettero); **finì** (passato remoto di finire); **bramanteschi** (di Bramante, famoso architetto); **apportò** (passato remoto del verbo apportare); **sfondo** (background).


## Il matrimonio in Italia

Anche se il matrimonio è sempre stato soggetto a critiche, questa visione pessimistica della vita coniugale non ha mai avuto troppe conseguenze pratiche. In passato il numero dei matrimoni è sempre aumentato con il crescere della popolazione. Dagli anni sessanta però l'istituzione del matrimonio si è trovata in crisi insieme a tanti altri valori. In Italia **ci si sposa** sempre meno. Questo non significa che non **ci si innamora** più. Anzi, anche dall'introduzione del divorzio le statistiche mostrano che sempre più, i giovani scelgono di vivere come marito e moglie senza sposarsi.

Molti sociologi e psicologi spiegano che il numero di matrimoni è ridotto a causa di un certo cambiamento di mentalità. Una volta il matrimonio era il coronamento dell'amore per i romantici, un sacramento per i religiosi, e per quasi tutti, un'alleanza eterna dedicata alla procreazione dei figli. Il matrimonio fissava i ruoli della donna e dell'uomo. La moglie allevava i figli e lavava i piatti in casa mentre il marito lavorava. In passato le cose funzionavano perchè i ruoli erano ben definiti: l'uomo comandava e la donna ubbidiva; oggi però il concetto del matrimonio è cambiato. La donna e l'uomo cercano una certa parità nei rapporti. Ci sono probabilmente altre cause per il declinio dei matrimoni, come per esempio, i problemi economici. Una cosa è certa, il matrimonio del futuro non sarà più il matrimonio classico di una volta.

VOCABOLARIO: **Ci si sposa** (one gets married); **ci si innamora** (one falls in love). It is the impersonal construction of reflexive verbs. See chapter VII, p. 212.

TRADURRE

1. Laurana ricordava benissimo: fino alla vigilia del delitto, Roscio e Rosello si salutavano, si parlavano. (L. Sciascia, A ciascuno il suo, cap. 11.)

2. Ed ecco che si trovò davanti Rosello, che scendeva in compagnia di due persone, una delle quali Laurana subito riconobbe. (L. Sciascia, A ciascuno il suo, cap. 11.)

### Giovanni Pascoli (1855 - 1912)

La concezione pascoliana della realtà è fondata sull'avvertimento d'un mistero inconoscibile al fondo della vita dell'individuo. Pascoli vede la natura come una madre dolcissima e considera poeta colui che conserva intatta la sua anima di fanciullo. La poesia non è invenzione, ma scoperta di qualcosa che già si trova nelle cose che circondano il poeta. L'uccisione del padre in un agguato (ambush) fu l'inizio di una serie di sventure che lasciarono il segno nell'esistenza e nell'opera del poeta.

### Fides

Quando brillava il vespero vermiglio,
e il cipresso pareva oro, oro fino,
la madre disse al **piccoletto** figlio:   diminutivo di piccolo/ *very little*
Così fatto è lassù tutto un giardino.
Il bimbo dorme, e sogna i rami d'oro,
gli alberi d'oro, le foreste d'oro;
mentre il cipresso nella notte nera
**scagliasi** al vento, piange alla bufera.   si scaglia/ scagliarsi:*to hurl*

(Da: Myricae)

## Trilussa (Carlo Alberto Salustri) 1873 -1957

Trilussa è un poeta romano satirico e scrive le sue poesie non in italiano, ma in dialetto romano che non è molto diverso dall'italiano. I suoi personaggi, come nella poesia che segue, sono generalmente animali, ma questi animali rappresentano i vizi umani. La satira di Trilussa colpisce l'egoismo umano e la falsità che spesso si nasconde dietro molti programmi politici come nella poesia del gatto socialista.

### Il gatto socialista

| | |
|---|---|
| Un gatto che **faceva** il socialista | *pretended to be/ acted* |
| solo allo scopo d'arrivare a un posto | |
| **si lavorava** un pollo arrosto | *was working on/ eating* |
| nella cucina di un capitalista. | |
| | |
| Quando da un finestrino **su per aria** | *high up* |
| **s'affaccia** un altro gatto: Amico mio, | *peers in* |
| - dice - considera che son qui anch'io | |
| e che appartengo alla classe proletaria! | |
| | |
| Io che conosco bene le **idee tue** | *your ideas* |
| **son** certo che **quel** pollo che ti mangi, | *sono that* |
| se vengo giù, **sarà diviso** in due: | *will be divided* |
| mezzo a te, mezzo a me...siamo **compagni**! | *comrades* |
| | |
| - No! No! - risponde il gatto senza cuore | |
| -io non divido niente con nessuno: | |
| **son** socialista quando **sto a digiuno** | *I have an empty stomach* |
| ma quando mangio son conservatore! | |

### Tosca

Nella fortezza di Castel Sant'Angelo a Roma dove ha luogo l'ultimo atto di Tosca, Cavaradossi, il protagonista, nell'attesa di essere fucilato, rievoca il suo amore e la felicità che ebbe con Tosca.

| | |
|---|---|
| E lucevan le stelle ed **olezzava** | *smelt sweet* |
| La terra, **stridea** l'uscio | strideva |
| dell'orto, e un passo **sfiorava** la **rena**... | *brushed    sand* |
| Entrava ella, fragrante, | |
| Mi **cadea** fra le braccia... | cadeva |
| Oh, dolci baci, o languide carezze, | |
| Mentr'io fremente | |
| le belle forme **disciogliea** dai veli! | discioglievo |
| Svanì per sempre il sogno mio d'amore ... | |
| **L'ora** è fuggita ... | *that time* |
| E muoio disperato! | |
| E non ho amato mai tanto la vita! | |

Giacomo Puccini (1858-1924). Libretto di Sardou, Illica e Giacosa

### IL PASSATO REMOTO DEI VERBI IRREGOLARI

**1.** In the above translations we have seen some irregular verbs: **nacque** (s/he was born) presents a variation in the verb stem **nasc-ere.** Stem variations are quite common in irregular verbs; for instance compare the past absolute (andai, andasti, andò, andammo, andaste, andarono), and the present tense of **andare** (vado, vai, va, andiamo, andate, vanno) whose stem, with the exception of first and second person plural, differs from that of the infinitive. These irregularities cannot be classified, they must be learned.

The verbs **dare** and **stare** are irregular and follow the same pattern (passato remoto di stare: stetti, stesti, stette, stemmo, steste, stettero). **Dare,** as we have seen on page 79, has three alternate forms in the past absolute.

**2.** Most verbs in **-ere** like **prendere, dipingere** and **fare** whose stem, like those of many other verbs, goes back to the Latin infinitive *facere,* differ from regular pattern in three persons: first and third singular and third plural. Compare the **passato remoto** of **prendere** and **ricevere** (to receive):

| | | | |
|---|---|---|---|
| Pre**si** | prend**emmo** | ricev**ei** | ricev**emmo** |
| Prend**esti** | prend**este** | ricev**esti** | ricev**este** |
| Pre**se** | pres**ero** | rivev**è** | ricev**erono** |

Take for example the **passato remoto** of **conoscere**, once we have established that the first person singular is **conobbi,** it is quite easy to form or identify the persons which differ form the regular pattern: (**conobbi**, conoscesti, **conobbe**, conoscemmo, conosceste, **conobbero**).

What follows is a list of verbs in **-ere**, which are conjugated like **dipingere** and are very common and are frequently found in readings. Along with the **passato remoto** the **presente indicativo,** the **infinito** and the **participio passato** are given:

| INFINITO<br>*Infinitive* | PRESENTE<br>*present* | PASSATO REMOTO<br>*past absolute* | PARTICIPIO PASSATO<br>*past participle* |
|---|---|---|---|
| **Accendere**<br>(to light) | accendo<br>(I light) | accesi<br>(I lighted) | acceso<br>(lighted) |
| **accingersi**<br>(to set about) | mi accingo | mi accinsi | accinto |
| **accogliere**<br>(to receive/ grant) | accolgo | accolsi | accolto |
| **accorrere**<br>(to run/ rush ) | accorro | accorsi | accorso |
| **accorgersi**<br>(to notice/ realize) | mi accorgo | mi accorsi | accorto |
| **accrescere**<br>(to increase) | accresco | accrebbi | accresciuto |
| **affiggere**<br>(to placard/ post up) | affiggo | affissi | affisso |
| **aggiungere**<br>(to add) | aggiungo | aggiunsi | aggiunto |
| **ammettere**<br>(to admit) | ammetto | ammisi | ammesso |
| **annettere**<br>(to annex) | annetto | annessi | annesso |
| **anteporre**<br>(to put before/ prefer) | antepongo | anteposi | anteposto |
| **appendere**<br>(to hang) | appendo | appesi | appeso |
| **apprendere**<br>(to learn) | apprendo | appresi | appreso |

| | | | |
|---|---|---|---|
| **arrendersi** (to surrender) | **mi arrendo** (I surrender) | **mi arresi** (I surrendered) | **arreso** (surrendered) |
| **assumere** (to hire/ take on) | **assumo** | **assunsi** | **assunto** |
| **bere** (to drink) | **bevo** | **bevvi** | **bevuto** |
| **cadere** (to fall) | **cado** | **caddi** | **caduto** |
| **chiedere** (to ask) | **chiedo** | **chiesi** | **chiesto** |
| **chiudere** (to close) | **chiudo** | **chiusi** | **chiuso** |
| **circoscrivere** (to circumscribe/ limit) | **circoscrivo** | **circoscrissi** | **circoscritto** |
| **coinvolgere** (to involve) | **coinvolgo** | **coinvolsi** | **coinvolto** |
| **cogliere** (to pick/ gather) | **colgo** | **colsi** | **colto** |
| **condurre** (to lead/ take) | **conduco** | **condussi** | **condotto** |

The pattern of **condurre** is followed by many other similar verbs such as: **produrre** (to produce); **ridurre** (to reduce); **tradurre** (to translate).

| | | | |
|---|---|---|---|
| **Convincere** (to convince) | **convinco** (I convince) | **convinsi** (I convinced) | **convinto** (convinced) |
| **correre** (to run) | **corro** | **corsi** | **corso** |
| **correggere** (to correct) | **correggo** | **corressi** | **corretto** |
| **cospargere** (to strew) | **cospargo** | **cosparsi** | **cosparso** |
| **crescere** (to grow) | **cresco** | **crebbi** | **cresciuto** |
| **cuocere** (to cook) | **cuocio** | **cossi** | **cotto** |

| | | | |
|---|---|---|---|
| **decidere** (to decide) | decido (I decide) | decisi (I decided) | deciso (decided) |
| **deludere** (to disappoint) | deludo | delusi | deluso |
| **difendere** (to defend) | difendo | difesi | difeso |
| **distruggere** (to destroy) | distruggo | distrussi | distrutto |
| **dire** (to say/ tell) | dico | dissi | detto |
| **diffondere** (to spread/ diffuse) | diffondo | diffusi | diffuso |
| **dimmettersi** (to resign) | mi dimetto | mi dimisi | dimesso |
| **dirigere** (direct) | dirigo | diressi | diretto |
| **discutere** (to discuss) | discuto | discussi | discusso |
| **dividere** (to divide) | divido | divisi | diviso |

## TRADURRE

1. Dante Alighieri nacque nel 1265 e morì nel 1321.

2. Decise di partire dopo tre giorni.

3. Si vestì in fretta e uscì.

4. Dopo lo scandalo che coinvolse il primo ministro, il governo si **dimise**.

5. Bevvero troppo e si ubriacarono.

6. Non riconobbe il professore, quindi non disse niente.

7. Chiesero dell'acqua e del pane e poi sparirono.

8. Fece alcune domande e poi chiuse il libro.

9. I romani distrussero Cartagine quando **si resero conto** che rappresentava un grande pericolo per Roma.

10. Mi convinsi che era innocente perciò lo difesi **accanitamente.**

VOCABOLARIO: **Dimettersi** (to resign); **rendersi conto** (to realize); **accanitamente** (furiously).

Continuation of the list of **infinito, presente indicativo, passato remoto**, and **participio passato** of irregular verbs in **-ere**:

| INFINITO | PRESENTE | PASSATO REMOTO | PARTICIPIO PASSATO |
|---|---|---|---|
| **Effondere** (to pour out/ spread) | **effondo** (I spread) | **effusi** (I spread) | **effuso** (spread) |
| **eleggere** (to elect) | **eleggo** | **elessi** | **eletto** |
| **emettere** (to emit/ give out) | **emetto** | **emisi** | **emesso** |
| **erigere** (to erect/ raise) | **erigo** | **eressi** | **eretto** |
| **esplodere** (to explode) | **esplodo** | **esplosi** | **esploso** |
| **esprimere** (to express) | **esprimo** | **espressi** | **espresso** |
| **espellere** (to expel) | **espello** | **espulsi** | **espulso** |
| **estorcere** (to extort) | **estorco** | **estorsi** | **estorto** |
| **estrarre** (to extract) | **estraggo** | **estrassi** | **estratto** |
| **fingere** (to pretend/ feign) | **fingo** | **finsi** | **finto** |
| **fondere** (to melt/ blend) | **fondo** | **fusi** | **fuso** |
| **fraintendere** (to misunderstand) | **fraintendo** | **fraintesi** | **frainteso** |
| **friggere** (to fry) | **friggo** | **frissi** | **fritto** |

| | | | |
|---|---|---|---|
| **giacere** (to lie 'down') | **giacio** (I lie) | **giacqui** (I lay) | **giaciuto** (lain) |
| **giungere** (to arrive/ reach) | **giungo** | **giunsi** | **giunto** |
| **immergere** (to immerse) | **immergo** | **immersi** | **immerso** |
| **incidere** (to engrave/ carve) | **incido** | **incisi** | **inciso** |
| **includere** (to include) | **includo** | **inclusi** | **incluso** |
| **infrangere** (to shatter/ break) | **infrangere** | **infransi** | **infranto** |
| **insorgere** (to rise/ rebel) | **insorgo** | **insorsi** | **insorto** |
| **intendere** (to hear/ understand) | **intendo** | **intesi** | **inteso** |
| **invadere** (to invade/ overrun) | **invado** | **invasi** | **invaso** |

TRADURRE

1. Elessero presidente un uomo pieno di coraggio, ma poco abile.

2. I barbari invasero l'impero romano occidentale che cadde nel 476.

3. Incluse il mio articolo nella raccolta che pubblicò qualche anno dopo.

4. Eressero un arco che celebrava le gesta (exploits) di Costantino.

5. Molte persone giunsero a Roma per celebrare l'anno santo.

6. Gli ideali di bellezza greco-romana si fusero con gli ideali del Rinascimento.

7. Nessuno si accorse che la piccola imbarcazione si immergeva nelle gelide acque.

8. La storia di molti popoli mediterranei è incisa sulla pietra.

9. Hanno fraintesero quel che (what) dissi.

10. Il giovane aprì la porta, salì le scale e trovò Mariangela che giaceva sul divano.

## MORE VERBS IN -ERE

| | | | |
|---|---|---|---|
| **Leggere** (to read) | **leggo** (I read) | **lessi** (I read) | **letto** (read) |
| **mantenere** (to maintain/ keep) | mantengo | mantenni | mantenuto |
| **mettere** (to put) | metto | misi | messo |
| **mordere** (to bite) | mordo | morsi | morso |
| **muovere** (to move) | muovo | mossi | mosso |
| **nascere** (to be born) | nasco | nacqui | nato |
| **nascondere** (to hide) | nascondo | nascosi | nascosto |
| **nuocere** (to harm/ hurt) | nuocio | nocqui | nociuto |
| **offendere** (to offend) | offendo | offesi | offeso |
| **opprimere** (to oppress) | opprimo | oppressi | oppresso |
| **ottenere** (to obtain) | ottengo | ottenni | ottenuto |
| **parere** (to appear) | paio | parsi | parso |
| **perdere** (to loose) | perdo | persi | perso |
| **permettere** (to allow/ let) | permetto | permisi | permesso |
| **percuotere** (to hit/ beat) | percuoto | percossi | percosso |
| **persuadere** (to convinse) | persuado | persuasi | persuaso |
| **piacere** (to like/ please) | piaccio | piacqui | piaciuto |

| | | | |
|---|---|---|---|
| **piangere** (to cry/ weep) | **piango** (I cry) | **piansi** (I cried) | **pianto** (cried) |
| **piovere** (to rain) | **piove** | **piovve** | **piovuto** (impersonal) |
| **porgere** (to offer/ give) | **porgo** | **porsi** | **porto** |
| **prendere** (to take) | **prendo** | **presi** | **preso** |
| **promuovere** (to promote/ pass) | **promuovo** | **promossi** | **promosso** |
| **proteggere** (to protect) | **proteggo** | **protessi** | **protetto** |
| **pungere** (to prick/ sting) | **pungo** | **punsi** | **punto** |
| **radere** (to shave/ raze) | **rado** | **rasi** | **raso** |
| **reprimere** (to repress) | **reprimo** | **repressi** | **represso** |
| **respingere** (to repel) | **respingo** | **respinsi** | **respinto** |
| **ridere** (to laugh) | **rido** | **risi** | **riso** |
| **risolvere** (to risolve) | **risolvo** | **risolsi** | **risolto** |
| **rispondere** (to answer/ reply) | **rispondo** | **risposi** | **risposto** |
| **rompere** (to break) | **rompo** | **ruppi** | **rotto** |
| **sapere** (to know) | **so** | **seppi** | **saputo** |
| **scadere** (to expire) | **scade** | **scadde** | **scaduto** (impersonal) |
| **scendere** (to descend/ go down) | **scendo** | **scesi** | **sceso** |

| | | | |
|---|---|---|---|
| **sconfiggere** (to defeat) | **sconfiggo** (I defeat) | **sconfissi** (I defeated) | **sconfitto** (defeated) |
| **sconvolgere** (to upset/ disturb) | **sconvolgo** | **sconvolsi** | **sconvolto** |
| **scuotere** (to shake) | **scorgo** | **scossi** | **scosso** |
| **scrivere** (to write) | **scrivo** | **scrissi** | **scritto** |
| **sommergere** (to submerge) | **sommergo** | **sommersi** | **sommerso** |
| **sorprendere** (to surprise) | **sorprendo** | **sorpresi** | **sorpreso** |
| **sopprimere** (to suppress) | **sopprimo** | **soppressi** | **soppresso** |
| **sorgere** (to rise) | **scorgo** | **scorsi** | **scorto** |
| **sostenere** (to support) | **sostengo** | **sostenni** | **sostenuto** |
| **spegnere** (to extinguish) | **spengo** | **spensi** | **spento** |
| **spargere** (to scatter) | **spargo** | **sparsi** | **sparso** |
| **spingere** (to push) | **spingo** | **spinsi** | **spinto** |
| **stringere** (to press/ ighten) | **stringo** | **strinsi** | **stretto** |
| **succedere** (to happen) | **succede** | **successe** | **successo**(impersonal) |
| **svolgere** (to carry out) | **svolgo** | **svolsi** | **svolto** |
| **tacere** (to be silent) | **taccio** | **tacqui** | **taciuto** |
| **togliere** (to take away) | **tolgo** | **tolsi** | **tolto** |
| **trattenere** (to keep/ detain) | **trattengo** | **trattenni** | **trattenuto** |

| | | | |
|---|---|---|---|
| **travolgere** (to sweep away) | **travolgo** (I sweep away)) | **travolsi** (I swept away) | **travolto** (swept away) |
| **uccidere** (to kill) | **uccido** | **uccisi** | **ucciso** |
| **ungere** (to grease) | **ungo** | **unsi** | **unto** |
| **valere** (to be worth) | **valgo** | **valsi** | **valso** |
| **vincere** (to win) | **vinco** | **vinsi** | **vinto** |
| **vivere** (to live) | **vivo** | **vissi** | **vissuto** |
| **volere** (to want) | **voglio** | **volli** | **voluto** |

TRADURRE

**Marco Polo**

Marco Polo, considerato uno dei più grandi viaggiatori del medioevo, nacque a Venezia nel 1254. Proveniva da una famiglia di mercanti veneziani. Nel 1271 all'età di sedici anni, insieme al padre e allo zio, intraprese un viaggio verso l'Oriente, diretto in Cina. Il viaggio d'andata che durò tre anni, avvenne via terra, ora a cavallo, ora a piedi. I tre viaggiatori attraversarono la Persia, l'Afghanistan, l'India e giunsero a Pechino già allora capitale dello sterminato impero cinese. Rimasero in Cina per molti anni ospiti della corte cinese. Marco Polo imparò il cinese e altre lingue; viaggiò anche nelle lontane provincie dell'impero dove svolse molte missioni diplomatiche e governative per conto del Gran Khan. I Polo lasciarono la Cina nel 1292 e tre anni dopo arrivarono a Venezia. Erano partiti (they had left) da Venezia circa 24 anni prima.

Dopo il ritorno a Venezia, Marco Polo combattè contro i Genovesi per difendere la propria patria, ma fu preso prigioniero, e mentre si trovava in prigione a Genova dettò le proprie memorie di viaggi a un suo compagno di carcere, Rustichello di Pisa. L'opera, originariamente chiamata <u>Il libro delle meraviglie del mondo,</u> è ormai conosciuta con il nome di <u>Milione</u> derivato da Emilione un soprannome che distingueva la famiglia di Marco Polo. Marco Polo descrisse la cultura orientale con molto rispetto e ammirazione; voleva forse dare esatte notizie dei costumi delle genti e dei luoghi visitati. I libro è una specie di enciclopedia dove ci sono informazioni di carattere commerciale, geografiche, e informazioni sulle forme di vita sociale e culturale di popoli allora sconosciuti. Nel 1299 Marco Polo ritornò a Venezia, dove morì nel 1324.

## Mio nonno

...Mio nonno giunse in America all'età di quattordici anni, era povero, solo e impaurito. Mi diceva che la sola certezza che aveva allora era che la terra era rotonda e questo soltanto perchè un altro ragazzo prima di lui che si chiamava Cristoforo Colombo, l'aveva preceduto di quattrocentodieci anni, giorno più, giorno meno. Mentre la nave entrava nel porto di New York, mio nonno vide la statua della libertà, il grande simbolo della speranza di milioni di emigranti. Al suo secondo viaggio quando rivide la statua era cittadino americano ed aveva moglie e tanta speranza. Per i miei (my) nonni l'America era la terra della libertà: libertà di poter diventare qualsiasi cosa, bastava lavorare con tutte le proprie forze.

## I PRONOMI ITALIANI

| Soggetto | Riflessivi | Diretti | Indiretti | Con preposizioni |
|---|---|---|---|---|
| Io | mi | mi | mi | con me |
| Tu | ti | ti | ti | per te |
| Lui<br>Egli<br>Esso | si | lo | gli | di lui (per sè) |
| Lei<br>Ella<br>Essa | si | la | le | per lei (per sè) |
| Noi | ci | ci | ci | da noi |
| Voi | vi | vi | vi | a voi |

| | | | | |
|---|---|---|---|---|
| Loro Essi | si | li | loro/ gli | in loro |
| Loro Esse | si | le | loro/ gli | di loro |

## PRONOMI SOGGETTO

**1.** In Italian there is hardly any need for the **pronome soggetto** (subject pronoun) since the ending of the verb indicates the person. They are used only:

a. For emphasis and clarity:

**Io** sono l'autore dell'articolo! (I am the author of the article!)

**Lui** è appena arivato! (He has just arrived!)

b. For contrast:

**Tu** hai una laurea in ingegneria e **lei** in architettura. (You have a degree in engineering and she has a degree in architecture.)

**Noi** abbiamo viaggiato in aereo, **loro** in macchina. (We traveled by air, they by car.)

c. When a pronoun is modified:

Anche **loro** lo vogliono leggere. (They also want to read it.)

Nemmeno **noi** parliamo inglese. (Neither we speak English.)

## PRONOMI RIFLESSIVI

**1.** You are already familiar with reflexive pronouns. A reflexive verb may have a direct object which refers to the subject:

Prima di mangiare Simonetta **si** lava sempre le mani. (before eating Simonetta washes always her hands, literally "the hands to herself").

Non fa freddo, perchè **ti** sei messo un maglione? (It is not cold, why did you put on a heavy sweater?)

## PRONOMI DIRETTI

**1.** Direct object pronouns take the place of a noun which is the direct object of a verb:

Io scrivo la lettera. (I write the letter.).    Io la scrivo. (I write it.).

Io scrivo le lettere. (I write the letters.).    Io le scrivo (I write them.)

**Mi** ami? Certo che **ti** amo. (Do you love me? Of course that I love you.)

Hanno visitato i musei vaticani. (They visited the Vatican museums.).  **Li** hanno visitati (They visited them.)

Fabio ha frequentato l'università della California. (Fabio attended the University of California.)  Fabio l'ha frequentata. (Fabio attended it.)

Another direct pronoun is **ne** (of it, of them, about it, about them, any, some), it is invariable and it is used with numbers, expressions of quantity and to replace phrases consisting of **di + nome**; it can refer to persons or things:

Aveva quattro mele, ma **ne** mangiò solo una. (She had four apples, but she ate only one "of them.")

Il professore lesse la poesia e poi **ne** spiegò il significato. (The professor read the poem and then explained the meaning "of it.")

Poichè ho due macchine, **ne** ho prestata una a Luigi. (Since I have two cars, I lent one "of them" to Luigi.)

Ho comprato della frutta; quanta **ne** hai comprata? (I bought same fruit; how much did you buy "of it?")

Parla sempre di politica, **ne** parla anche quando non è necessario. (S/he speaks always about politics, s/he speaks of it even when it is not necessary.)

Non **ne** voglio sapere. (I don't want to know about it.)

Ho bisogno di soldi, **ne** ho bisogno adesso. (I need money, I need it now.)

Hai delle sigarette? Non **ne** ho. (Do you have any cigarettes? I don't have any.)

Generally, direct object pronouns precede the verb and the past participle agrees with the direct object in gender and number:

Chi sono Rita e Paola? non **le** ho ancora **conosciute**. (Who are Rita and Paola? I have not met them yet.)

Non **vi** abbiamo **viste**, dove eravate? (We didn't see you, where were you?)

Direct object pronouns may be suffixed to an infinitive and gerund:

Sono venuto a visitar**ti**. (I came to visit you.)  The infinitive drops the final -e in combining with pronouns: **visitar**(e), visitar**ti**.

Leggendo**lo** Luigi divenne sospettoso. (While reading it, Luigi became suspicious.)

Basta con la politica, sono stanco di parlar**ne**. (It is enough with politics, I am tired to talk about it.)

Dov'è il libro di chimica? Non posso trovar**lo**. (Where is the chemistry book? I cannot find it.)

The form "non **lo** posso trovare" is also common.

Any of the direct object pronouns can be suffixed to **ecco** (here is, here are):

Ecco**mi** (here I am); ecco**le** (here they are); ecco**ci** (here we are); ecco**la** (here she/ it is); ecco**ne** (here is some).

Dove sono le chiavi? Ecco**le**. (Where are the keys? Here they are.)

Dov'è la stazione di servizio? Eccola. (Where is the gas station? Here it is.)

NOTE:

**a.** Direct object pronouns follow the verb also in the informal imperative:

È un romanzo affascinante, leggi**lo**! (It is an enchanting novel read it.)

Ho due banane, mangia**ne** una! (I have two bananas, eat one "of them.")

**b.** The imperative familiar forms of regular verbs are identical with the corresponding forms of the present indicative except for the second person singular of verbs in **-are.**

|  I | II | III |
|---|---|---|
| **Mangia** (tu) | **Leggi** (tu) | **Apri** (tu) |
| **mangiamo** (noi) | **leggiamo** (noi) | **apriamo** (noi) |
| **mangiate** (voi) | **leggete** (voi) | **aprite** (voi) |

**c.** The infinitive is used to form the negative imperative for the second person singular:

**Non aprire** la porta! fa freddo. (Do not open the door! It is cold.)

**Non la aprire** or **non aprirla** (Do not open it.)

TRADURRE

1. La studia. Le studia. Ti vede. Le vede. Ci ama. Le ama. Li vedono. Mi saluta. Ne parla. Ne scrive due. Vi chiama. Lo chiama. Ne ho tre. Non ne ho.

2. Lui mi capisce. Io la colpisco. L'ho ascoltata. Li ho ascoltati. L'ho ascoltato. Ti odio.

3. Li conosco. Ci conoscono. Vi conosce. La conosce. Mi conoscete. Ti capisco. Lo vedo.

4. Dovete studiarla. Posso capirti. Ti posso capire. Preferisco ignorarle. Voglio comprarla.

5. Vi vedo, ma non vi sento. Sì, posso vedervi, ma non posso sentirvi.

6. Il libro che cerco è in biblioteca; adesso vado a prenderlo. Spero di trovarlo.

7. Dove è il libro che cercavo? Eccolo sul tavolo.

8. Non ho voglia di leggerli ora, sono stanco.

9. Dove è Maria? eccola che viene.

10. Lo guardò e poi disse: non posso crederti! Quando l'hai conosciuta?

11. I compiti? Li faccio domani; ho incontrato Mirella e mi ha invitato ad uscire con lei.

12. Hai visto Giorgio? Non l'ho visto. Hai visto Maria? No, non l'ho vista.

13. Li ammiriamo perchè hanno fatto tutto con eccezionale onestà.

14. Dove è la tua chitarra? L'ho venduta.

15. L'ascoltavamo attentamente mentre ci parlava.

16. Laura si è divertita molto; perchè non la inviti di nuovo ad uscire?

17. Ho bisogno di un libro di geometria, devo comprarlo subito.

18. Ci invitò alla conferenza perchè sapeva che ci interessavamo di archeologia.

19. Aspettami! sono pronto; non lasciarmi qui.

20. Volete del caffè? Bevetelo adesso che è ancora caldo.

21. Ci siamo fermati qualche minuto ad osservarli, ma loro non ci hanno riconosciuti.

22. Non lo vedevo da almeno dieci anni ma l'ho riconosciuto subito quando è venuto a trovarmi.

23. Avevo tre copie dello stesso libro, perciò ne detti una alla biblioteca.

24. Molti studenti fanno i compiti la sera, io di solito li faccio la mattina, ma ieri anch'io li ho fatti la sera.

25. Parlane al dottor Redi; lui è esperto di botanica.

26. Non potè completare il romanzo; morì prima di finirlo.

27. Eccole! Sono appena arrivate; le ha accompagnate l'ingegner Rossi.

28. Era una pittura astratta, e l'autore cercò di spiegarne il significato.

29. Non voleva nè vederlo, nè parlarne, nè sentirlo.

30. Le bruciò per cancellarne le tracce.

**PRONOMI INDIRETTI**

1. The **pronome indiretto** replaces an indirect object. It is preceded by the preposition "a":

Mario scrive molte lettere **a Monica.** (Mario writes many letters to Monica/ Mario writes Monica many letters.)

Mario **le** scrive molte lettere. (Mario writes many letters to her/ Mario writes her many letters.)

Giorgio ha prestato la sua macchina **al signor Dotti.** (Giorgio lent Mr. Dotti his car.)

Giorgio **gli** ha prestato la macchina. (Giorgio lent him his car.)

**Ci** parlò per qualche minuto alla porta, poi **ci** disse di entrare. (S/he talked to us for few minutes at the door, then told us to enter.)

L'insegnante diede un brutto voto **a Claudia ed a Antonio.** (The teacher gave **Claudia** and **Antonio** a bad grade.)

L'insegnante **gli** diede un brutto voto. (The teacher gave them a bad grade.)

L'insegnante diede **loro** un brutto voto (The teacher gave them a bad grade.)

NOTE:

**Diede loro** is formal, but in modern Italian the singular form **gli diede** is quite commonly used also for the plural form.

Indirect pronouns precede the verb in Italian with the exception of **loro**, which always follows the verb and it is never suffixed to it:

Inviò **loro** dei libri. (S/he sent **them** some books.)

**TRADURRE**

1. Le ho dato il fax. Le ho viste. L'ho incontrato e gli ho detto di venire a trovarmi.

2. Lo prendo. Le prende. Le ha scritto. Le ha scritte. Gli ha dato. Li ha dati. Mi ha visto.

3. Mandiamole un telegramma. Ci ha mostrato le foto del suo viaggio in Grecia.

4. Gli chiese di telefonarle almeno una volta al mese.

5. Ti proibì di fumare perchè eri malato.

6. Ci permise di rimanere a casa sua perchè eravamo stanchi.

7. Raccontò loro le avventure della sua vita.

8. Mi restituì il dizionario dopo alcuni anni.

9. Ci ha spedito un pacco ma non l'abbiamo mai ricevuto.

10. Gli disse: "Scrivile subito, è disperata e aspetta la tua lettera da molto tempo".

11. Gli hai risposto che era impossibile scrivergli.

12. Non gli ho potuto rispondere, non sapevo che dirgli.

13. Gli abbiamo spiegato le difficoltà che abbiamo superato, ma lui non ne ha capito l'importanza.

14. Dategli una sigaretta! È disperato; vuole fumarla subito.

15. Ditele di aspettare! Dobbiamo finire di correggere gli esercizi; li vogliamo consegnare domani.

16. Ho dato loro buoni consigli, ma non li hanno seguiti.

17. Ci ha offerto un'aranciata, ma non l'abbiamo accettata.

18. Le spedii un mazzo di fiori; dopo alcuni giorni mi scrisse ringraziandomi gentilmente.

19. Abbiamo spiegato loro i nostri (our) piani per il futuro.

20. Mi dispiace ma non posso darti una grossa somma di denaro.

TRADURRE

**Cappuccetto Rosso**

C'era una volta una bambina che portava sempre un cappuccio rosso per cui tutti la chiamavano Cappuccetto Rosso. Un giorno la mamma le disse:
 - Va' dalla nonna e portale questa torta.
Cappuccetto Rosso prese il cestino e andò. Mentre attraversava il bosco si fermò a cogliere un mazzolino di fiori per la nonna, ma tra gli alberi c'era un lupo che la osservava e che poco dopo le chiese:

- Dove vai bella bambina?
- Vado a portare la torta alla nonna.
- Brava! - disse il lupo; poi andò via di corsa alla casa della vecchietta e la mangiò in un boccone e si mise nel suo (her) letto ad aspettare.

Appena giunta, Cappuccetto disse alla nonna:
- Che occhi grandi hai!
- Per vederti meglio! - rispose il lupo.
- Che braccia lunghe hai!
- Per abbracciarti meglio! - replicò il lupo.
- Che bocca larga hai!
- Per mangiarti meglio! - concluse il lupo.

Il lupo aprì la bocca e la mangiò in un boccone.

Poco dopo un cacciatore passò davanti alla casa della vecchietta e sentì il lupo che russava. Il cacciatore entrò e vide il lupo che dormiva sul letto, allora prese un coltello e gli tagliò la pancia. La nonna e Cappuccetto Rosso erano ancora vive e così furono salve.


### PRONOMI TONICI (Disjunctive pronouns)

Direct and indirect pronouns as well as reflexives are all **deboli** or **atoni** (unstressed). They are read together with the word that follows, with the stress placed on the latter.
The personal pronouns **me, te, lui, lei, se, noi, voi, loro** are called in Italian **pronomi forti** or **tonici** (stressed pronouns), and they are commonly used after prepositions for clarification or to express emphasis or contrast.

Carlo viene a casa **con noi**. (Carlo comes home with us.)

C'è una telefonata **per voi**. (There is a phone call for you.)

Parlavamo **di te** non **di lei**. (We were talking about you not about her.)

Volevamo vedere **te** e **lei**, poi ritornare a casa. (We wanted to see you and her and then go back home.)


### TRADURRE

1. Questi fiori sono per te. Penso sempre a lei. Marta scrive a me, ma scrive anche a lui.

2. Lo faccio per voi. Non lo faccio per loro. Parlo con te. Parlo con lui. Parlo con lei.

3. Ha invitato me non te. Ha scritto a noi non a voi. Non cercavamo te, cercavamo Luigi.

4. Ti ho già detto che non esco con te. Vi ho detto che domani esco con voi.

5. Vieni con me, non andare con lui. Non vengo nè con te, nè vado con lui.

6. Per chi sono le rose? Sono per Rita, le do a lei.

7. Le ho inviato un regalo, ma forse non l'ha ricevuto, aspetto una telefonata da lei.

8. Gli ho detto di scrivermi ma invece di scrivere a me, ha scritto a mia sorella.

9. Non posso prestarti la macchina, oggi serve a me. (literally: it is of use to me/ I need it)

10. Volevamo consegnare i libri a loro, ma loro non c'erano, li abbiamo lasciati sul tavolo.


**PRONOMI ACCOPPIATI.** (double pronouns)


1. All forms of the **pronomi indiretti** ending in -**i**: **mi, ti, ci, vi** followed by the direct object pronouns: **lo, la, li, le, ne,** change -**i** to -**e** and **gli** and **le** to **glie.**


| | | |
|---|---|---|
| **Mi** scrive la lettera. | **Me la** scrive. | (He writes it to me, literally: to me it he writes) |
| **Ti** da il libro. | **Te lo** da. | (She gives it to you.) |
| **Le** leggo l'articolo. | **Glielo** leggo. | (I read it to her.) |
| **Gli** vendo l'automobile. | **Gliela** vendo. | (I sell it to him) |
| **Ci** spiega le frazioni. | **Ce le** spiega. | (S/he explains them to us.) |
| **Vi** invio il pacco. | **Ve lo** invio. | (I send it to you.) |
| Preparo **loro** il pranzo. | **Lo** preparo **loro.** | (I prepare it to them.) |
| **Mi** prestò alcune cravatte. | **Me ne** prestò alcune. | (He lent some of them to me.) |

The **pronomi accoppiati** (with the exception of **loro** which always follows the verb and it is never suffixed to it) precede the verb, and the past participle agrees with its direct object in gender and number:

Che bella camicia! **Me l'ha regalata** la mia ragazza. (What a beautiful shirt! My girl friend gave it to me as present.)

**a.** The **pronomi accoppiati** (like direct and indirect pronoun) may be suffixed to an infinitive and gerund:

Volevo spedir**tela** ma era tardi e l'ufficio postale era chiuso. (I wanted to send it to you, but it was late and the post office was closed.) The form **te la volevo spedire** is also very common.

Era molto turbato quindi non avevo coraggio di dir**glielo**. (He was very upset therefore I didn't have the courage to tell <u>it to him</u>.)

Offrendo**glieli** Luigi disse: sono per te Gina. (While offering <u>them to her</u> Luigi said: they are for you Gina.)

**b.** Double pronouns also follow the verb in the informal imperative:

Sono storie interessanti? Racconta**mele**! (Are they interesting stories? Tell <u>them to me</u>.)

Comprate**glielo** sono sicuro che gli piace. (Buy <u>it for him</u>, I am sure that he will like it.)

## TRADURRE

1. Che vi ha regalato? Ci ha regalato il divano. Quando ve l'ha regalato? Ce l'ha regalato ieri

2. Il dottor Rossi ha presentato agli studenti i nuovi atlanti geografici. Glieli ha presentati durante la lezione di geografia.

3. Li dà loro domani. Gliene dava uno ogni giorno. Non te lo ha dato. Ve li hanno dati.

4. Glielo diedi molti anni fa, ma non me lo ha restituito. Forse non vuole restituirmelo.

5. Quando li ha dati loro, io non c'ero.

6. Se trovi l'articolo, portamelo domani mattina.

7. Le hai mai sentite le barzellette sugli americani? Te ne voglio raccontare una.

8. L'ho incontrato a Roma e glielo ho detto.

9. Gliene parlavo spesso perchè gli dava piacere ascoltarmi.

10. Diteglielo subito, sono stanco d'aspettare.

### AVVERBI DI LUOGO: ci, vi, ne

1. The unstressed pronouns **ci, vi, ne** should not be confused with the corresponding forms **ci** (there/ in it), **vi** (there/ in it) and **ne** (from there/ out of it) which have an adverbial function. **Ci** and **vi** as adverbs are interchangeable and indicate location. They are used in connection with a verb and follow the same rules as the pronouns.

Vai spesso a Fiesole? Si **ci** vado spesso, spero di andar**ci** anche questo fine settimana. (Do you go often to Fiesole? Yes I go <u>there</u> often, I hope to go <u>there</u> this weekend also.)

L'ufficio era chiuso, il direttore non **c'**era . (The office was closed, the director was not <u>there.)</u>

Dante lasciò Firenze e non **vi** ritornò mai. (Dante left Florence and he never went back <u>there.)</u>

Sono andato al cinema, ma **ne** sono uscito deluso, il film era brutto. (I went to the movie, but I came <u>out of it </u>disappointed, the film was ugly.)

Non dovevi andare in biblioteca? Sì, **ne** sono appena uscita. (Weren't you supposed to go in the library? Yes, I just came <u>out of there.)</u>

## USO IDIOMATICO DI: ci, ne, se

**Ci, ne** and **se**, sometimes in Italian do not have a specific meaning or function in the sentence. They are often used pleonastically as reinforcing form with no equivalent in English, or in phraseological expressions:

Sono molto malato, non **ci** vedo e non **ci** sento bene. (I am very sick I don't see and I don't hear well.)

Quello che abbiamo discusso non **c'**entra con questa lezione. (What we discussed has nothing to do with this lesson.)

Non ci mancava altro! (That's all we need!)

Che **ne** pensi delle ultime elezioni politiche in Italia? (What do you think about the last political elections in Italy?)

**Se ne** voleva andare perchè doveva studiare. (She wanted to go because she had to study. Literally: wanted to go away from there herself.)

Tu **ne** approfitti della tua posizione. (You take advantage of your position.)

Finalmente Giovanni **se ne** andò via. (At last Giovanni went away.)

Non voglio andar**mene**. (I don't want to go away. Literally: go away from here myself.)

Non **ne** posso più. (I can't stand it any longer.)

**Ne** ho avuto abbastanza. (I have had enough of it.)

Paolino se **ne** intende di vino. (Paolino is an expert on vine.)

## TRADURRE

1. Un uomo mi guardava ma io non **ci** ho dato molta importanza.   (*to this, to this fact*)

2. Hai pensato ai nostri progetti? Sì **ci** ho pensato tutta la notte. (*to them, to that thing*)

3. Credi agli UFO? No, non **ci** credo, **ci** credevo da bambino. (*to this fact, to it*)

4. Vi siete abituati a vivere a Milano? Sì **ci** siamo abituati.   (*to it, to live there*)

5. Di romanzi ne ho letti molti durante la mia convalescenza.

6. È un bravo meccanico, se ne intende (*is an expert*) di tutti i tipi di motori.

7. Come ti trovi con i tuoi amici americani? Mi ci trovo bene.

8. Come mai non hai parlato con i tuoi genitori? Ci ho parlato.

9. Sono sfortunato, non me ne va una dritta.

10. Posso uscire con tua sorella? È meglio che non ci esci.

11. Sono sempre stanco, non so che cosa farci.

12. Io non ne so nulla della loro vita.

13. Hai un fiammifero? No non ce l'ho.

14. Non ne ho la minima idea di quel fatto.

15. Qui è troppo freddo e non ci si sta bene.

16. Non riesco a conversare con lui perchè non ci sente.

17. Non lo voglio vedere, ne ho abbastanza.

18. Non c'è nessuno che può aiutarmi.

19. È sempre ubriaco, non ci posso pensare.

20. Quando vai in vacanza, dove se ne stanno i cani?

### I VERBI VOLERCI E METTERCI

The idiomatic form of **ci** appears in the Italian verbs **volerci** and **metterci** both translated in English with (*to take*). The verb **volerci**, which is equivalent to the verb **essere necessario** is conjugated with **essere** in the compound tenses:

Per andare da Torino a Milano **ci vogliono/ sono necessarie** due ore in macchina. (To go from Turin to Milan, it takes two hours by car.)

**Ci sono voluti** molti soldi per fare quel viaggio. (It took a lot of money to take that trip.)

Quanto tempo **ci vuole** per conseguire una laurea in medicina? (How long does it take to get a degree in medicine?)

The verb **metterci** is conjugated in all persons and it takes **avere** in the compound tenses. This verb defines the time necessary to carry on an action:

Quanto **ci hai messo** per finire i tuoi studi? **Ci ho messo** sei anni. (How long did it take to finish your education? It took me six years.)

Giulio Cesare **ci mise** tre mesi per raggiungere Pompeo in Africa. ( It took Giulio Cesare three months to reach Pompeo in Africa.)

NOTE:

**Volerci** has also the meaning of (*to need*): **ci vogliono** due ore per lavare così tanti piatti. (It takes two hours to wash so many dishes.)

Per fare avviare il motore **ci vuole** una batteria nuova. (A new battery is needed to have the engine start.)

## TRADURRE

1. Ci vorranno ancora due anni e mezzo prima di ottenere una laurea.

2. Ce la farai a finire in due anni? No! ci vuole un solo anno.

3. Non sappiamo quanto tempo Giancarlo ci mette per venire qui.

4. Per questa salsa ci vogliono due spicchi (clove) di aglio e una cipolla.

5. Ci mise quattro anni a portare a termine la sua tesi.

6. Ci vogliono molti soldi per studiare in alcune università americane private.

7. Quanto tempo c'è voluto per portare a termine i lavori della galleria del Monte Bianco?

8. Mille uomini ci hanno messo circa quattro anni.

9. Non ci vuole molto per capire questo teorema.

10. Qui ci vuole ancora un po' di sale.

## IL VERBO PIACERE

1. The verb **piacere** (to be pleasing to/ to like) is an irregular verb. What follows is the present indicative: io **piaccio**, tu **piaci**, lei **piace**, noi **piacciamo**, voi **piacete**, loro **piacciono**.

**Io piaccio** alla signorina Rossi. (<u>I am pleasing</u> to Miss Rossi / Miss Rossi <u>likes</u> me.)

Le lezioni del professor Roselli non **piacciono** a Mario. Literally: Professor Roselli's lessons are <u>not pleasing</u> to Mario. (Mario doesn't <u>like</u> professor Roselli's lessons.)

**Le piace** imparare l'italiano. (<u>She likes</u> to learn Italian. Literally: <u>to her it is pleasing</u> to learn Italian.)

A Giovanna **piace** studiare la lingua tedesca. (Giovanna <u>likes</u> to study the German language. Literally: to study the German language <u>is pleasing</u> to Giovanna.)

This verb is often used in conjunction with indirect personal pronouns:

Non **le piacciono** gli spaghetti. (<u>She</u> doesn't <u>like</u> spaghetti.)

Ieri Giovanni ha letto un romanzo che **gli è piaciuto** molto. (Yesterday, Giovanni read a novel that <u>he liked</u> very much.)

**Ti sono piaciuti** i corsi di numismatica che hai seguito a Parigi? Si **mi sono piaciuti**. (<u>Did you like</u> numismatic courses you took in Paris? Yes <u>I liked</u> "them.")


## TRADURRE

1. A Galileo piaceva sperimentare la caduta dei gravi sulla torre di Pisa.

2. Al nuovo direttore piacciono idee pratiche.

3. Ad alcuni studenti non piace fare traduzioni dall'italiano in latino.

4. Marco piace a Carmela, ma Carmela non piace a Marco.

5. A Graziella piace vestire all'ultima moda.

6. A tutti gli studiosi di letteratura italiana piacciono le novelle del Decamerone.

7. A Mario piace scrivere; ogni giorno compone una poesia.

8. Non le piace il nostro (our) insegnante di filosofia, perchè ha idee strane.

9. Le nostre proposte piacciono molto agli ingegneri della ditta edile.

10. Gli piaceva frequentare soltanto persone del suo ceto sociale.

## La Piazza italiana

Il nome piazza deriva dal latino *Platea* e è uno spazio grande poligonale o circolare in cui (in which) di solito confluiscono importanti vie della città. Questo spazio è spesso circondato da edifici pubblici da cui spesso la piazza prende il nome; spesso c'è un municipio, una chiesa con un campanile, un' edicola, una bancarella, una fontana e qualche statua ornamentale. Gli italiani si riuniscono nelle piazze durante tutto l'anno. La piazza italiana fu concepita come punto focale delle attività pubbliche, incluse le assemblee generali dei cittadini. Per molti secoli è stato un luogo pubblico dove i leader e i loro seguaci si sono riuniti per sedurre le masse con i loro discorsi. Nelle piazze italiane si sono sempre svolte e ancora continuano a svolgersi manifestazioni culturali e politiche che hanno a che fare con la vita sociale e politica della città o della nazione. Nelle piazze italiane, grandi e piccole è comune vedere gruppi di persone che parlano di sport e di politica; e nelle piazze si recano quei cittadini che sono in cerca di mercati e caffè all'aperto o quei cittadini che vogliono fare una passeggiata con amici e conoscenti. Alcune città italiane hanno piazze così grandi dove possono radunarsi fino a un milione di persone. I raduni di massa nelle città grandi e piccole anche in tempi recenti rappresenta un fatto importante della vita culturale italiana specialmente in un'epoca come la nostra dominata dai mass media.

## L'esplorazione del continente antartico

I due gruppi, quello di Scott e quello di Amundsen, si accinsero (to set about) dunque a svernare, a quasi 800 chilometri di distanza l'uno dall'altro, aspettando la fine della lunga notte polare per dare inizio alla marcia verso il Polo. Quale delle due spedizioni sarebbe giunta (condizionale passato, *would have arrived*) prima?

Scott doveva superare una distanza maggiore (circa 150 chilometri in più), però aveva il vantaggio di seguire un tracciato già in buona parte percorso e conosciuto; Amundsen partiva invece da un punto più vicino al Polo, ma la via da seguire gli era del tutto ignota. Le condizioni, da questo punto di vista, erano dunque più o meno pari.

Amundsen partì il 19 di ottobre, con quattro slitte trainate (dragged/ towed) dai 52 cani migliori tra quelli portati nell'Antartide, che durante la notte polare erano stati nutriti con la carne delle molte foche catturate.

I cani si comportarono benissimo. Inoltre, la Norvegia aveva fornito ad Amundsen i migliori conduttori di slitte, ed i migliori sciatori. Gli uomini, durante la marcia, non avevano quasi da fare altro che guidare le slitte, o seguire con gli sci. Ad ogni nuovo deposito venivano concessi ai cani ed agli uomini due giorni di riposo, dopo i quali il viaggio poteva riprendere a velocità piena.

La spedizione superò le montagne, poi dovette attraversare una zona assai tormentata, piena di crepacci che dovevano essere aggirati salendo (gerundio, *climbing*) e scendendo continuamente, ritornando spesso sui propri passi per tentare altri passaggi, e che fu battezzata "la sala da ballo del diavolo." E finalmente fu sull'altopiano antartico. Da quel momento fu tutta una lunga corsa fino al Polo, dove Amundsen giunse il 14 dicembre del 1911. Il sistema di marcia si mostrò così efficace che, benchè la distanza da percorrere fosse (congiuntivo, *was*) maggiore, furono impiegate per superarla due settimane meno del tempo impiegato da Scott.

Amundsen si fermò al Polo quattro giorni per compiere i rilievi necessari ed essere davvero sicuro di aver raggiunto il punto più meridionale della terra. Poi ripartì lasciando sul Polo una tenda con la bandiera norvegese ed una lettera per Scott.

(L'Esplorazione dell'Antartide. Giunti Marzocco Editore: Firenze 1977, pp. 46-48)

# CAPITOLO IV

## TRAPASSATO PROSSIMO E TRAPASSATO REMOTO

In Italian the **trapassato prossimo** and the **trapassato remoto** are formed by using respectively the imperfect and the past absolute of **avere** or **essere** with the past participle of main verb:

| Trapassato prossimo | | trapassato remoto | | trapassato prossimo riflessivo |
|---|---|---|---|---|
| vevo imparato | ero partito/a | ebbi imparato | fui partito/a | mi ero alzato/a |
| avevi imparato | eri partito/a | avesti imparato | fosti partito/a | ti eri alzato/a |
| aveva imparato | era partito/a | ebbe imparato | fu partito/a | si era alzato/a |
| avevamo imparato | eravamo partiti/e | avemmo imparato | fummo partiti/e | ci eravamo alzati/e |
| avevate imparato | eravate partiti/e | aveste imparato | foste partiti/e | vi eravate alzati/e |
| avevano imparato | erano partiti/e | ebbero imparato | furono partiti/e | si erano alzati/e |

**1.** The **trapassato prossimo** is used to indicate that something happened before something else in the past:

Giovanni superò l'esame perchè **aveva studiato** tutto il giorno. (Giovanni passed the exam because he had studied all day.)

Both clauses: **Giovanni superò l'esame** and **aveva studiato**, express past actions, but the compound tense **aveva studiato** indicates that this action happened before **superò l'esame.**

This tense corresponds to the English past perfect:

I due turisti **avevano aspettato** l'autobus per molto tempo quando decisero di prendere un tassì. (The two tourists had waited for the bus for a long time when they decided to take a taxi.)

Quando siamo arrivate alla stazione il treno **era già partito.** (When we arrived at the station, the train had already left.)

**2.** The **trapassato remoto** is a literary tense and it is used only in dependent clauses introduced by temporal conjunctions such as **dopo che, appena che, quando,** and only if the verb in the main clause is in the **passato remoto:**

Marina **fece** le valigie **dopo che ebbe ricevuto** la telefonata di Claudio. (Marina packed her suitcases after she (had) received Claudio's phone call.)

**Appena ebbe finito** i compiti, **andò** alla riunione. (As soon as she had finished her homework, she went to the meeting.)

NOTE: The **trapassato remoto** may be replaced by:

a) the past participle used by itself:

**Arrivati** a Roma, visitammo il Colosseo. (After we 'had' arrived in Rome, we visited the Coliseum.)

**Finito** di studiare, andai a casa. (When I 'had' finished studying, I went home.)

b) the past infinitive, formed by placing the auxiliary in the infinitive before the past participle of the verb:

**Dopo aver visitato** la casa di Giulietta a Verona, siamo ritornate a Venezia .( After we (had) visited Giulietta's house in Verona, we went back to Venice.)

Lo chiamò soltanto dopo essere ritornata dalle vacanze. (She called him only after she came 'had come' back from vacation.)

## TRADURRE

1. Avevo già finito il mio lavoro quando egli ritornò.

2. Rispose correttamente a tutte le domande perchè aveva studiato intensamente.

3. Ieri sera Maria era stanca perchè aveva giocato a tennis tutto il giorno.

4. Avevano camminato a lungo quando decisero di fermarsi.

5. Non siamo andati a vedere il film perchè l'avevamo già visto.

6. Lo spettacolo era già cominciato quando siamo arrivati a teatro.

7. Volevo andare a Siena perchè a Firenze ci ero già stato.

8. Quando incominciò a piovere Giorgio era ritornato a casa da due ore.

9. Avevamo dormito per dieci ore quando ci siamo alzate.

10. Quando arrivò, avevo già preparato il pranzo, quindi potemmo metterci subito a tavola.

11. Appena ebbi finito la traduzione mi addormentai.

12. Le scrissi dopo che ebbi saputo della morte del marito.

13. Giulio Cesare dopo che ebbe attraversato il Rubicone fronteggiò le truppe romane.

14. Dopo aver ricevuto la lettera le telefonai.

15. Arrivate negli Stati Uniti si iscrissero ad un corso di inglese.

16. Il magistrato lo rilasciò dopo averlo interrogato per un paio di ore.

17. Dopo essere arrivati a Torino, prendemmo il treno che ci portò ad Alessandria.

18. Gli mandammo un telegramma appena saputa la bella notizia.

**Nobile fu il primo a sorvolare il Polo**

L'italiano Umberto Nobile e i suoi compagni sul dirigibile Norge furono i primi a sorvolare il Polo Nord nel 1926. L'americano Richard Byrd, che sosteneva di averli preceduti di tre giorni, mentiva. Lo rivela il suo diario, conservato nell'archivio dell'università dell'Ohio. Il documento è stato reso pubblico ieri, nel 70mo anniversario della mancata impresa. Le annotazioni di Byrd e del suo navigatore Floyd Bennet provano che erano ad oltre 200 chilometri dal Polo quando una perdita d'olio da un motore li costrinse a rinunciare. "È del tutto chiaro - ha dichiarato Dennis Rowlins, uno specialista della navigazione aerea che ha esaminato il diario - che Byrd esagerò il suo racconto: arrivò quasi in vista del polo ma il diario dimostra che non riuscì a sorvolarlo." Al ritorno Byrd fu decorato dal presidente Calvin Coolidge, portato in trionfo per le strade di New York e promosso ammiraglio.
Gli onori tributati a Byrd fecero passare in seconda linea la spedizione del dirigibile Norge, sul quale raggiunsero il Polo il 12 maggio tre uomini che avevano dedicato la vita a questo obiettivo: il generale Nobile, l'esploratore norvegese Roald Amundsen e lo studioso americano Lincoln Ellsworth. I rilievi dell'equipaggio del Norge erano più accurati di quelli di Byrd, i loro ripetuti passaggi sul Polo erano documentati con maggiore cura. Ma per loro la corsa era perduta. Finchè Byrd visse nessuno contestò la sua versione. Le indicazioni che avrebbero potuto tradirlo erano seppellite in un quaderno di 126 pagine con la data del 1925, che alla sua morte venne donato, con centinaia di altre carte, al centro di ricerche polari dell'università dell'Ohio. In 70 anni nessuno lo aveva studiato a fondo, perchè la data era anteriore alla spedizione al polo e il contenuto non sembrava interessante.

(La Repubblica, 10 maggio, 1996, p. 16)

## "Padre Cristoforo"

**Il qual** padre Cristoforo si fermò ritto sulla soglia, e, appena ebbe data un'occhiata alle donne, dovette accorgersi che i suoi presentimenti non eran falsi. Onde (*whence*), con quel tono d'interrogazione che va incontro a una trista risposta, alzando la barba con un moto leggiero della testa all'indietro, disse: "**ebbene?**" Lucia rispose con uno scoppio di pianto. La madre cominciava a far le scuse d'aver osato....ma il frate s'avanzò, e, messosi a sedere su un panchetto a tre piedi, troncò i complimenti, dicendo a Lucia: "**quietatevi**, povera figliuola. E voi," disse poi ad Agnese, "raccontatemi cosa c'è!" Mentre la buona donna faceva alla meglio (*did as well as she could*) la sua dolorosa relazione, il frate diventava di mille colori, e ora alzava gli occhi al cielo, ora batteva i piedi. Terminata la storia, si coprì il volto con le mani, ed esclamò: "o Dio benedetto! fino a quando...!" Ma, senza **compir** la frase, voltandosi di nuovo alle donne: "poverette!" disse: "Dio **vi ha visitate**. Povera Lucia!"

"Non ci abbandonerà, padre?" disse questa, singhiozzando.

"Abbandonarvi!" rispose. "E con che faccia potrei io chieder a Dio qualcosa per me, **quando v'avessi** abbandonata? voi in questo stato! voi, ch'Egli mi confida! Non vi perdete d'animo: Egli v'assisterà: Egli vede tutto: Egli può servirsi anche d'un uomo da nulla come son io, per confondere un....Vediamo, pensiamo quel che si possa fare."

Così dicendo, appoggiò il gomito sinistro sul ginocchio, chinò la fronte nella palma, e con la destra strinse la barba e il mento, come per tener ferme e unite tutte le potenze dell'animo (*mind*). Ma la più attenta considerazione non serviva che a fargli scorgere più distintamente quanto il caso fosse pressante e intrigato, e quanto scarsi, quanto incerti e pericolosi i ripieghi (*solutions*). -- Mettere un po' di vergogna a don Abbondio, e fargli sentire quanto **manchi** al suo dovere? Vergona e dovere sono un nulla per lui, quando ha paura. E fargli paura (*frighten him*)? Che mezzi ho io mai di fargliene una (si riferisce a paura) che superi quella che ha d'una schioppettata (*gun shot*)? Informar di tutto il cardinale arcivescovo, e invocar la sua autorità? Ci vuol tempo: e intanto? e poi? Quand'anche questa povera innocente **fosse maritata** sarebbe (*would it be*) questo un freno per quell'uomo? Chi sa a qual segno possa arrivare?...E resistergli? Come? Ah! se potessi (*if I could*), pensava il povero frate, se potessi tirar **dalla mia** i miei frati di qui, que'(*those*) di Milano! Ma! Non è un affare comune; sarei (*I would be*) abbandonato.

Costui **fa l'amico** del convento, si spaccia (*pretend to be*) per partigiano de' cappuccini: e i suoi **bravi** non son venuti più d'una volta a ricoverarsi da noi? Sarei solo (*on my own*) **in ballo**; mi buscherei (*I would get the reputation / get called*) anche dell'inquieto, dell'imbroglione, dell'accattabrighe (*trouble maker*); e, quel ch'è più, potrei fors'anche, con un tentativo fuor di tempo (*at the vrong time*), peggiorar la condizione di questa poveretta. Contrappesato il pro e il contro di questo e di quel partito, il migliore gli parve d'affrontar don Rodrigo stesso, tentar di smoverlo dal suo infame proposito, con le preghiere, coi terrori dell'**altra vita,** anche di questa, se fosse possibile. Alla peggio, **si potrebbe** almeno conoscere, per questa via, più distintamente quanto colui fosse ostinato nel suo sporco impegno, scoprir di più le sue intenzioni, e prender consiglio da ciò.

(Alessandro Manzoni, 1785-1873). I Promessi Sposi, capitolo V)


VOCABOLARIO: **Il qual**, qui è un nesso relativo; **ebbene**, *well/ well then?* **quietatevi**, imperativo plurale, anche se riferito ad una persona; **compir**, completare/ finire; **vi ha visitate,** vi mette alla prova, Dio è vicino a chi soffre; **quando v'avessi,** se vi avessi...Congiuntivo di avere, *if I had;* **manchi,** non fa il suo dovere; **quand'anche.......fosse maritata,** anche se fosse sposata, *even if she was married;* **dalla mia,** dalla mia parte; **fa l'amico,** agisce come un amico; **bravi,** qui nel senso di sgherri, *hired rufians /bravoes* ; **in ballo**, in gioco, (*at stake*); **altra vita**, dopo la morte; **si potrebbe**, forma impersonale, *one could.*


### I PRONOMI PERSONALI FORMALI: LEI E LORO

The third person pronoun **lei** (she) is also used to mean you (one person) and **loro** to signify you (more than one person). This is called the polite or formal form of address. The familiar form of address (family members, children and close friends) are **tu** (one person) and **voi** (more than one person).

**tu** studi ( singular familiar, you study)    **voi** studiate (plural familiar, you study)

**Lei** studia (singular polite, you study)    **Loro** studiano (plural polite, you study)


| Pronomi soggetto | pronomi diretti | pronomi indiretti | pronomi accoppiati |
|---|---|---|---|
| **Tu** | ti | ti | te lo/a/i/e |

| Lei | La | Le | glielo/a/i/e |
| --- | --- | --- | --- |
| **Voi** | vi | vi | ve lo/a/i/e |
| **Loro** | li *(m.pl.)* le *(f. pl.)* | **Loro** *(m.&f.pl.)* | lo/a/i/e...loro |

Signor Rossi, c'è una telefonata per **Lei**, c'è un signore che vuole parlar**Le**. (Mr. Rossi, there is a phone call for <u>you</u>, there is a gentleman who wants to talk <u>to you</u>.)

Mario, c'è una telefonata per **te**, c'è un signore che vuole parlar**ti**. (Mario, there is a phone call for <u>you</u>, there is a gentleman who wants to talk <u>to you</u>.)

Professore, **Lei** di dov' è? (Professor, where <u>are you</u> from?)

Marcello, **tu** di dove **sei**? (Marcello, where <u>are you</u> from?)

Maria, **ti** ho telefonato ieri sera. (Maria I called <u>you</u> last night.)

Signora Bossi **Le** ho telefonato ieri sera. (Mrs. Bossi I called <u>you</u> last night.)

Maria, **mi hai telefonato** ieri sera? (Maria <u>did you call me</u> last night?)

Signor Bossi **mi ha telefonato** ieri sera? (Mr. Bossi <u>did you call me</u> last night.)

Maria, **te le** restituisco domani. (I will return <u>them to you</u> tomorrow.)

Signor Bossi, **gliele** restituisco domani. (Mr. Bossi, I will return <u>them to</u> you tomorrow.)

**Li** conosco bene, posso chiedere **loro** di portare la mia valigia. (I know <u>them</u> well, I can ask <u>them</u> to carry my suitcase.)

NOTE:

The reflexive form **si** is the same for both forms singular and plural:

**Si** è divertita signorina Rossi? (Did you have good time Miss Rossi?) Sì, mi sono divertita. (Yes I did have good time.)

E **loro** signori, **si** sono divertiti? (And you gentleman did you have good time?) Si, ci siamo divertiti. (Yes, we did have good time.)

TRADURRE

1. Con chi studi? con chi studia? Che fate domani? che fanno loro? Signori che fanno?

2. Conosce il signor Meli? Si lo conosco. Signor Meli mi conosce? Si La conosco.

3. Signori, mi conoscono? Si che La conosciamo! Quando mi hanno conosciuto?

4. Mi coscete? Si che ti conosciamo! Quando mi avete conosciuto?

5. Carlo! puoi prestarmi 20 mila lire? Mi dispiace, Paolo ma non posso prestartele.

6. Signor Meli, può prestarmi 20 mila lire? Mi dispiace signorina Cesarini ma non posso prestargliele.

7. A che ora pranza Lei? Alle otto. A che ora va a dormire? Perchè mi fa queste domande?

8. A che ora pranzi tu? Alle otto. A che ora vai a dormire? Perchè mi fai queste domande?

9. Mi avevi detto di aspettarti, dove sei stato?

10. Mi aveva detto di aspettarLa, dove è stata?


TRADURRE

**Laurana**

Quando scesero dalla corriera Laurana non sapeva che fare: se salutarla o accompagnarla dove lei doveva andare. Stettero un po' fermi nella piazza; poi la signora, che aveva improvvisamente perso quell'aria di fatuità che aveva mantenuto per tutto il viaggio, e si era persino indurita nei lineamenti, disse che quel giorno era venuta al capoluogo per una ragione che voleva confidargli.( *to him/ to Laurana*) - Ho scoperto - disse - che veramente mio marito andò a Roma a trovare quel suo (*his*) amico **deputato**: e per chiedergli quello che lei mi disse la sera, si ricorda?, in cui è venuto a casa mia, con mio cugino, - e fece, alla parola cugino, una **smorfia** quasi di disgusto.

(...) - Me lo promette?- domandò la signora con un promettente sorriso. - Glielo giuro - disse Laurana, come trasportato da un'ondata di gioia. - Arrivederci, allora - disse la signora porgendogli la mano. In un impeto di amore e di rimorso Laurana si chinò sulla mano di lei quasi a baciargliela. Restò poi a guardarla mentre si allontanava nella piazza piena di palme e di azzurro: stupenda, innocente, coraggiosa creatura. E gli veniva da piangere.

(Leonardo Sciascia. A ciascuno il suo, cap. 15)


VOCABOLARIO: **Deputato** (Congressman/ representative); **smorfia** (grimace/ wry face); **porgendo** (gerundio di **porgere**, *offering*).

## Il lupo e l'agnello

Un lupo e un agnello, spinti dalla sete, erano giunti allo stesso ruscello. Il lupo stava in alto, l'agnello giù in basso. Il lupo naturalmente cercava pretesti per mangiarlo, quindi cominciò col chiedere all'agnello perchè gli aveva reso torbita l'acqua che beveva. L'agnellino rispose timidamente che non era possibile poichè l'acqua scorreva dall'alto in basso, prima davanti al lupo e poi verso di lui. Allora il lupo cambiò discorso e accusò l'agnello di averlo insultato sei mesi addietro. L'agnello rispose che aveva meno di sei mesi e che a quel tempo non era ancora nato. A questo punto quel prepotente affermò che il padre dell'agnello aveva parlato male di lui e trovato questo pretesto gli saltò addosso e lo sbranò.

### FUTURO E FUTURO ANTERIORE

The endings of the future tense in Italian are the same for all verbs: **-ò, -ai, -à, -emo, -ete, -anno.** They are formed by dropping the final vowel of the **infinito.** As the following chart shows, the endings of verbs in **-are** are changed to **-ere**. Verbs that do not follow this pattern are: **essere** (sarò), **dare** (darò), **fare** farò), **stare** (starò). The verb **andare** and **avere** included in this chart have an irregular future built on a contracted infinitive.

| ess-ere | av-ere | parl-are | cred-ere | fin-ire | and-are |
|---------|--------|----------|----------|---------|---------|
| sarò    | avrò   | parlerò  | crederò  | finirò  | andrò   |
| sarai   | avrai  | parlerai | crederai | finirai | andrai  |
| sarà    | avrà   | parlerà  | crederà  | finirà  | andrà   |
| saremo  | avremo | parleremo | crederemo | finiremo | andremo |
| sarete  | avrete | parlerete | crederete | finirete | andrete |
| saranno | avranno | parleranno | crederanno | finiranno | andranno |

### FUTURO ANTERIORE

The **futuro anteriore** is formed by adding the past participle of the main verb to the future of the auxiliary **avere** or **essere**

Sarò stato     avrò avuto     avrò parlato     avrò creduto     avrò finito     sarò andato

## USI DEL FUTURO

**1**. The Italian **futuro** is used to express future actions and translates the English shall, will or be + going to plus the main verb depending on the context:

**Arriveremo** a Torino domani nel pomeriggio con il treno delle quattro. (We will arrive in Turin tomorrow in the afternoon with the four o'clock train.)

Il prossimo anno **riceverò** la laurea in lettere. (Next year I shall receive a degree in letters.)

The **futuro anteriore** is translated into English with shall have and will have plus the past participle of the main verb or by the present perfect. It expresses an action which has already occurred before another action will take place:

Domani appena **avrai finito** gli esami andremo a vedere la partita di calcio. (Tomorrow as soon as you will have finished with the exams we will go to watch the soccer game.)

**Saremo ritornati** a casa prima del tramonto del sole. (We will have returned home before the sun set.)

**2**. In Italian the **futuro** is often used without any idea of future time to express probability and uncertainty:

Se non è a casa, **sarà** in ufficio. (If she is not at home, perhaps she is in her office.)

Quanti anni **avrà** il professor Niccoli? Ne **avrà** quaranta. (How old professor Niccoli might be? He is probably forty years old.)

Parlano inglese, **saranno** americani. (They speak English, they are probably American.)

Quando gli ho telefonato **saranno state** le dieci. (When I telephoned him, it must have been ten o'clock.)

Sono partiti questa mattina presto, **saranno** già **arrivati** a Roma. (They left early this morning, by now they have probably arrived in Rome.)

The future and the conditional of most irregular verbs is built on the contracted infinitive and is easily recognized. The following list includes the most common verbs:

**Avere/ avrò** (to have)             **andare/ andrò** (to go)

**bere/berrò** (to drink)             **dovere/ dovrò** (to have to/ must)

**volere/ vorrò** (to want)           **sapere/ saprò** (to know)

**venire/ verrò** (to come)

**vivere/ vivrò** (to live)

**rimanere/ rimarrò** (to remain)

**morire/ morrò** (to die)

**benedire/ benedirò** (to bless)

**cadere/ cadrò** (to fall)

**dare/ darò** (to give)

**fare/ farò** (to do/ to make)

**opporre/ opporrò** (to oppose)

**deporre/ deporrò** (to depose)

**tenere/ terrò** (to have/ to hold)

**valere/ varrò** (to be worth)

**scadere/ scadrà** (to be due/ to expire)

**parere/ parrò** (to seem)

**vedere/ vedrò** (to see)

**potere/ potrò** (to be able/ can)

**dire/ dirò** (to say/ to tell)

**porre/ porrò** (to put)

**condurre/ condurrò** (to lead/ to drive)

**tradurre/ tradurrò** (to translate)

**maledire/ maledirò** (to curse)

**esporre/ esporrò** (to expose)

**comporre/ comporrò** (to compose)

**stare/ starò** (to stay/ to stand)

**trarre/ trarrò** (to draw/ to pull)

**avvenire/ avverrà** (to happen/ to occur)

**accadere/ accadrà** (to happen, impersonal)


NOTE:

**a.** The present tense is used in Italian to express an immediate future action more commonly than it is used in English:

Ti **vedo** la settimana prossima. (I shall see you next week.)

**b.** In simple hypothesis and in temporal clauses referring to the future (introduced by: **quando, appena, dopo che**), Italian uses the future tense while English uses the present:

**Se verrà**, glielo darò. (If she comes, I shall give it to her.)

**Appena verrà**, glielo dirò. (As soon as he comes, I shall tell him.)


TRADURRE

1. Chi vivrà vedrà (proverbio). Sono le otto, saranno già usciti.

2. Se canterà lei, il teatro sarà pieno. La prossima estate andremo in Turchia.

3. Quando canterà, il pubblico avrà la possibilità di giudicare la sua voce.

4. Che sarà successo? È tardi e non sono ancora arrivati.

5. Se domani sarà una bella giornata andremo al mare.

6. Domani dovrò lavorare, non potrò venire a giocare a tennis con voi.

7. Sono sicuro che si divertiranno.

8. Quello che hai fatto sicuramente non gli piacerà.

9. Avrà sonno e sarà stanco perciò non è venuto.

10. Dopo che avrò esaminato la sua proposta prenderò una decisione.


-Ma no. E poi, non credo che **mi sarò sbrigata** prima delle sette: tra oggi e domani ho da svolgere un compito difficile ...Ma saprà tutto domani sera ...Alle sette, dunque: al caffè Romeris ...Poi possiamo tornare insieme in paese, con l'ultimo treno: se a lei non **dispiace**: - Ma ne sarò felice - disse, arrossendo (blushing) di felicità, Laurana.
- E a sua (your) madre: che dirà a sua madre?
- Dirò che sarò costretto a far tardi per cose di scuola; non è la prima volta, **del resto**.

(Leonardo Sciascia. A ciascuno il suo, cap. 15)

VOCABOLARIO: **Sbrigarsi** (to finish off/ to settle/ to hurry up); **dispiacere** (to dislike/ to diplease, it follows the same construction as **piacere**); **del resto** (after all).


## Se Florindo è fedele

Se Florindo è fedele
io m'innamorerò.
Potrà ben l'arco tendere
il **faretrato** arcier                        *quivered*         (faretra/ *quiver*)
ch'io mi saprò difendere
da un guardo **lusinghier**.                   *tempting*
Preghi, pianti e **querele**                   *accusations*
io non ascolterò,
ma se sarà fedele
io m'innamorerò.

O cessate **di piagarmi**  *wounding me*
o cessate di piagarmi
o lasciatemi morir.
**Luci** ingrate - **dispietate**  *eyes*    senza pietà
più del gelo e più dei marmi
fredde e sorde a' miei martir.
O cessate di piagarmi
o lasciatemi morir.

Alessandro Scarlatti, (1660-1725)


**PAROLE ALTERATE** (modified nouns and adjectives)


**1.** In Italian, nouns, adjectives, adverbs and even proper names can be given various different shades of meaning by the addition of different **suffissi** (suffixes). Knowing the Italian suffixes is very helpful in translating more accurately into English. The following Italian nouns: **cucinino** (kitchenette), **libretto** (booklet), **uccellino** (birdie) and **gattino** (kitty) have been modified by the addition of suffixes. They can be translated into English with corresponding diminutive, but in Italian there is a broad and varied use of suffixes which can lend a particular flavor to Italian prose and can be understood only in context, since they can be subtle and sometimes hard to translate.

**2.** In Italian certain nouns seem to lend themselves to many variations in meaning. Let take the noun **ragazza**, it can be modified in: **ragazzina, ragazzetta, ragazzuccia, ragazzona, ragazzotta, ragazzaccia**, and the proper name **Gianna** which can be modified in: **Giannina, Giannetta, Giannella, Giannuccia, Giannotta, Giannona, Giannaccia**.


## 3. Italian suffixes

**-ino** (implies something small and attractive)

Il gatto (cat)              il gatt**ino** (kitten)

Il tavolo (table)           il tavol**ino** (small table)

Il bicchiere (glass)        il bicchier**ino** (small glass)

**-etto** (implies something small and attractive)

| | |
|---|---|
| Il paese (village) | il pae**setto** (small village) |
| La casa (house) | la ca**setta** (small house) |
| La strada (road/ street) | la stra**detta** (small road/ street) |
| Il tavolino | il tavoli**netto** (small table/ coffeetable) |

**-ello** (implies something small and attractive)

| | |
|---|---|
| L'asino (donkey) | l'asin**ello** (little donkey) |
| Il paese (village) | il pas**ello** (small village) |
| L'albero (tree) | l'alber**ello** (small tree) |

**-uccio** (suggests smallness, affection or poor quality and value)

| | |
|---|---|
| Carlo | Carl**uccio** (dear/ charming Carlo) |
| La casa | Cas**uccia** (little/ shabby house) |
| La macchina | Macchin**uccia** (small, cheap car) |

**-one/a** (can have varied connotations as well as conveying large size). Sometimes when the suffix **-one/a** is used with adjectives, they acquire the value of nouns.

| | |
|---|---|
| Il bambino | il bambin**one** (big boy, or man that acts like a boy) |
| La stanza | la stanz**ona** (large room) |
| La stanza | lo stanz**one** (large room) |
| Ricco | il ricc**one** (a very rich man) |
| Ricca | la ricc**ona** (a very rich woman) |
| Il professore | il professor**one** (great professor) |
| Il libro | il libr**one** (great book, or boring book) |

**-accio** (conveys derogatory meaning, bad quality)

| | |
|---|---|
| Il tempo | il temp**accio** (bad weather) |
| La donna | la donn**accia** (bad woman) |

| | |
|---|---|
| Il romanzo | il romanz**accio** (unpleasant novel) |
| Laura | L**auraccia** (mean Laura) |

**-astro** ( derogatory meaning. **-Astro** and **-igno** are the equivalent of the English prefix step in denoting a relative by virtue of remarriage)

| | |
|---|---|
| Il poeta | il poet**astro** (poetaster) |
| Il figlio | il figli**astro** (step-son) |
| La madre | la mat**rigna** (step-mother) |
| La sorella | la sorell**astra** (step-sister) |

Suffixes like **-otto:** ragazz**otto/a** (a sturdy youth), lep**rotto** (leveret), aquil**otto/a** (eaglet), grass**otto/a** (fatty); **-arella/o,** pazz**arella** (poor mad woman); **-ucola/o,** finest**rucola** (a small odd window); **-iola** , festicc**iola** ( small, informal family party); **-oncello/a,** ladr**oncello** (terrible little thief) are less common.

NOTE:

**a.** When attached to an adjective of color, the suffixes **-astro, -iccio,** and **-ognolo** give the adjective the same meaning given by the English suffix -sh:

| | | | |
|---|---|---|---|
| Rosso | ross**astro** (reddish) | ross**iccio** (reddish) | |
| Giallo | giall**ognolo** | giall**astro** (yellowish) | gialli**iccio** (yellowish) |

**b.** When added to an adjective, and generally when added to a noun, the suffix takes the gender of the word to which it is affixed. Note, however, that some feminine nouns may become masculine when modified by the suffix **-one:**

| | | |
|---|---|---|
| La donna | la donn**ona** (big woman) | il donn**one** (big-boned woman) |
| La stanza | la stanz**ona** (large room) | lo stanz**one** (big/ large room) |

**c.** Suffixes are also used with verbs, adverbs and adjectives: **Piovere** (to rain); **piovigginare** (to drizzle); **lontano** (far), **lontanuccio** (a bit far); **brutto** (ugly), **bruttoccio** (rather ugly); **bruttino** (a bit ugly); **grasso** (fat); **grassoccio** (plump); **Piccoletto** (quite little).

**4.** There are no hard and fast rules governing the use of the different modifying suffixes. The best guide will be the observation of the established language as written and the context in which a word is used. For instance, the word **amichetto/a** can imply a sweet little friend, a lover, or even, in a given context, an accomplice; and the word **donnina** can imply a sweet little woman, a petite woman, a small woman or a prostitute.

Students should not try to form modified words unless they are familiar with them. The following examples in pairs show some apparently modified words, or words that have acquired independent meanings, but which in reality are altogether different words:

| | |
|---|---|
| Il **tacco** (heel) | il **tacchino** (turkey) |
| la **botte** (barrel) | il **bottone** (button) |
| la **botte** (barrel) | Il **bottino** (loot) |
| Il **padre** (father) | il **padrino** (godfather) |
| Il **padre** (father) | il **padrone** (owner) |
| la **carta** (paper) | la **cartella** (briefcase) |
| la **carta** (paper) | la **cartolina** (postcard) |
| la **carta** (paper) | il **cartone** (cardboard) |
| il **pane** (bread) | il **panino** (sandwich) |
| la **posta** (mail) | il **postino** (mailman) |
| la **mela** (apple) | il **melone** (melon) |
| il **frate** (friar/ monk) | il **fratello** (brother) |
| la **colla** (glue) | la **collina** (hill) |
| la **vite** (screw) | la **vitella** (heifer) |
| il **viso** (face) | il **visetto** (cute face) |
| il **viso** (fase) | il **visone** (mink) |
| la **foca** (seal) | la **focaccia** (cake) |
| il **mulo** (mule) | il **mulino** (mill) |
| la **salma** (corpse) | il **salmone** (salmon) |
| il **salmone** (salmon) | la **salmonella** (salmonella) |
| il **bagno** (bath) | il **bagnino** (life-guard) |
| l' **aquila** (eagle) | l'**aquilone** (kite) |
| la **bocca** (mouth) | il **boccone** (bit/ snack) |

| | |
|---|---|
| la **bocca** (mouth) | la **boccona** (large mouth) |
| la **bolla** (bubble) | la **bolletta** (bill) |
| la **bolletta** (bill) | il **bollettino** (bullettin) |
| la **battaglia** (battle) | il **battaglione** (battalion) |
| la **casa** (house) | il **casino** (brothel/ mess) |
| il **fante** (infantryman) | il **fantino** (jockey) |
| il **gallo** (rooster) | il **gallone** (gallon) |
| il **cavallo** (horse) | il **cavallone** (billow) |
| il **cavallo** (horse) | il **cavalletto** (tripod/ easel) |
| il **cavallo** (horse) | la **cavalletta** (grasshopper) |
| il **monte** (mount) | il **montone** (ram) |

TRADURRE

1. Che giornataccia, è piovuto tutto il giorno.

2. La ragazzetta indossava un bel vestitino rosso.

3. Le diedi un bacione sulla fronte e me ne andai al lavoro.

4. Era una ragazzona, ma aveva delle manine piccole.

5. Ho ricevuto una letteraccia dalla mia ex fidanzata.

6. Facemmo delle passeggiatine prima di ritornare a casa.

7. Davanti la sua casa c'era un canaccio che spaventava tutti quelli che passavano.

8. Nessuno legge quel giornalaccio.

9. Tutti i bambini avevano in mano delle bandierine verdastre e le agitavano.

10. Il padre di Carluccio era un ometto calvo con dei baffetti neri.

11. Aveva un tale pancione che a mala pena poteva camminare.

12. Il suo faccione allegro con due occhietti vivi e la sua risatina erano caratteristiche inconfondibili.

13. Lo avevano visto in giro per i bar, con delle donnine allegre e spensierate.

14. Aveva pochi clienti, del resto era un avvocatuccio che non aveva mai vinto una causa.

15. Mia zia mi regalò un paio di stivaletti giallastri che non ho mai usato.

16. Finalmente sono riuscito a comprarmi una macchinuccia per andare al lavoro!

17. Il professor Rossi fece un figurone alla conferenza con la sua presentazione.

18. Mi inviò una cartolina da Firenze in cui diceva che sarebbe venuto a farmi una visitina.

19. Faceva molto caldo, tutti facevano un pisolino sotto gli ombrelloni.

20. Il dottor Meli era bruttino e vestiva maluccio, portava sempre una cravatta giallina.

21. Il rosone del duomo di quella (that) cittadina risale al quattordicesimo (14th.) secolo.

22. Faceva scippi (bag-snatching) con il motorino mentre l'amichetto l'aspettava all'angolo.

23. Gli regalarono un coniglietto marrone ed un gattino grigio con una codina bianca.

24. Dei bambini giocavano con l'aquilone, altri con il pallone. Altri mangiavano il melone.

25. In quel villino ai piedi della collina viveva un riccone con la sua amichetta.

26. Cappuccetto Rosso andò a visitare la sua nonnina che viveva in una casuccia.

27. Si fermò in un boschetto e mentre coglieva dei fiorellini, un lupaccio mangiò la focaccia che portava in un cestino.

Read the following passages and then write a summary in English providing as much information as you can.

**L'eredità dell'umanesimo e la nuova cultura**

Il Cinquecento raccoglie i frutti della lunga e laboriosa vigilia umanistica (*eve of humanism*) e li conduce a splendida maturazione. In esso tutte le aspirazioni e le tendenze della rinnovata cultura - l'approfondito e raffinato gusto artistico, la più libera e mondana filosofia, l'umanità più espansiva e cordiale degli affetti, il senso **fortissimo** della dignità e della potenza creatrice dell'uomo, l'esigenza di una norma decorosa di vita e di un'alta stilizzazione letteraria - trovano la **loro** pienezza, e anche, in un certo senso, il loro esaurimento (exhaustion). Nella mirabile fioritura di poesia e d'arte e di pensiero del secolo XVI in Italia - che ha offerto, con Ariosto e Tasso, Raffaello e Michelangelo, Correggio e Tiziano, Machiavelli e Galilei (e intorno ad essi tanti minori letterati ed artisti, storici e uomini di scienza: minori, ma non di rado così interessanti), tutta una serie di maestri e di modelli alla risorgente civiltà europea - è nascosto infatti un principio di decadimento. Decadimento non dell'arte e della poesia in sé, ma della civiltà e della cultura in cui l'arte e la poesia trovano le loro condizioni storiche d'esistenza. In quella stessa straordinaria abbondanza di attività letteraria ed artistica, a **tratti insigne** e quasi sempre pregevole, c'è come il senso delle età estreme dello spirito, fatte di raffinatissma esperienza e di consumata saggezza, e già tutte piene di un presentimento di prossima morte.

(Natalino Sapegno. <u>Compendio di Storia della Letteratura Italiana</u>. Vol. 2. La Nuova Italia: Firenze. 1991, p.1.)

VOCABOLARIO: **fortissimo** (molto forte); **loro** (their); **a tratti insigne** (from time to time remarkable)

## I partigiani sono ancora scomodi

Il neorealismo non **resse** alla ricomposizione, alla restaurazione, al blocco moderato attorno alla **D C**. Ma le stesse sinistre non valutarono l'importanza del neorealismo, non fecero praticamente niente quando da destra veniva attaccato (was attacked) come la peste, come il cinema dei panni sporchi che non vanno sciorinati (must not be displayed) in piazza ma lavati in casa, come il cinema dello scandalo che faceva sempre vedere i partigiani, sempre la miseria, sempre la denuncia... Da parte dell'establishment, delle banche, delle strutture tradizionali fu visto come un nemico, e d'altra parte le sinistre lasciarono cadere la cosa salvo i casi episodici di *Il sole sorge ancora, caccia tragica* e *Achtung! Banditi!*, che io devo all'**ANPI**, che mi aiutò a Genova, e alla lega delle cooperative che mi dettero i primi soldi per mettere su il film e ai partigiani e ai comunisti di Genova. Ma, in realtà le sinistre non si accorsero dell'enorme potenziale culturale del neorealismo, e se lo appoggiarono con la stampa, con "l'Unità," "Vie nuove," l'"Avanti," non capirono però anche le possibilità finanziarie, non si fecero promotori verso i paesi dell'est e verso l'Unione Sovietica per ottenere aiuti, per avere delle prevendite. Questo avvenne solo per *Achtung! Banditi!* ricordo che una trentina di milioni sulla sola base della sceneggiatura ci vennero da preacquisti, perchè il mio nome era già stato legato alle sceneggiature di alcuni grossi successi e su questa base ci si aspettava (one expected) che sarei diventato (I would have become) un regista in grado di garantire un certo rientro o comunque avrei fatto (I would have made) un film importante per il movimento partigiano. Se aggiungiamo il piccolo contributo dato dal PCI a *La terra trema*, sei, otto o dieci milioni, una piccolissima cifra, non ci fu altro.

Carlo Lizzani. <u>L'avventurosa storia del cinema italiano</u>, a cura di F. Faldini e G. Fofi, Feltrinelli: Milano, 1979, pp. 249-50

VOCABOLARIO: **Resse** (passato remoto di reggere,*to hold/ stand'up"*); **D C** (Democrazia Cristiana), partito politico scomparso nei primi anni del Novanta perchè coinvolto in scandali. **ANPI** (Associazione nazionale partigiani italiani)

## TRADURRE

### Jacopone da Todi

La poesia di Jacopone da Todi è caratterizzata da una perpetua e violenta battaglia contro le seduzioni della terra e le gioie della vita. Nella sua poesia c'è l'ardore del predicatore che attacca il peccato e esorta gli uomini all'assidua penitenza e alla contemplazione della morte presentando la minaccia dell'inferno e la promessa del paradiso. C'è sempre in Jacopone un fiero ascetismo che vede nella sofferenza un mezzo per raffinare lo spirito ed elevarlo.

**Lode alla povertà**

| | |
|---|---|
| Dolce amor di **povertade**, | povertà |
| quanto ti **deggiamo** amare! | dobbiamo |
| Povertade poverella, | |
| **umilitade** è tua sorella: | umiltà |
| ben ti basta una **scudella** | scodella/ piatto |
| et al bere et al mangiare. | |
| Povertade questo **vole**, | vuole |
| pane et aqua et erbe sole; | |
| se le viene alcun di **fore**, | fuori |
| sì vi aggiunge un po' di sale. | |
| Povertade va sicura, | |
| ché non ha nulla **rancura**; | rancore/ odio |
| de' **ladron** non ha paura | ladro |
| che la **possino** rubare. | possano |
| Povertà batte a la porta; | |
| e non ha **sacca** né borsa: | sacco |
| nulla cosa **seco** porta, | con sè |
| se non quanto ha da mangiare. | |
| Povertade non ha letto. | |
| non ha casa ch'**aggia** letto | abbia |
| non mantile, non **deschetto**: | desco/ tavolino |
| siede in terra a **manducare**. | mangiare |
| Povertade muore in pace | |
| **nullo** testamento **face**: | nessuno, fa |
| né parenti, né cognate | |
| non si senton litigare. | |
| Povertade amor giocondo, | |
| che disprezza tutto il mondo: | |
| nullo amico le va **a tondo** | intorno |

  per aver da ereditare.
Povertade poverina,
  ma del cielo cittadina,
  nulla cosa che è terrena
  tu non puoi desiderare...
Povertà, fai l'uom perfetto,
  vivi sempre con diletto:
  tutto quel ti fai soggetto
  che ti piace **desprezzare**.    disprezzare
Povertade va leggera;
  vive allegra e non **altera**;    orgogliosa
  è per tutto forastera,      forestiera
  nulla cosa vuol portare
Povertà gran monarchia,
  tutto il mondo hai in tua **balìa**:  potere/ autorità
  quant'hai alta signoria
  d'ogni cosa che hai **sprezzata**!  disprezzato

(Jacopone da Todi. 1230-1306)


Read the following passage and then write a summary in English providing as much information as you can.

**La città nella sua fisionomia culturale e umana**

  Venezia, per chi ci viva, è una sorta di paradiso terrestre, scriveva Gerolamo Priuli, che pur era critico assai severo del modo con cui essa era governata, e del modo con cui si era trasformata: si può solo dire: «*non est vivere extra Venetiis*». «È la città più splendita che io abbia mai visto», aveva annotato anni prima Philippe de Commynes, che a Venezia era stato solo di passaggio: e aveva descritto rapidamente le case, «quelle antiche tutte dipinte», quelle più recenti «con la facciata di marmo bianco»: e sul Canal Grande, ancorate davanti a taluna di queste case, navi di quattrocento tonnellate. A un osservatore arcigno come il conte Jacopo di Porcìa, tutte quelle case nuove, così lussuose di dentro e di fuori, tutto quello spendere che i Veneziani facevano per costruirne di sempre più belle, faceva invece cattiva impressione, indice di un'ambizione ormai sfrenata. Si trattava, piuttosto, della consapevolezza politica che se Venezia aveva da essere la grande città dominante, doveva adeguarsi al suo destino anche dal punto di vista edilizio e urbanistico. Già nel 1451 si erano eletti due Provveditori sopra strade e ponti, i quali sette anni dopo verranno riassorbiti nei Provveditori di *Comun*: ma tra la fine del Quattrocento e l'inizio del Cinquecento, l'onere di queste grandi opere pubbliche (costruzione in pietra di ponti e fondamenta, selciatura delle strade, edifici nuovi all'Arsenale e sistemazioni nel palazzo ducale affidati a scultori e architetti ispirati al moderno stile rinascimentale) verrà assunto dai Provveditori *al sal*, magistratura basilare nell'economia veneziana. Espressione di grandezza, nonchè di virtù, pubblica e privata, erano anche le chiese: e così un architetto del valore di Mauro Coducci, bergamasco, lascerà l'impronta della sua arte non solo nel palazzo Corner, a Sant'Anzolo, o nella torre dell'orologio o nel completamento delle *Procuratie Vecchie*, ma nella chiesa di San Michele in Isola, nelle facciate della chiesa di San Zaccaria e della Scuola grande di San Marco...

Gaspare Gozzi. (1713-1786) Storia della Repubblica di Venezia

**NUMERI CARDINALI E ORDINALI**

The numbers listed in the charter below are called **numeri cardinali**:

0 zero

| | | | |
|---|---|---|---|
| 1 uno | 11 undici | 21 ventuno | 40 quaranta |
| 2 due | 12 dodici | 22 ventidue | 50 cinquanta |
| 3 tre | 13 tredici | 23 ventitrè | 60 sessanta |
| 4 quattro | 14 quattordici | 24 ventiquattro | 70 settanta |
| 5 cinque | 15 quindici | 25 venticinque | 80 ottanta |
| 6 sei | 16 sedici | 26 ventisei | 90 novanta |
| 7 sette | 17 diciassette | 27 ventisette | 100 cento |
| 8 otto | 18 diciotto | 28 ventotto | 101 centouno |
| 9 nove | 19 diciannove | 29 ventinove | 102 centodue |
| 10 dieci | 20 venti | 30 trenta | 103 centotrè |

| | | |
|---|---|---|
| 200 duecento | 2.000 duemila | 48.000 quarantottomila |
| 300 trecento | 3.000 tremila | 110.000 centodiecimila |
| 400 quattrocento | 4.000 quattromila | 200.000 duecentomila |
| 500 cinquecento | 5.000 cinquemila | 247.000 duecentoquarantasettemila |

| | | |
|---|---|---|
| 600 seicento | 10.000 diecimila | 700.201 settecentomiladuecentouno |
| 700 settecento | 11.000 undicimila | 1.000.000 un milione di dollari |
| 800 ottocento | 20.000 ventimila | 17.000.000 milioni di abitanti |
| 900 novecento | 21.000 ventunomila | 1.000.000.000 un miliardo di lire |
| 1.000 mille | 25.000 venticinquemila | 7.000.000.000 sette miliardi di ... |

**1. Uno** has as many forms as the indefinite article: **uno** storico (a historian), **un'**automobile (a car), **un** cane (a dog), **una** chiesa (a church).

**2. Cento** by itself means one hundred and it remains **cento** in higher numbers, but it is preceded by the required cardinal number:

**Cento** persone (one hundred people).

**Trecento** persone (three hundred people).

**Cinquecentoventotto** dollari (five hundred twenty-eight dollars).

**3. Mille** by itself means one thousand, but it changes to **mila** in higher numbers:

**Mille** lire (one thousand lire)

**Quattromila** abitanti (four thousand inhabitants).

**4. Milione** changes to **milioni** in higher numbers:

**Un milione** (one million).

**Sette milioni** (seven million).

**5.** When **milione** and **miliardo** are followed by the word to which they refer, they take **di** as follows:

Un milione **di** studenti (one million students).

Diciotto miliardi **di** lire (eighteen billion lire).

NOTE:

Operazioni matematiche (math operations):

**Addizione** (+)

Sette **più** quattro fa undici. (Seven plus four makes eleven.)

**Divisione** (:)

Ventuno **diviso** tre fa sette. (Twenty-one divided by three makes seven.)

**Moltiplicazione** (x)

Quindici **per** due fa trenta. (Fifteen times two makes thirty.)

**Sottrazione** (-)

Ventitrè **meno** sei fa diciassette. (Twenty-three minus six makes seventeen.)

**NUMERI ORDINALI**

The numbers listed in the following chart are called **numeri ordinali**, they are also **aggettivi numerali** (numerical adjectives).

| | | | | | |
|---|---|---|---|---|---|
| 1° | Primo | 1st | 6° | sesto | 6th |
| 2° | secondo | 2nd | 7° | settimo | 7th |
| 3° | terzo | 3rd | 8° | ottavo | 8th |
| 4° | quarto | 4th | 9° | nono | 9th |
| 5° | quinto | 5th | 10° | decimo | 10th |
| 11° | undicesimo | 11th | 12° | dodicesimo | 12th |

Beyond **decimo** all the ordinal numbers drop the last vowel of the cardinal number and add **-esimo,** with the exception of cardinal numbers ending in **-re** and **-sei**, where no vowel is dropped:

Diciasette**simo** (17th)   Cente**simo** (100th)   Trentatree**simo** (33th)

Cinquantasei**esimo** (56th)   Duecentoventidue**simo**   Novante**simo** (90th)

Ordinal numbers take the definite article and the masculine or feminine ending according to whether the word to which they refer is masculine or feminine:

La **prima** lezione (the first lesson).   il **diciottesimo** banco (the eighteenth desk).

il **primo** libro (the first book).   le **prime** settimane (the first weeks).

il **primo** libro (the first book).        le **prime** settimane (the first weeks).

Some numbers can be made into nouns by the addition of a suffix:

Una **decina** di ragazzi (a group of about ten boys).

una **ventenne** (a woman of about 20 years of age).

una **trentina** di ragazze (a group of about twenty girls).

una **dozzina** di uova (a dozen of eggs).

un **centinaio** (a group of about one hundred).        un centinaio di dollari

otto **centinaia** (a group of about eight hundred).        otto centinaia di persone

un **migliaio** (a group of about one thousand).        un migliaio di turisti

tre **migliaia** (a group of about three thousand).        tre migliaia di soldati

As you can notice in the above chart the figure carry an exponent ($^o$) which indicates the masculine ending -**o**, therefore 27$^o$ will be read **ventisettesimo**;

for ordinal numerals agreeing with a feminine noun, the exponent will be ($^a$) 27$^a$ will be read **ventisettesima**.

In writing ordinal numbers referring to names of Popes, Kings, or Centuries the Roman numerals are often used:

Giovanni Paolo II        Giovanni Paolo Secondo (John Paul the 2nd)

Enrico VIII        Enrico Ottavo (Henry the eighth)

Il secolo XIX        Il secolo diciannovesimo (19th century)

| | | |
|---|---|---|
| **Il duecento** (1200-1300) | Il secolo tredicesimo | il secolo decimo terzo |
| **Il quattrocento** | Il secolo quindicesimo | il secolo decimo quinto |
| **L'ottocento** | il secolo diciannovesimo | il secolo decimo nono |

**Frazioni:**

1/3, un terzo (one third);   2/5, due quinti (two fifth);   7/9, sette noni (seven ninth);   1/2, un mezzo (one half).

## TRADURRE

1. Siamo nel millenovecento novantotto.

2. Dante nacque nel milleduecentossessantacinque e morì nel milletrecentoventuno.

3. Che ore sono? Sono le sette e mezzo.

4. Sono le otto meno dieci.

5. Ernesto è nato il cinque marzo, millenovecentocinquantaquattro.

6. Il Trecento è il secolo d'oro della letteratura italiana.

7. L'età barocca inizia nel secolo sedicesimo.

8. Papa Giovanni XXIII fu un papa poco tradizionale poichè stabilì un nuovo rapporto con la gente.

9. Galileo visse tra il sedicesimo e il diciassettesimo secolo.

10. Celebrano il cinquantesimo anniversario della sua morte.

11. Il Professor Neri insegna all'università da una quarantina di anni.

12. Quella signora ha una trentina d'anni.

13. L'Italia ha una popolazione di 56 milioni di abitanti.

14. Ho ricevuto un centinaio di lettere e tre o quattro centinaia di cartoline.

15. Abitavano al diciottesimo piano.

16. Ho tre figli, dei quali uno frequenta la quinta elementare, un altro la terza media, e l'altro il quarto anno del liceo scientifico.

17. È la prima e l'ultima volta che mangiamo in questo ristorante!

18. Frequento un gruppo di simpaticissimi settantenni.

19. All'inizio del prossimo millennio sarà introdotto l'Euro nel sistema monetario europeo.

20. Varie Case editrici europee hanno già pubblicato una decina di libri e un centinaio di articoli relativi alla nuova tecnica bancaria e finanziaria in atto in Europa.

**Leporello**

Madamina, il catalogo è questo

Delle belle che amò il padron mio;
Un catalogo **egli è** che ho fatt'io.             c'è
Osservate, leggete con me.

In Italia seicento e quaranta,
In **Lamagna** duecento e trentuna,                Alemagna/ Germania

Cento in Francia, in Turchia novantuna,
Ma in Ispagna son già mille e tre.

**V'han** fra queste contadine,                    ci sono
Cameriere, cittadine,
V'han contesse, baronesse,
**Marchesane**, principesse,                       marchese
E v'han donne dogni grado,
D'ogni forma, d'ogni età.

Nella bionda egli ha l'usanza
Di lodar la gentilezza;
Nella bruna, la costanza;
Nella bianca, la dolcezza.

Vuol d'inverno la grassotta;
Vuol d'estate la magrotta;
È la grande maestosa,
La piccina è **ognor** vezzosa.                    sempre

Delle vecchie fa conquista
Pel piacer di porle in lista:
Ma passion predominante
È la giovin principiante.

Non **si picca** se sia ricca,                     *prides himself*
Se sia brutta, se sia bella:
Purchè porti la gonnella,

Voi sapete quel che fa.

(Wolfgang Amadeus Mozart. <u>Don Giovanni</u>: Aria.   Libretto di Lorenzo da Ponte)

**I bronzi di Riace**

In alcuni paesetti sulla costa Jonica della Calabria si parla ancora una lingua simile a quella di Omero, il più grande poeta greco, autore dei due poemi epici: l'Iliade e l'Odissea. In questa area ancora incontaminata dai media moderni, si parla un dialetto di derivazione greca: Bova, una cittadina nella parte interna della costa calabrese meridionale, appartiene all'aria grecofona ed è un'isola liguistica unica al mondo. La stretta relazione culturale del passato tra Grecia e Calabria continua infatti ad essere documentata dai più recenti ritrovamenti archeologici.

Nell'agosto del 1972, un subacqueo si immerse per caso nelle acque di Riace Marina, una cittadina calabrese sulla costa jonica e intravide qualcosa ricoperto dalla sabbia e dalle alghe marine, che ad un esame più attento si rivelò poi essere una statua di bronzo. A breve distanza da questa, vide un'altra statua. Il recupero dei due bronzi avvenne con facilità, infatti le statue vennero legate ad una specie di palloni contenenti aria compressa che sollevandosi le trascinarono in superficie. I bronzi raffiguranti due guerrieri, rimasti prigionieri dei fondali marini per più di duemila anni, avevano bisogno di restauro, quindi furono portati al Museo Archeologico di Reggio Calabria prima e poi nel Centro di Restauro della Soprintendenza Archeologica della Toscana. Un ultimo restauro avvenne presso il Museo Nazionale di Reggio Calabria dove si sono potuti vedere i procedimenti utilizzati per fondere ed assemblare le tredici diverse parti che compongono ciascuna statua.

I bronzi di Riace, come pure un statua colossale di 2,42 metri finita nelle reti di un pescatore il 4 marzo del 1998 a Mazara Del Vallo nella Sicilia occidentale e molti altri bronzi tra i quali quelli ripescati al largo del porto di Brindisi nel 1992, viaggiavano su navi e possiamo dire che erano quasi sicuramente bottino di guerra. Nel caso del ritrovamento di Brindisi la presenza di teste, piedi e torsi di statue, un carico prezioso di materiali, ha spinto molti archeologi a credere che detti materiali fossero (*were*) destinati al riciclaggio e alla fusione.

Il valore dei bronzi di Riace è inestimabile, essi sono la testimonianza della grandezza e della raffinatezza artistica a cui giunse l'arte greca del V secolo a.C. I due guerrieri rappresentano una delle maggiori opere di bronzo di artisti greci a noi pervenute. Le statue sono figure maschili nude di superba bellezza tanto da far pensare non a figure umane ma a dei e eroi del mondo ellenico. Esse sono alte circa due metri e hanno capelli e barba fluenti. Le loro mani e piedi sembrano così vere a causa dei particolari delle vene e delle unghie che alcuni studiosi hanno esitato ad attribuire i bronzi all'artista Pitagora di Samo famoso per scolpire tali dettagli. Si vede anche che erano armati di lancia e sostenevano lo scudo con la mano sinistra. I restauratori hanno notato che la lega bronzea era composta di rame e stagno e qualche aggiunta di piombo. Secondo l'archeologo Paolo Moreno dell'università di Roma, le due statue raffigurerebbero due dei sette eroi di Tebe immortalati nei versi di Eschilo: l'antropofago Tideo, e l'eroe Anfiarao. È quasi impossibile credere che la statua A, Tideo, fosse un cannibale; ma secondo il professor Moreno la risposta è nelle sue caratteristiche perchè diversamente da tutte le altre stuatue bronzee che conosciamo, essa presenta una bocca semiaperta e i denti ricoperti di freddo argento per non parlare del labbro inferiore che pare coperto di sangue, a causa del colore rossastro del rame. Per trasmettere una maggiore espressività i bronzi erano stati (*had been*) intarsiati e ricamati. Dovendo cercare la paternità delle opere si è pensato al grande Fidia, lo scultore dei fregi del Partenone, ed ad altri scultori greci illustri, anche se lo studioso Moreno con una serie di confronti e testimonianze artistiche e letterarie suggerisce autore dei bronzi lo scultore Agelada menzionato più volte nelle opere di Plinio.

# CAPITOLO V

**AGGETTIVI E PRONOMI DIMOSTRATIVI**

|  | Singolare |  |  | Plurale |  |
|---|---|---|---|---|---|
| *(m.)* | *(f.)* |  | *(m.)* | *(f.)* |  |
| **Questo** | **questa** | (this) | **questi** | **queste** | (these) |
| **Quello** | **quella** | (that) | **quelli** | **quelle** | (those) |

1. Demonstrative adjectives like other adjectives, agree in gender and number with the noun they modify:

**Questo spettacolo** (<u>this</u> show)   **questi spettacoli** (<u>these</u> shows)

**Questa commedia** (<u>this</u> comedy)   **queste commedie** (<u>these</u> comedies)

NOTE:

a. When the adjectives **quello** and **bello** precede the word they modify, they are inflected like the definite article:

| | | |
|---|---|---|
| **Il** cane | **quel** cane | **bel** cane |
| **lo** studente | **quello** studente | **bello** studente; |
| **gli** spettacoli | **quegli** spettacoli | **begli** spettacoli; |
| **le** ragazze | **quelle** ragazze | **belle** ragazze; |
| **l'**amica | **quell'**amica | **bell'**amica ; |
| **i** giardini | **quei** giardini | **bei** giardini |

b. The adjective demonstrative **codesto/ a/ i/ e**, seldom used in contemporary Italian, appears in written form especially with Tuscan authors:

Chi è **codesta** ragazza? (Who is <u>that girl</u>?)

c. **Stasera, stamattina** is the short form for **questa sera, questa mattina.**

2. The **pronomi dimostrativi** agree in gender and number with the preceding noun or pronoun:

Voglio leggere **questo** romanzo non **quello**. (I want to read <u>this</u> novel non <u>that one</u>.)

Voglio leggere **questi** romanzi non **quelli**. (I want to read <u>these</u> novels non <u>those ones</u>.)

Conosco **questa** ragazza, ma non conosco **quella**. (I know <u>this</u> girl, but I do not know <u>that one</u>.)

Non mi piace nè **questo** nè **quello**. (Literally: I do not like neither <u>this one</u> neither <u>that one</u>.)

Quale corso segui? **Quello** del professor Tiberi? (Which course are you taking? <u>That</u> of professor Tiberi?)

NOTE:

There are other demonstrative pronouns, some of them, less common in contemporary spoken and written Italian: **Questi** (this one, *m.*), **quegli** (that one, *m.*), **costui** (this one, *m.*), **costei** (this one, *f.*), **costoro** (these, *m.* & *f.*), **colui** (the one who, *m.*), **colei** (the one who, *f.*), **coloro** (the ones who, *m.* & *f.*). These pronouns are used only in reference to persons:

............: "**Quegli** è Nesso, che morì per la bella Deianira, (Dante, Inferno, XII, 67-68.)

(...............<u>That one</u> is Nesso, who died for the beautiful Deianira,)

Similemente a **colui** che venire sente il porco e la caccia alla sua posta, (Dante, Inferno, XIII, 112-113.)

Likewise <u>the one who</u> hears coming the pig and the hunt to his wait,

**Coloro** che non hanno superato l'esame di ammissione non potranno frequentare questo corso. (<u>The ones who</u> didn't pass the entrance exam cannot attend this course.)


## TRADUCETE

1. Quel cane. Quei ragazzi. Quell'uomo. Quest' opera. Quell'albergo. Queste città.

2. Quei boschi. Quelle colline. Quei momumenti. Quel bel giovane. Quella bella giovane.

3. Questo tavolo è nuovo, quello è vecchio. Questa sedia è nuova, quella è vecchia.

4. Voglio questa mela e quella pera. Ora quegli animali vivono nello zoo.

5. Conosci quella donna? Quale? Quella con il vestito rosso? Si! Quella è mia sorella.

6. Quelli sono gli stivali di Eleonora. Che begli stivali!

7. Quali scarpe ha comprato? Quelle nere. Perchè ha comprato quelle? Perchè le piace quel colore.

8. Questo e quello per me sono la stessa cosa.

9. Colui che riuscirà ad imparare a memoria questa poesia riceverà un bel voto.

10. Colei che è entrata per ultima, è una studentessa modello.

11. Coloro che credono agli UFO sono sicuramente pazzi.

12. Chi è costei? Mi pare di conoscerla.

13. Quei due ragazzi sono Giancarlo e Pino. Sono dei bei giovanotti.

14. Questo non è il posto adatto per dire codeste cose.

15. Gli agricoltori piemontesi producono molto vino, quelli siciliani producono molte arancie.

16. Ho letto Petrarca e Boccaccio, questi è divertente, quello è lirico.

18. I bagagli di Luigi e quelli di Rosa sono arrivati.

## TRADURRE

### La fiaba del fungo d'oro

Il popolo dei fungoni abitava in un regno al di là del tempo e dello spazio così lontano da noi che è impossibile immaginarselo. I fungoni non avevano il concetto di proprietà, non case e vivevano all'aperto ed andavano in giro nudi. Tra loro non esistevano conflitti e guerre, vivevano in armonia con la natura e con sè stessi, senza invidia e senza odio. Vivevano una vita felice che non conosceva sofferenza e lavoro. Il cibo usciva dalla terra spontaneamente e i fungoni sceglievano quello che più gli piaceva. Anche loro nascevano dalla terra come funghi ed il loro Dio era un grande fungo multicolore che si chiamava Tora. Tora era al centro della società dei fungoni e irradiava costantemente luce e gioia. I fungoni ringraziavano Tora con canti e lodi perchè Tora spargeva continuamente amore e felicità. La lingua dei fungoni era una lingua semplice fatta di sorrisi e di esclamazioni gioiose. I fungoni vivevano sdraiati su prati ricoperti di fiori e cantavano e si divertivano in continuazione. Non c'era niente che potesse (could) minacciare il loro benessere poichè Tora li irradiava di luce e di serenità.

La società dei fungoni era un paradiso ed era sempre stata così finchè accadde qualcosa che ebbe conseguenze disastrose per tutte le generazioni successive. Una mattina i fungoni furono svegliati da un grido allucinante che proveniva da una montagna. Un gruppo andò ad investigare quella inconsuetudine e trovò una bambina affamata che giaceva a terra e che gridava disperatamente. I fungoni erano gente piena di amore e comprensione, quindi presero la bambina e la portarono da Tora perchè ottenesse (to obtain) amore e cibo. Nessuno riuscì a capire da dove veniva la bambina. A essa fu dato il nome di Appetita perchè le piaceva sfrenatamente mangiare tutto quello che era dolce e buono; in breve tempo la bambina diventò cicciottella da magra e denutrita che era. Appetita durante il giorno girovagava gustando tutti i dolciumi che crescevano nel regno dei fungoni e di tanto in tanto scompariva alla vista di tutti poichè si dilettava a mangiare ogni genere di cose che nasceva spontaneamente in quella terra dove Tora estendeva i suoi riflessi. Appetita dopo aver gustato tutto ciò che cresceva in questo regno, e dopo essersi divertita con tutti i fungoni, col passare degli anni capì che qualcosa le mancava, qualcosa che avrebbe potuto (could have) veramente soddisfarla in assoluto. Si rese conto che desiderava la fonte di tutto, desiderava Tora. All'inizio Appetita riuscì a controllare il suo desiderio perchè era stata ben trattata dai fungoni ottenendo rispetto, amore e protezione. Ma Appetita passava notti insonni e delirava a causa di Tora. Una notte non potendo controllare e frenare il suo desiderio decise di soddisfarlo. Pensò che una sola bricciola di Tora l'avrebbe soddisfatta (would have satisfied her) e nessuno si sarebbe (would have noticed) accorto della sua azione. Durante la notte quando tutti i fungoni dormivano, Appetita silenziosamente si avvicinò a Tora, tese la mano vibrante e voluttuosamente accarezzò la molle pelle di Tora. Continuò a fare questo per molto tempo ma non andava oltre perchè riteneva che questa fosse (was) un'azione terribile non apprezzata dai fungoni che l'avevano salvata e che le avevano dato una famiglia. Amava davvero i fungoni, ma il desiderio che sentiva per Tora era veramente forte. Finalmente cedette alla sua passione e le sue mani penetrarono lentamente la polpa fresca di Tora. Ne staccò un pezzo e masticò voluttuosamente la polpa succosa e salutare del fungo. Era la migliore cosa che avesse mai mangiato (she had eaten) e si sentì felice, ubriaca e soddisfatta di piacere. La soddisfazione irradiò tutte le sue membra e continuò a mangiare tutta la notte perchè non si saziava mai. La mattina seguente i fungoni si svegliarono e si resero conto che Tora, il loro Dio era sparito. Appetita lo aveva mangiato, ed ora aveva preso il suo posto. Quel Dio che aveva irradiato gioia e benessere a tutto il mondo era scomparso. I fungoni non riuscivano a capire cosa fosse accaduto (had happened), ignoravano la passione che turbava Appetita, e nel loro regno nessuno aveva mai commesso un'illegalità, non sapevano cosa fare e come punire Appetita.

Tra loro non esistevano punizioni. Però dopo aver deliberato per molto tempo, decisero di espellere Appetita e di costringerla a ritornare nel luogo dove l'avevano trovata.

Appetita si allontanò con molte lacrime; era anche ingrassata enormemente per aver mangiato Tora. Aveva distrutto la società dei funghi, la loro pace e la serenità e tutto quello che amava. Ciò che seguì è una storia molto triste: I funghi impazzirono e poi morirono di fame l'uno dopo l'altro; la morte di Tora aveva reso la terra sterile e non c'era più cibo da mangiare. L'unico essere esistente era Appetita, la quale ormai sedeva sola e abbandonata sulla montagna e nonostante l'accaduto non riusciva ad eliminare la voglia sfrenata ed il desiderio della polpa calda di Tora. Più tardi Appetita diede alla luce moltissimi bambini che popolarono la terra.

### AGGETTIVI E PRONOMI POSSESSIVI

Possessive adjectives have some irregular forms:

| Singolare | | plurale | |
|---|---|---|---|
| (m.) | (f.) | (m.) | (f.) |
| **Il mio** amico | **la mia** amica | **i miei** amici | **le mie** amiche |
| **il tuo** amico | **la tua** amica | **i tuoi** amici | **le tue** amiche |
| **il suo** amico | **la sua** amica | **i suoi** amici | **le sue** amiche |
| **il nostro** amico | **la nostra** amica | **i nostri** amici | **le nostre** amiche |
| **il vostro** amico | **la vostra** amica | **i vostri** amici | **le vostre** amiche |
| **il loro** amico | **la loro** amica | **i loro** amici | **le loro** amiche |

**1.** In Italian the **aggettivo possessivo** is preceded by the definite article:

**La mia** casa (my house); **il mio** cane (my dog); **i miei** amici (my friends); **la loro** scuola (their school); **le nostre** ragazze (our girl-friends).

**2.** The definite article is omitted when the possessive adjective precedes singular unmodified nouns denoting family relationship; the possessive **loro** is an exception to this rule:

**Mio** marito e **mia** sorella arriveranno fra poco. (My husband and my sister will arrive in a little while.)

**Mio** zio è già qui, ma **le mie zie** non sono ancora arrivate. (My uncle is already here, but my aunts have not arrived yet.)

**Il loro** cognato è di Milano. (Their brother in law is from Milan.)

**3**. The possessive agrees in gender and number with the <u>object possessed</u> and not with the possessor as in English:

Luigi chiamò **le sue** due sorelle. (Luigi called his two sisters.)

Michelangelo non completò tutti **i suoi** capolavori. (Michelangelo did not finish all his masterpieces.)

Gina mi presentò **i suoi** fratelli. (Gina introduced her brothers to me.)

NOTE:

a. The article is also dropped when the possessive is used in a vocative sentence:

**Miei cari** amici, è ora di mangiare! (My dear friends it is time to eat!)

**Mie care** colleghe, siete arrivate in ritardo. (My dear colleagues you arrived late.)

b. Possessive pronouns have the same form as possessive adjectives, the definite article is always used:

Io guido **la mia** macchina, e tu mi segui con **la tua**. (I drive my car, and you will follow me with yours.)

c. To avoid the ambiguity, in sentences like:

Ho conosciuto **sua** suocera (I met his/ her/ your mother in law), in the third person, the forms **di lei, di lui, di loro** and **di Lei, di Loro** (for the polite your) are used to identify the possessor:

Ho conosciuto la suocera **di lei.** (I met her mother in law.)

Ho conosciuto la suocera **di lui.** (I met his mother in law.)

Ho conosciuto la suocera **di Lei.** (I met your mother in law.)

d. In Italian the possessive is omitted and only the definite article is used when it is obvious and when it refers to parts of the body or garments:

Marco Polo fece un viaggio verso l'Oriente insieme **al padre e allo zio**. (Marco Polo took a trip towards the Orient together with his father and his uncle.)

L'attrice si cambiò **il vestito** in pochi secondi. (The actress changed her dress in few seconds.)

Mi fanno male le braccia e le ginocchia. (My arms and my knees ache.)

TRADURRE

1. Mia madre. Tua moglie. Le tue figlie. I suoi giocattoli. Nostra zia. Le vostre zie.

2. Il mio appartamento. Il loro stipendio. La tua chiave. Il loro nonno. I loro parenti.

3. Di chi è questo libro? È il mio. E questi occhiali? Sono i suoi.

4. Domani ci sarà una festa per il suo compleanno. Verranno tutti i suoi compagni di scuola.

5. Quando fa freddo mi metto il cappotto, i guanti e gli stivali.

6. Ho perduto l'orologio e non riesco a trovarlo. Puoi aiutarmi a cercarlo?

7. Mio caro amico, devi studiare seriamente! Hai preso dei voti molto bassi.

8. Di chi è quella Ferrari? La tua o la sua? Non è la mia, è di lei.

9. Gli piace giocare a golf con gli amici.

10. Abbiamo incontrato suo zio ad un congresso a Padova due anni fa.

11. Devo fare una visita a mio cognato questo pomeriggio.

12. Uno dei miei fratelli è avvocato. Una mia sorella è infermiera.

13. Signor Meli, dove lavora Suo figlio? E i Suoi genitori dove abitano?

14. Professor Paoli, dove ha parcheggiato la (sua) macchina?

15. È morto un mio caro cugino. Domani ci sarà il funerale.

16. Quelli sono i miei genitori. Dove hanno parcheggiato la loro macchina?

17. Questo è l'ufficio di lei non di lui. E il Suo, dottor Rossi, dove è?

18. Lucrezia, simbolo classico di virtù romana, mentre mostrava i suoi figli disse: "questi sono i miei gioielli."

19. Tutti e due i nostri nipoti frequentano l'università.

20. Queste sono le mie idee, adesso voglio ascoltare le tue.

## CONDIZIONALE PRESENTE E PASSATO

The endings of the **condizionale** in Italian are the same for all verbs: **-ei, -esti, -ebbe, -emmo, -este, -ebbero**. With the exception of **essere**, they are formed by dropping the final -e of the infinitive (like the future). Verbs of the first conjugation however change from **-are** to **-ere**. Do not follow this pattern: **essere, dare** (darei), **fare** (farei), **stare** (starei). The verb **andare** and **avere** included in this chart have an irregular conditional built on a contracted infinitive. (For most common irregular verbs, see the future list )

| **ess-ere** | **av-ere** | **parl-are** | **cred-ere** | **fin-ire** | **and-are** |
|---|---|---|---|---|---|
| sarei | avrei | parlerei | crederei | finirei | andrei |
| saresti | avresti | parleresti | crederesti | finiresti | andresti |
| sarebbe | avrebbe | parlerebbe | crederebbe | finirebbe | andrebbe |
| saremmo | avremmo | parleremmo | crederemmo | finiremmo | andremmo |
| sareste | avreste | parlereste | credereste | finireste | andreste |
| sarebbero | avrebbero | parlerebbero | crederebbero | finirebbero | andrebbero |

## CONDIZIONALE PASSATO

The past conditional is formed with the present conditional of **essere** or **avere** and the **participio passato** of the main verb:

Sarei stato     avrei avuto     avrei parlato     avrei creduto     avrei finito     sarei andato

## USI DEL CONDIZIONALE

1. The Italian **condizionale** is used to express a desirable action and to describe hypothetical situations in the present or in the past. It is also used to express preferential and polite requests. The **condizionale presente** is normally translated in English with would + the main verb and the **condizionale passato** with would have + past participle:

**Mi piacerebbe** andare al cinema. (I would like to go to the movie.)

**Mi sarebbe piaciuto** andare al cinema. (I would have liked to go to the movie.)

**Comprerei** una nuova macchina ma non ho soldi. (I would buy a new car, but I don't have any money.)

**Avrei comprato** una nuova macchina ma non avevo soldi. (I would have bought a new car, but I didn't have any money.)

**Io preferirei** un caffè. (I would prefer a coffee.)

**Vorrei** viaggiare in macchina. (I would like to travel by car.)

**Desidererei** fumare una sigaretta. (I would like to smoke a cigarette.)

**2.** The conditional of **dovere** is **dovrei** (I should), and the conditional of **potere** is **potrei** (I could):

Per superare quell'esame **dovrei** studiare di più. (To pass that examination I should study more.)

**potresti** aprire la porta? (Could you open the door?)

Maria **avrebbe dovuto** scrivere ai genitori. (Maria should have written to her parents.)

I bambini non **dovrebbero** giocare con i fiammiferi. (Children shouln't play with matches.)

**Avrebbero potuto** fare un viaggio in Sicilia, ma si sono sentiti male. (They could have taken a trip to Sicily, but they felt sick.)

**Dovrei** leggere. (I should read.)

**Avrei dovuto** leggere. (I should have read.)

**Potrei** leggere. (I could read.)

**Avrei potuto** leggere. (I could have read.)

**Sarei potuto** andare. (I could have gone.)

**Sarei dovuto** andare. (I should have gone.)

**3.** The most common use of the conditional is to describe hypothetical situation in the present and in the past:

**Se fossi** (*subj.*) ricco **viaggerei** per il mondo. (If I were rich I would travel around the world.)

The above sentence describes an hypothetical situation, one that is either contrary to the facts of the present, or unlikely to occur in the future. If I were implies I am not.

**Se fossi stato** (*subj.*) ricco **avrei viaggiato** per il mondo. (If I had been rich I would have traveled around the world.)

The above sentence describes an hypothetical situation in the past, one which did not occur. If <u>I had been</u> implies I <u>was not</u>.

When dealing with the <u>contrary-to fact if clause</u> the dependent clause is in the subjunctive which will be presented in a later chapter.

NOTE:

**a.** In subordinate clauses referring to future and introduced by a past tense, contrary to English usage, the past conditional must be used in Italian:

Disse che **sarebbe partito** il giorno dopo. (S/he said he <u>would leave</u> next day.)

Mi avevano promesso che **sarebbero venuti** a trovarmi in ospedale. (They had promised me they <u>would come</u> to visit me in the hospital.)

**b.** The conditional is occasionally used in Italian to report information denoting possibility or speculation.

Secondo informazioni provenienti dal sindacato dei piloti dell'Alitalia, domani **ci sarebbe** uno sciopero all'aeroporto Leonardo Da Vinci a Roma. (According to information coming from Alitalia pilot union, tomorrow at Leonardo Da Vinci airport in Rome <u>there will be</u> a strike.)

Per alcuni scienziati americani una sonda spaziale **avrebbe raggiunto** il pianeta Marte alcune ore fa. (For some American scientists a space probe <u>reached</u> the planet Mars few hours ago.)

## TRADURRE

1. Comprerebbero. Lavorerebbe. Sarei partito. Partirei. Avresti. Sarebbe. Cammineresti.

2. Ti piacerebbe. Compreremmo. Sareste. Darebbero. Sarebbe andato. Diresti. Faremmo.

3. Lei vorrebbe conoscerti. Dovresti parlare con lei tutti i giorni. Avrei potuto conoscerla.

4. Le sarebbe piaciuto uscire con te. Avrebbe voluto invitarti a cena. Avrebbe dovuto.

5. Faremmo volentieri una gita in campagna. Tu verresti con noi.

6. Non comprerei mai quel tipo di casa. Chi vorrebbe abitare lì?

7. Mi piacerebbe comprare una nuova enciclopedia. Sai quanto costerebbe?

8. Potrebbe prestarmi dieci mila lire? Vorrei, ma non le ho.

9. Dovrei parlargli prima di partire. Dice che preferirebbe andare a piedi.

10. Mi disse che sarebbe venuto il giorno del mio compleanno.

11. Sarei andato volentieri a teatro con lei. Lei non ha voluto.

12. Avresti dovuto farlo prima. Non so cosa penseranno adesso.

13. Avremmo volentieri bevuto un altro bicchiere di vino, ma non ce lo ha offerto.

14. Sarei passato a prenderti, purtroppo mi si è rotta l'automobile.

15. Mi telefonò per dirmi che non avrebbe comprato il mio vecchio calcolatore.

16. Secondo alcuni storici, seicento mila italiani sarebbero morti durante la seconda guerra mondiale.

17. Se studiassi (If I studied) supererei l'esame. Se avessi (if I had) studiato avrei superato l'esame.

18. Secondo gli investigatori il colpo sarebbe partito involontariamente.

19. Chi potrebbe mai pensare che tu sei americano?

20. Non potevo immaginare che Filippo sarebbe tornato in Belgio.

21. Che cosa avrebbe potuto fare Roberto per evitare quella situazione?

22. Cosa avrebbe dovuto fare Clara per confortare Giorgio?

23. Secondo i carabinieri, l'assassino avrebbe ucciso la donna soffocandola con un cuscino.

TRADURRE

## Gina

Gina è una studentessa italiana che vorrebbe studiare letteratura americana all'università della California a Berkeley. Le piacerebbe rimanere in America per un paio di anni, così potrebbe imparare bene anche l'inglese. Quale studente italiano non vorrebbe studiare in una università degli Stati Uniti? Sarebbe certamente un vantaggio poter studiare letteratura americana a Berkeley. I genitori di Gina preferirebbero mandarla in Inghilterra a causa della vicinanza con l'Italia, ma sanno che questo sarebbe impossibile, anche perchè Gina recentemente ha conosciuto un ragazzo americano che abita a San Francisco.

**Marianna**

Marianna l'anno scorso si è laureata in lingue e letterature straniere all'università di Venezia. Lei avrebbe voluto studiare per un anno negli Stati Uniti, ma non lo ha fatto perchè non aveva le risorse finanziarie e economiche. Solamente il viaggio in aereo da Venezia a San Francisco sarebbe costato più di mille e trecento dollari e per pagarlo la povera Marianna avrebbe dovuto lavorare in un ristorante per un certo periodo di tempo e fare un lavoro che non le sarebbe piaciuto. Marianna e Gina sono amiche e spesso parlano dei loro progetti per il futuro. La scorsa settimana Marianna ha chiesto a Gina :

- Allora quando partirai per gli Stati Uniti?
- Partirei domani, ma ho molte cose da fare, e non è così facile.
- Come sai bene anche a me sarebbe piaciuto andare in America, ma costa molto.
- Tu ci dovresti andare, anche perchè il tuo ragazzo è lì e potrà aiutarti.
- Hai ragione ma devo prima convincere i miei genitori che la California non è tanto lontana.


### AGGETTIVI E PRONOMI INDEFINITI

1. A large group of adjectives and pronouns are called indefinite because they do not point out particular persons or thing. Some indefinites can be used only as adjectives, some others as pronouns and some as either adjectives or pronouns. Some of them are invariable and some do not have plural forms.

As adjectives, in a general way, they describe and agree in gender and number with the noun that follows:

**Alcune** ragazze sedevano davanti alla porta della chiesa. (Some girls were siting in front of the church door.)

Per **alcuni** studenti è importante conoscere le lingue straniere. (For some students it is important to know foreign languages.)

**Nessun** bambino e **nessuna** bambina partecipò alla cerimonia. (No boy and no girl took part in the ceremony.)

Il padre diede a **ciascun** figlio ed a **ciascuna** figlia un biglietto di cinquanta mila lire. (The father gave each son and daughter a fifty thousand liras bill.)

Ho conosciuto **parecchie** persone quella sera. (I met several people that evening.)

Faceva caldo, bevemmo **tanta** acqua. (It was hot, we drank so much water.)

The following indefinites are invariable and do not have plural forms. They can be used as adjectives only: **Ogni** (each/ every); **qualche** (some/ any); **qualunque** (any); **qualsiasi** (any).

Mario va a scuola **ogni** giorno. (Mario goes to school every day.)

Hai letto **qualche** romanzo di Italo Calvino? (Have you read any novel by Italo Calvino?)

**Qualunque** studentessa avrebbe capito quel concetto. (Any student would have understood that concept.)

**Qualsiasi** giornale ha una sezione pubblicitaria. (Any newspaper has an advertising section.)

As pronouns the indefinites if variable they agree with the gender and number of the noun they represent:

Ho **molte** amiche, **alcune** abitano a Palermo, **altre** a Livorno. (I have many women friends, some live in Palermo, others in Livorno.)

**Qualcuno** ha preso il mio cappotto. (Somebody took my coat.)

**Chiunque** ha il diritto di criticare. (Anyone has the right to criticize.)

**Tutti e due** erano ansiosi di ricevere il premio. (Both were anxious to receive the award.)

**Nessuna** di queste mele è matura. (None of these apples is ripe.)

Non è **niente** di grave. (It is nothing serious.)

Non c'era **nessuno**, l'aula era deserta. (No one was there, the classroom was deserted.)

**Molti** tra il pubblico hanno obiettato al suo discorso. (Many in the audience objected to his speech.)

2. **NEGATION.** Contrary to the English usage the negative particle **non** is placed before the verb in Italian. There is no helping verb to do in Italian questions or negations. The double negative is the rule in Italian. In translating follow the best English usage. If a negative word follows the verb, Italian uses the double negative, if the negative word precedes the verb, **non** is omitted:

Carlo **non** ha **nessuno** con cui parlare. (Carlo doesn't have anyone with whom to talk.)

**Non** vogliono fare **niente**. (They don't want to do anything.)

**Nessuno** vuole parlare con Mario. (No one wants to talk to Mario.)

**Niente** mi fa paura. (Nothing scares me.)

**Non** mi scrive **nessuno**. (Nobody writes to me.)


**3**. More examples with double negation:

**Non** studia **mai**. (He never studies.)

**Non** possiamo andare **nemmeno** al cinema. (We can not even go to the movie.)

**Non** vuole **neppure** mangiare. (He does not even want to eat.)

**Non** abbiamo **neanche** del caffè. (We do not even have any coffee.)

**Neanche** il caffè Le fa bene. (Not even coffee is good for you.)

NOTE: **Neanche, nemmeno** and **neppure** are synonyms.

**4**. What follows illustrates the use of more indefinite and adjective pronouns:

When **nessuno** (no/ no one/ nobody/ any) precedes a noun it is inflected like the indefinite article, **ness-uno studente, ness-un'amica** etc. As pronoun it has a feminine form **nessuna**.

**Non** ho **nessun** libro. (I don't have any book.)

Lei **non** piaceva a **nessuno**. (No one liked her.)

**Nessuno** parlava. (No one spoke.)

**Nessuna** ragazza era presente. (No girl was present.)

**Niente** (nothing/ anything) and **nulla** are synonyms and function as pronouns only:

Non legge **nulla**. (He doesn't read anything.)

Non ho **niente** da dire. (I don't have anything to say.)

**Altro** (other) has four forms as all adjectives ending in **-o**. As pronoun it may mean other and else:

Non so che **altro** dirLe. (I do not know what else to tell you.)

Ho comprato un **altro** giornale ed un'**altra** rivista. (I bought another newspaper and another magazine.)

**Tutto/ a/ i/ e** (all, every). It can be a pronoun and an adjective, as an adjective before a noun it is followed by the article. In the singular as adjective it means the whole:

Ho passato **tutta la** giornata in redazione. (I spent the whole day in the editorial office.)

Lei lavorava **tutte le** domeniche fino alle otto la sera . (She used to work every Sunday until eight in the evening.)

Hai letto il giornale? Si l'ho letto **tutto**. (Did you read the newspaper? Yes, I read it whole.)

Conosco **tutte le** sue idee. (I know all her/ his ideas,)

**Tutto** is invariable when it stands for everything: Io so **tutto**. (I know everything.)

**Tutti** followed by a numeral means all of them:

**Tutti e due** (both), **tutte e tre** (all three of them), **tutti e quattro** (all four of them) **tutte e sette** (all seven of them) etc.

**Tanto/ a** (so much), **tanti/ e** (so many), can be used as an adjective and as a pronoun:

Bevve così **tanto** vino che si ubriacò. (S/he drank so much wine that s/he got drunk.)

**Tante** persone credono nell'esistenza degli UFO. (Many people believe the existence of UFO.)

Carlo non comprò camice perchè ne aveva già **tante**. (Carlo didn't buy any shirts because he had already so many 'of them.')

**Parecchio/ a/ i/ e** (a good deal of, several, many) is a pronoun and an adjective:

Abbiamo passato **parecchio** tempo a Venezia. (We spent a good deal of time in Venice.)

Dopo la seconda guerra mondiale **molti** Italiani emigrarono all'estero; **parecchi** si stabilirono negli Stati Uniti. (After the second world war, many Italians emigrated abroad; a lot of them settled in the United States.)

**Stesso/ a/ i/ e** (same, itself, himself etc.) can be used as an adjective and as a pronoun:

Seguiamo lo **stesso** corso di biologia, siamo nella **stessa** classe e usiamo **gli stessi** libri. (We are taking the same biology course, we are in the same classroom and we use the same books.)

Ci andai **io stesso**. (I went there myself.)

L'ha detto **lei stessa**. (She said it herself.)

Ama gli **altri** come **te stesso**. (Love the others as they were yourself.)

**Certo/ a/ i/ e** (certain, some, such, some people) can function as an adjective and as a pronoun:

I politici non dovrebbero mai usare **certe** espressioni. (Politicians should never use such expressions.)

Ci lasciò soli dopo un **certo** tempo. (S/he left us alone after same time.)

Ci accorgemmo che **certi** ci seguivano. (we noticed that some people were following us.)

**Tale/ i** (such, someone) can be used as a pronoun and as an adjective:

**Tali** cose non possono essere vere. (Such things cannot be true.)

**Un tale** di Milano. (Someone from Milan.)

**Una tale** si presentò alla porta. (Someone showed at the door.)

## TRADUCETE

1. Voleva aggiungere al discorso qualcosa che aveva omesso.

2. Ci sono parecchie cose che non capisco.

3. Li conosco tutti. Alcuni sono gli amici di Caterina, gli altri di Ruggero.

4. Ad alcune piace il jazz ad altre la musica classica.

5. Tutte e due le signore camminavano lungo la spiaggia.

6. Nessun altro lo avrebbe potuto fare. Tutti avevano paura.

7. La somiglianza tra le due è incredibile.

8. Non dobbiamo comprare alcun francobollo, ne abbiamo ancora alcuni.

9. Devi mangiare qualcosa, non hai mangiato niente tutto il giorno.

10. Non ho mai sentito tali cose.

11. È uno studioso di storia dell'arte o di qualcosa del genere.

12. Ognuna di noi deve fare qualcosa.

13. Diede a ciascuno un compito da fare a casa, poi ringraziò ognuno e andò via.

14. Chiunque può imparare a leggere e a scrivere l'italiano.

15. Possiamo partire, non manca nessuno.

16. Ho sentito alcune parole. C'è qualcuno nell'altra stanza?

17. Molti erano i quadri esposti, ma non me ne piaceva nessuno.

18. Qualunque cosa dirai, nessuno ti crederà.

19. Nessuna delle due voleva andare al cinema.

20. Questa commedia non piace a nessuno.

21. Molti italiani pensano che ci saranno subito le elezioni.

22. Parecchie persone morirono durante l'epidemia.

23. Da quando sei partita sono successe molte cose.

24. Ho detto tutto, non ho niente da dire.

25. Non devo niente a nessuno, e nessuno mi deve nulla.

26. C'era parecchia gente. Qualcuno era venuto persino da altre città.

27. Mi è rimasta soltanto qualche lira, ho speso tutto.

28. C'e chi mangia molto la sera e chi mangia molto a mezzogiorno.

29. Lo ha detto il presidente (lui) stesso.

30. Se hai qualche dubbio devi consultare qualcun'altro.

31. Ognuno di noi ha virtù e difetti. Tutti sono d'accordo su questo.

32. C'è qualcuno che può aiutarmi? No! Non c'è nessuno.

33. Vorresti aggiungere ancora qualcosa? No! Non ho niente da dire.

34. Ciascun turista mostrò il passaporto e poi si avviò verso l'uscita.

35. Qualcuna potrebbe anche riscrivere l'intero componimento.

36. Questa traduzione presenta soltanto qualche imperfezione.

37. Tale padre, tale figlio. (proverbio)

38. Cosa avresti fatto in tale situazione?

### INFINITO

1. The **infinito** expresses the idea or action of a verb without reference to person or number. In Italian the infinitive forms always end in **-are,** like **cantare,** in **-ere,** like **leggere,** and in **-ire,** like **partire.** All these infinitives are **infiniti presenti** (present infinitives); there also exists the **infinito passato** (past infinitive) formed by present infinitive and past participle: **avere cantato, avere letto, essere andato.**

The infinitive is often used after an adjective or a verb to complete the sentence or with the value of a noun. In most cases the Italian infinitive is translated by the English infinitive:

Mi piace **viaggiare** or il **viaggiare** mi piace. (I like to travel.)

È utile **conoscere** lingue straniere. (It is useful to know foreign languages.)

Vogliono **andare** in Italia. (They want to go to Italy.)

**Fumare** fa male alla salute. (To smoke is dangerous to your health.)

È impossibile **arrivare** a Venezia prima delle nove. (It is impossible to arrive in Venece before nine o'clock.)

Il suo **parlare** ad alta voce ci irrita. (His loud talking is annoying us.)

**Il dire** apertamente la sua opinione danneggiò la sua reputazione. (Openly saying his opinion damaged his reputation.)

Per **aver criticato** un suo collega, non ricevè l'invito alla conferenza. (He was not invited to the lecture for having criticized a colleague of his.)

La ragazza ricevè un premio per **essere stata** la migliore della classe. (The girl received a prize for having been the best in the class.)

2. The Italian **infinito** preceded by a preposition is translated in English by a present participle as follows:

**Oltre a frequentare** le lezioni tutti i giorni, segue anche un corso serale. (Besides attending classes every day, s/he is also taking an evening class.)

Il presidente parlò **contro il ribassare** delle tasse. (The president spoke against cutting taxes.)

**Prima di morire** Boccaccio voleva bruciare il Decamerone. (Before dying Boccaccio wanted to burn the Decameron.)

Mario, **invece di dirti** tutto, continua a **mentire**. (Instead of telling you everything, Mario continues to lie.)

Molte persone parlano **senza riflettere**. (Many people speak without thinking.)

Incontrai molte difficoltà **nel tradurre** in inglese le poesie di Leopardi. (I found many difficulties in translating into English Leopardi's poems.)

L'acqua era troppo fredda **per nuotare**. (The water was too cold for swimming.)

Siamo andati in biblioteca **per consultare** alcuni libri. (We went to the library to consult some books.)

Mi parlava da lontano, e non riuscivo **a sentirlo**. (He was talking to me from far away, and I couldn't hear him.)

In Italian the infinitive may be dependent on a noun or adjective and it is preceded by the preposition **da** and **di:**

Hanno il vizio **di fumare** e l'abitudine **di andare** a letto tardi. (They have the habit of smoking and the habit of going to bed late.)

Ho molta fame, vorrei qualcosa **da mangiare**. (I am very hungry, I would like something to eat.)

Abbiamo molte cose **da fare**. (We have many things to do.)

Mirella aveva delle decisioni **da prendere**. (S/he had some decisions to take.)

NOTE:

a. Some verbs require the preposition **a** or **di** before the infinitive that follows:

Claudia imparò **a parlare** il tedesco in meno di un anno. (Claudia learned to speak German in less than a year.)

Giovanni finì **di leggere** il romanzo e poi uscì. (Giovanni finished to read the novel and then he went out.)

b. The infinitive may be used on traffic signs, recipes, prescription, in singular negative commands and to give impersonal directions:

Strada sdrucciolevole, **rallentare**! (Slippery road, slow down!)

**Spingere** la porta. (Push the door.)

**Non sporgersi** dal finestrino. (Do not to lean out the window.)

**Fare** gli esercizi a pagina diciannove. (Do exercises on page nineteen.)

**Versare** il tutto nella padella. (Pour everything into the frying-pen.)

Gina non **fare** gli esercizi a pagina ventotto. (Gina do not do the exercises on page twenty eight.)

c. In Italian the infinitive is also used after a verb of perception:

Geppetto sentì Pinocchio **parlare**. (Geppetto heard Pinocchio talking.)

Lo vidi **camminare**/ che camminava lentamente. (I saw him walking slowly.)

d. The past infinitive is commonly used with the preposition **dopo** (after):

Garibaldi ritornò in Italia **dopo aver combattuto** nel Sud America. (Garibaldi returned in Italy after fighting in South America.) Literally: after having fought in South America.

**Dopo aver scritto** il romanzo La luna e i falò Pavese si suicidò. (After writing the novel The Moon and the Bonfires, Pavese committed suicide.)

**Dopo essere arrivati** al Colosseo telefonammo al nostro amico romano.(After arriving to the Coliseum, we called our Roman friend.)

e. After the causative **fare** (to make, to have), the Italian infinitive is rendered with an English past participle:

Il nostro professore di filosofia non si fa **capire** sempre bene. (Our philosophy professor doesn't make himself always well understood.)

Marisa fece **lavare** la sua macchina. (Marisa had her car washed.)

f. After **lasciare,** (to let) the Italian active infinitive is translated with a passive one in English:

Giorgio si lascia **ingannare** facilmente. (Giorgio lets himself be deceived easily.)

g. The infinitive is used after the preposition **per** denoting purpose of an action:

Luigi è troppo basso **per arrivarci**. (Luigi is to short to <u>reach it.</u>)

h. And after the appropriate tense of **stare + per**, as an indication that an imminent action is taking place:

Antonio **stava per uscire** quando squillò il telefono. (Antonio was <u>about to go out</u> when the telephone rang.)

## TRADURRE

1. Giovanni era contento di andare a scuola a piedi. Io preferivo usare la bicicletta.

2. Volevo conoscere quella signora perchè mi piaceva il suo modo di vestire.

3. Era impossibile divertirsi durante quel brutto viaggio.

4. Dopo aver attraversato il ponte ci ritrovammo subito davanti al teatro.

5. Passeggiare e correre sono delle attività che fanno bene alla salute.

6. Il dipartimento deve assumere un altro docente capace di insegnare pedagogia.

7. Non preoccuparti, prima di aver finito il lavoro sarai pagato.

8. Dopo aver parlato con il mio dottore di famiglia, ho smesso di fumare e di bere.

9. Il fare domanda d'impiego e il non trovarlo crea grande frustrazione.

10. Prima di prendere decisioni importanti è importante valutare le conseguenze.

11. Il suo continuo telefonare mi dava fastidio.

12. Tra il dire ed il fare c'è di mezzo il mare. (proverbio)

13. "Lavorare stanca" è una raccolta di poesie di Cesare Pavese.

14. Volere è potere. (proverbio)

15. Vivi e lascia vivere. (proverbio)

16. Li vidi entrare nel ristorante; e dopo cinque minuti li vidi uscire in fretta.

17. Prima di fare certe cose, devi pensarci.

18. Avresti dovuto sapere dove trovarmi quella sera.

19. Luisa non sa che fare e a chi rivolgersi.

20. Potrei venire anch'io; non ho niente da fare oggi.

21. Mi disse di rispondere a tutte le sue lettere.

22. Legge per passare tempo. Va al cinema per divertirsi.

23. Stavano per arrivare a Genova quando l'automobile si fermò.

24. Uscirono senza mettersi i guanti perchè non faceva più freddo.

25 Mario aveva molte difficoltà nel tradurre dall'italiano in greco.

26. Se ne andò senza dire niente.

27. Con il fumare e con il bere, molte persone si sono rovinate la salute.

## GERUNDIO

1. The **gerundio presente** (present gerund or simple gerund) in Italian is formed by suffixing **-ando** to the stem of verbs of first conjugation, and **-endo** to the stem of verbs of second and third conjugation. It is equivalent to the English present participle if this has a merely verbal function:

Ascolt**ando** (listening), perd**endo** (loosing), soffr**endo** (suffering), ess**endo** (being), av**endo** (having).

The **gerundio passato** (past gerund or compound gerund) is formed with the present gerund of **essere** or **avere** and the past participle of the main verb: **Avendo ascoltato** (having listened), **avendo perduto** (having lost), **avendo sofferto** (having suffered), **essendo stato/a/i/e** (having been), **avendo avuto** (having had), **essendo partito/a/i/e** (having left). The compound or past gerund indicates an action completed before the action expressed by the main verb.

The gerund is used in subordinate clauses and expresses: a) <u>means</u>, b) <u>manner or way</u>, c) <u>simultaneity</u>, or d) <u>cause</u>. Gerunds express a secondary action which accompanies the main action of the sentence.

Ci salutava sempre ridendo. (S/he greeted us always <u>smiling.</u>)

così facendo ho perso tutto quello che avevo. (<u>By doing</u> so, I lost eveything I had.)

Superò un esame difficile **studiando** sodo. (S/he passed a difficult exam by studying hard.)

Galileo inaugurò il metodo sperimentale della scienza moderna **partendo** dall'importante idea del continuo sperimentare. (Galileo started the experimental method of modern science starting from the important idea of continuos experimenting.)

Morì **dicendo** ai suoi di rinviare la salma al paese natale. (S/he died telling his/her family to send his/her corpse back to his/her home town.)

**Frequentando** quel corso, abbiamo imparato molto. (We learned a lot by attending that course.)

Gino ebbe paura **vedendo** la madre che piangeva. (Gino was scared seeing that his mother was crying.)

Passai l'intera giornata **leggendo** la Divina Commedia. (I spent all day reading the Divina Commedia.)

Non **avendo dormito** bene la notte prima, mi sono addormentata durante la conferenza. (Not having slept well 'since I hadn't slept well' the night before, I fell asleep during the lecture.)

**Avendo superato** l'esame, Ernesto volle festeggiare con i suoi amici. (Having passed the exam, Ernesto wanted to celebrate with his friends.)

**Essendo arrivato** in ritardo alla stazione, Giorgio perse il treno. (Having arrived late to the station Giorgio missed the train)

**2.** In Italian the present gerund is also used to emphasize the duration of an action taking place in the present or in the past. This progressive construction can be formed only with the present and imperfect of the verb **stare** + **gerundio** of the main verb:

**Stavamo guidando** sull'autostrada quando ci finì la benzina. (We were driving on the highway, when we run out of gas.)

Il professore **sta spiegando** il gerundio ora. (The professor is explaning the gerund now.)

NOTE:

Remember also that pronouns are attached to forms of the gerund:

Le scrissi promettend**ole** di andarla a trovare. (I wrote her promising her I would go to visit her. Literally: I wrote her promising her to visit her.)

Mi sono tagliato radendomi. (I cut myself while shaving myself.)

## PARTICIPIO PRESENTE (present participle)

The **participio presente** is formed in Italian by adding **-ante** to the stem of the infinitives of first conjugation verbs, and **-ente** to the infinitives of the second and third conjugation verbs:

parl**ante** (speaking),   promett**ente** (promising),   cred**ente** (believer)

The **participio presente** in Italian can have the function of a verbal adjective, an adjective, or a substantive. If they are used as nouns they reflect both number and gender and can be accompanied by articles and adjectives. Used as adjectives or verbal adjective they follow the rules of adjective-noun agreement:

Tutti gli atleti **partecipanti** a questa gara, devono presentarsi al punto di partenza alle dieci. (All the athletes taking part / who are participating to this competition, must show up at the departure line at ten o'clock.)

**Il cantante** e **la cantante** sono di Milano. (The male singer and the female singer are from Milan.)

I film di Totò sono moto **divertenti**. (Totò's movies are very funny.)

Negli Stati Uniti ci sono molti **immigranti** italiani. (In the United States there are many Italian immigrants.)

## PARTICIPIO PASSATO

We have been using the **participio passato** in compound tenses, with auxiliary verbs. The past participle can also have the function of an adjective, of a substantive and most important it can have a function of a verb. If they are used as nouns they reflect both number and gender and can be accompanied by articles and adjectives. Used as adjectives or verbal adjective they follow the rules of adjective-noun agreement:

**Distrutta** Cartagine, i romani misero fine alle guerre puniche.('Having' destroyed Carthago, Romans ended the Punic wars.)

**Fumate** due sigarette Marietta incominciò a tossire. ('Having' smoked two cigarettes Marietta started to cough.)

**Morta** la madre la famiglia si disgregò. ('Having' died the mother, the family broke up.)

I **ricoverati** di quel reparto, hanno malattie infettive. (The patients of that department have contagious diseases.)

Gli anni **passati** all'università fanno parte della nostra formazione culturale e umana. (The years spent at the university are part of our cultural and human training.)

Abbiamo comprato carne **macinata**. (We bought ground meat.)

È una poesia ben **scritta**. (It is a well written poem.)

NOTE:

When the **Participio passato** has an adverbial function as in the first three sentences above, it can be substituted by the **gerundio passato**, by **the trapassato prossimo**, and by the **infinito passato**:

1. a. **Avendo distrutto** Cartagine, i romani misero fine alle guerre puniche
   b. Dopo che **ebbero distrutto** Cartagine i romani misero fine alle guerre puniche
   c. Dopo **aver distrutto** Cartagine , i romani misero fine alle guerre puniche

2. a. Avendo fumato due sigarette........
   b. Dopo che ebbe fumato.......
   c. Dopo aver fumato........

3. a. Essendo morta la madre........
   b. Dopo che fu morta la madre......
   c. Dopo esser morta la madre.....


TRADURRE


**La festa dell'Epifania**

Il 6 gennaio gli italiani celebrano la festa dell'Epifania, parola di origine greca che significa apparizione. La Befana è il nome popolare dato alla festività cristiana e si rifà alla leggenda che tratta di una vecchietta piuttosto brutta (difatti ancora oggi non sono pochi gli italiani che si riferiscono a una donna brutta e mal vestita con il termine Befana) a cui i Re Magi (*wise men*) alla ricerca di Gesù, il divino neonato, avevano chiesto la strada che conduceva a Betlemme. La vecchietta, curiosa, volle andare anche lei a visitare il bambino Gesù e portargli giocattoli di nessuna utilità per i suoi figli ormai divenuti adulti.

La Befana essendo arrivata in ritardo a Betlemme a causa della sua età, non avendo trovato il pargolo (*baby*), decise di dare i giocattoli a tutti i bambini che incontrò sulla strada. La Befana, così fu chiamata la generosa vecchietta, torna ogni anno il 6 gennaio a visitate i bambini. Di notte quando i bambini dormono, lei scende attraverso il fumaiolo lasciando doni e giocattoli nelle calze dei bambini appositamente appese nel camino. Fatto straordinario, ai bambini che sono stati cattivi, lascia anche cenere e qualche pezzo di carbone.

## Le origini degli etruschi

Quando Roma era soltanto un insieme di capanne costruite con fango e paglia, gli etruschi avevano già raggiunto una civiltà molto avanzata culturalmente e artisticamente e dominavano gran parte della penisola italiana. L'Etruria, la regione nella quale gli etruschi avevano stabilito il loro dominio, si estendeva tra l'Arno nel nord, e il Tevere nel sud. Già nel sesto secolo a. C., gli etruschi che avevano fondato bellissime città come Cerveteri, Tarquinia, Purugia, Chiusi, Volterra, Felsina, ecc... avanzarono verso sud per conquistare la città di *Latium* includendo anche Roma. Dopo molti secoli di scavi e profondi studi, un'aura di mistero continua a circondare questo popolo. C'è la questione della lingua e dell'origine di questo popolo. L'etrusco è scritto in un alfabeto di origine greca che si legge benissimo ma la lingua che esso esprime si interpreta a fatica poichè non appartiene ad alcuna famiglia di lingue conosciute, e va ( must be) decifrata attraverso iscrizioni bilingui.

L'altro mistero degli etruschi è la loro origine che fu causa di dispute anche durante i tempi antichi: Lo storico greco Erodoto riporta che nel tredicesimo secolo a. C., Tirreno figlio del re della Lidia fuggì dalla sua patria con un gruppo di persone a causa di una forte carestia e dopo aver navigato lungamente si stabilì nella costa occidentale della penisola italiana bagnata dal mar Tirreno. I Tirreni, dal nome Tirreno, abitanti della Tirrenia, erano infatti gli etruschi per i greci. I romani invece li chiamavano *Tusci* o *Etrusci*, termine che riecheggia il nome della Toscana, la regione dove si stabilitono. In passato alcuni studiosi hanno ipotizzato che gli etruschi fossero venuti dall'Oriente, ma secondo alcuni il problema è malposto in quanto gli etruschi sembrano essere i continuatori dell'antichissima civiltà dei Villanova con centri presso Bologna, e poi nella Toscana. In altre parole noi non conosciamo etruschi o una civiltà etrusca che ebbe origini storiche in altri luoghi e che un giorno decise di abbandonare la propria terra per andare in un'altra.

Le origini storiche degli etruschi le troviamo soltanto in Italia perchè esse sono comparse solo nella penisola italiana e non altrove anche se un popolo può avere componenti etniche diverse. Questo spiega anche l'ingenuità di chi immagina che gli etruschi siano scomparsi (disappeared) nel nulla mentre è evidente che essi confluirono nello Stato romano che unificò le popolazioni italiche.

## OSSERVAZIONI SUI RIFLESSIVI

1. The reflexive pronoun precedes all forms of the verb exept:

a. the infinitive

b. the present participle or gerund

c. the past participle

d. the informal commands

Quando fa caldo è necessario **lavarsi** spesso. (When it is hot, it is necessary <u>to wash</u> often.)

**Svegliatisi**, presero il caffè e poi andarono a lavorare. (<u>After waking up</u>, they had coffee and then went to work.)

**Rivolgendosi** al pubblico, il politico spiegò il suo punto di vista. (<u>Addressing</u> the public the politician explained his views.)

Sono già le sette, **alzati! lavati !** e va' subito a scuola. (It is already nine o'clock, <u>get up! wash up!</u> and go to school.)

The infinitive drops the final -e in combining with the reflexive pronoun.

2. When an infinitive is combined with another verb, the reflexive pronoun agrees with the subject of the main verb:

Antonio e Paola volevano **sposarsi/ si volevano sposare** al più presto. (Antonio and Paola wanted <u>to get married</u> as soon as possible.)

In the plural reflexive verbs may have a reciprocal meaning; to clarify that meaning **l'un l'altro** can be used:

**Si aiutano** (l'un l'altro) come possono. (<u>They help each other</u> the best they can.)

Often the reflexive pronoun is used to replace the possessive adjective especially with parts of the body and clothing:

**Mi sono fatto male** al dito. (<u>I hurt my</u> finger.)

Maria **si è messa** i guanti prima di uscire. (Maria (has) put on her gloves before going out.)

## TRADURRE

1. Stavo lavando la macchina quando mi sono accorto che il vetro di un finestrino era rotto.

2. Essendo arrivati in ritardo ci mettemmo a sedere agli ultimi posti.

3. Tutti i presenti ricevettero una busta contenente documenti relativi al concorso.

4. Sta divertendosi, non lo disturbare.

5. Uscirono dallo stadio gridando ad alta voce ed insultando i tifosi della squadra milanese.

6. Provando e riprovando Galileo scoprì le leggi che regolano la caduta dei corpi.

7. Sta telefonando al dottore, sta chiedendo quali medicine dovrebbe prendere.

8. I concorrenti erano molti, ma i posti di lavoro erano pochi.

9. Soltanto i dilettanti parteciparono alle Olimpiadi.

10. Tutti i residenti del quartiere Parioli di Roma devono andare a votare nella scuola adiacente all'entrata del giardino zoologico.

11. Alcuni pazienti rifiutarono di prendere quel tipo di medicine.

12. Divenuto senatore a vita, usufruì dell'immunità parlamentare.

13. Ricevuta la telefonata, si tranquillizzò.

14. È vietato parlare al conducente.

15. Assediata la città, i romani furono sicuri della vittoria.

16. Riconosciuto il suo vecchio collega, gli corse incontro.

17. Arrivate a Firenze decisero di visitare gli Uffizi.

18. Innamoratosi di Isabella, le chiese di sposarlo.

19. Essendosi laureata in una famosa università le fu facile trovare un lavoro.

20. Avendo speso tutti i soldi, ritornarono subito a casa.

21. Quegli uomini mal vestiti sono molto ricchi.

22. È una giovane aspirante ad una carriera medica.

23. Franco è un ragazzo amante della scuola.

24. Non tutti gli Italiani sono cattolici credenti.

25. Questo fatto è noto a tutti i docenti universitari.

## Gerundio

Il mattino quando
di casa uscendo
la scala scendo
la via attraversando
il giornale prendo
laggiù lavorando
la sera tornando
ma gli anni passando
di casa uscendo
la sera tornando
ma gli anni passando
uscendo tornando
ma gli anni passando
uscendo.
(Dino Buzzati, 1906-1972)


## Il Vento, l'Acqua e l'Onore

**Si racconta** che un giorno, in tempi antichi, si unirono, mentre erano in cammino, il Vento, l'Acqua e l'Onore. Si abbracciarono e fecero tra di loro tanti discorsi di quanto avevano fatto.

L'Acqua narrò che poco tempo prima correndo in un fiume aveva fatto tanto bene, irrigando giardini, facendo girare mulini e dando gioia a tutti gli assetati.

Il Vento narrò che anche lui faceva girare mulini, e senza di lui non potevan navigare bastimenti e barche, e quando poi non aveva null'altro da fare, andava **a spassarserla** con le nuvole e con gli alberi in mezzo ai boschi, o fra le cime dei monti più alti.

L'Onore, poveretto, non avendo cosa da dire, diceva al Vento e all"Acqua: "Io, è certo, non posso fare tutti questi miracoli, ma tengo gli uomini in un pugno, e per quanto sono niente e sembro nulla, quando un uomo di mondo, ricco o poveretto, quando mi possiede, possiede molto. E come me 'può' e 'vuole'."

Dopo che tra di loro fecero simili discorsi, convennero che erano tre potentati del mondo, e siccome avevano da fare, tra di loro si presero licenza e ognuno se ne andò per i fatti propri.

Ma appena si separarono il Vento disse all'Acqua e all'Onore: "Ma quando ci uniremo un'altra volta? e dove?."

E l'Acqua gli rispose: "Trovi me nelle fresche fontane."

"E se sono secche?" gli disse il Vento.

"Allora mi troverai certamente nel mare."

"E a te dove ti trovo?" domandò l'Acqua al Vento

E il Vento: "Quando sono libero, certamente mi puoi trovare in cima al **Mongibello**; lì me la spasso e gioco con le nuvole e col fumo."

Allora il Vento e l'Acqua domandarono all'Onore: "E te quando ti cerchiamo dove ti dobbiamo trovare?"

E l'Onore così rispose: "Me? Questo non può sussistere; **io son uso**, per chi mi perde una volta, non mi trova e non mi vedrà mai più sinchè esiste il mondo."

(Giuseppe Bonaviri. 1924 -   <u>Fiabe siciliane</u>)

VOCABOLARIO: **Si racconta** (forma impersonale); **a spassarsela** (a divertirsi, uso fraseologico: me la spasso, mi diverto); **Mongibello** (Parola composta da monte + gebel, Etna, vulcano in Sicilia); **io son uso** (io sono abituato).

## TRADURRE

**La poesia ermetica**

La poesia ermetica anche chiamata poesia pura, si sviluppò dopo la prima guerra mondiale. Rappresentò in un certo modo la resistenza dei poeti al tentativo del Fascismo di usare la letteratura come strumento di propaganda politica. L'ermetismo esprime una lirica pura, cioè estremamente condensata, ed ermetica, di difficile comprensione che richiede un'attenta collaborazione da parte del lettore. Giuseppe Ungaretti, Eugenio Montale e Salvatore Quasimodo sono i poeti più importanti dell'ermetismo.

**Giuseppe Ungaretti** (Alessandria d'Egitto 1888 - Milano 1970)

Giuseppe Ungaretti è un poeta che si concentra nella ricerca della forma, nell'espressione di una coscienza individuale che sottolinea la sua condizione di solitudine, ma aspira ad una comunione con gli altri uomini. La sua poesia offre il più radicale esempio di rinnovamento formale sperimentato della lirica del nostro secolo. A contatto con la tragedia della guerra, Ungaretti ricercò le ragioni di una speranza nel cuore della storia stessa, nel "valore della parola" una parola scavata nella vita, "come un abisso." Il sogno di un "paese innocente" è alla base di un'energica aspirazione verso la parola innocente, verso una nuova verginità espressiva, capace di spezzare ogni vincolo retorico e di fondarsi come voce essenziale.

La poesia è per Ungaretti, sguardo conoscitivo della realtà autentica dell'essere, rivelazione e ritrovamento di una primogenia purezza e innocenza dell'io. L'analogia, fondamento della poetica ungarettiana è una similitudine privata del come, cioè di ogni riferimento logico; è l'accostamento di cose e sensazioni apparentemente lontane e la scoperta di una loro relazione organica, della fusione di esse e dell'animo che le intuisce, nell'elementare unità dell'essere. È un procedimento tipico della poesia decadente e simbolista.

Un'intera nottata
buttato vicino
a un compagno
massacrato
con la sua bocca
**digrignata**     **digrignare** (*to gnash/ to grind*)
volta al **plenilunio**     (*full moon*)
con la congestione
delle sue mani
penetrata
nel mio silenzio
ho scritto
lettere piene d'amore
Non sono mai stato
tanto
attaccato alla vita

(Giuseppe Ungaretti ) Cima Quattro, il 23 dicembre 1915


**Eugenio Montale** (Genova 1896 - Milano 1981)

Pur cercando la parola scabra ed essenziale come Ungaretti, quello di Montale è un linguaggio autenticamente nuovo, aspro e nudo come l'implacabile realtà della vita. Mediante esso il poeta esprime il dramma esistenziale del proprio io e insieme dell'individuo moderno, la sua angoscia senza speranza. Materia del suo canto infatti è la negazione, l'assenza: la persona incapace di credere, il mondo privato di significato, il vivere come male o meglio come nulla. Il pessimismo del poeta è radicale. Vivere per lui è un continuo perdersi in una trama di atti e di gesti vani, dietro i quali sta il vuoto, un incomprensibile destino di delusione totale, d'incomunicabilità assoluta. L'oscurità della poesia montaliana nasce dalla scoperta dell'assurdità del reale. Vinse il premio Nobel per la letteratura nel 1975.

### Salvatore Quasimodo (Modica 1901 - Napoli 1968)

La poesia di Quasimodo si concentra soprattutto su ricordi fissati nel paesaggio siciliano, paesaggio d'infanzia e insieme mito di una primitiva innocenza e perduta comunione con le cose. Dall'ermetismo il poeta apprese la ricerca della parola essenziale e suggestiva che gli consentisse di leggere nella sua pena quella comune di tutti. Ricevè il premio Nobel per la letteratura nel 1959.

### Luigi Pirandello

Alcuni critici hanno detto che Pirandello sta (is) alla letteratura come (as) Einstein sta alla fisica. Pirandello introdusse prima nei suoi romanzi e poi nel teatro il concetto di relatività dimostrando che niente è assoluto e che la conoscenza umana è relativa. La verità, la giustizia, la moralità e la bellezza sono relative poichè la loro interpretazione e il loro significato e valore cambiano in continuazione secondo i tempi, le circostanze e gli individui. Pirandello più di ogni altro autore contemporaneo, ha messo in rilievo la complessità della personalità umana dimostrando che l'essere umano non è soltanto quello che esso pensa di sè stesso, ma è anche quello che gli altri pensano di lui. Non abbiamo quindi una sola personalità, ma tante personalità quante sono le persone che ci osservano e giudicano. Per esempio un uomo si adegua alle varie funzioni della sua vita, a quella di marito, di amante ma è anche definito figlio dai suoi genitori e padre dai suoi figli. La sua personalità è quindi soggetta a interazioni e giudizi e assume quindi il ruolo e l'atteggiamento che lui ritiene più adatto alle particolari situazioni della vita, subendo quindi una moltiplicità di valutazioni che difficilmente riesce ad evitare ma alle quali partecipa con i suoi atteggiamenti. Questo stato caotico di personalità multiple che l'individuo cerca di controllare, gli crea grande sconforto, e lo spinge costantemente alla ricerca di nuovi ruoli, ma esso è nello stesso tempo legato ai vecchi e soggetto ad essi.

Ma per Pirandello, l'essere umano sente un forte bisogno di essere uno per distinguersi dagli altri, di conseguenza si costruisce una maschera sociale fissa, una personalità, ossia una forma così da apparire agli altri quello che lui crede di essere. Sotto questi atteggiamenti fissi, sotto queste apparenze si agita tutto un mondo di sentimenti, tutta una diversa e mutevole ricchezza di possibilità che vorrebbero anche esse venire in superficie, farsi valere, e che invece vengono continuamente respinte. La vita è quindi soggetta a incessanti pressioni e trasformazioni; così sorge il tragico contrasto e conflitto tra la vita e la forma, tra il continuo cambiamento della faccia naturale e la maschera sociale fissa.

La filosofia di Pirandello è legata alle correnti filosofiche e letterarie del decadentismo ed è stata definita decadente, pessimistica e nichilista nella credenza che distrugga tutti i valori eterni e gli ideali assoluti che giustificano l'esistenza umana. Ma Pirandello non vuole distruggere questi ideali, ma soltanto avvertirci che essi non sono assoluti ma relativi, un concetto che ci aiuta a vivere e ad evitare disillusioni. Il messaggio della sua arte quindi più che nichilista è un appello al mutuo rispetto, all'indulgenza reciproca e soprattutto alla comprensione e tolleranza che permette agli esseri umani di vivere in pace e armonia. Pirandello con la sua filosofia, il suo pensiero artistico e le sue opere anticipò i suoi tempi e per parecchi anni si scontrò non solo con l'amara opposizione dei critici, ma anche con un pubblico che rifiutava di riconoscersi nella paradossale rappresentazione della vita, presente nell'arte pirandelliana.

# CAPITOLO VI

## CONGIUNTIVO

1. In Italian the verb forms of the secondary clause in the following sentences belong to the subjunctive mood. In English the **congiuntivo** is usually avoided; in its place we find an infinitive construction or the indicative:

Pensano che **lui possa** ritornare prima delle otto. (They think he may come back before eight o'clock.)

È necessario che Luigi **impari** l'inglese bene. (It is necessary for Luigi to learn English well.)

Volevo che **lui venisse** a Roma con me. (I wanted him to come to Rome with me.)

Ho paura che **lei** non **venga** alla mia festa. (I am afraid she may not come to my party.)

Credevo che **fossero arrivati** in ritardo. (I thought they had arrived late.)

The Italian **congiuntivo** has four tenses: present, present perfect, imperfect and past perfect. The present subjunctive of regular verbs and that of many irregular verbs is derived from the present indicative. Parlo----parli; vado----vada; faccio---faccia; there are exceptions: **sapere:** Io so, but in the subjunctive: che io **sappia**.

## Congiuntivo presente

### verbi regolari

| - are | -ere | -ire | |
|---|---|---|---|
| parli | scriva | parta | capisca |
| parli | scriva | parta | capisca |
| parli | scriva | parta | capisca |
| parl**iamo** | scriv**iamo** | part**iamo** | cap**iamo** |
| parl**iate** | scriv**iate** | part**iate** | cap**iate** |
| parl**ino** | scriv**ano** | part**ano** | cap**iscano** |

### verbi irregolari

| avere | essere | andare | sapere | stare | fare |
|-------|--------|--------|--------|-------|------|
| abbia | sia | vada | sappia | stia | faccia |
| abbia | sia | vada | sappia | stia | faccia |
| abbia | sia | vada | sappia | stia | faccia |
| abbiamo | siamo | andiamo | sappiamo | stiamo | facciamo |
| abbiate | siate | andiate | sappiate | stiate | facciate |
| abbiano | siano | vadano | sappiano | stiano | facciano |

With few exceptions, (**essere, avere, sapere, dare, stare**), verbs which have an irregular **presente indicativo**, have the same irregularities in the present subjunctive as the above conjugated **fare** (faccio/ faccia), **andare** (vado/ vada) and verbs like **potere** (posso/ possa), **volere** (voglio/ voglia) and so on.

## Congiuntivo imperfetto

### verbi regolari

| parlassi | scrivessi | partissi | capissi |
|----------|-----------|----------|---------|
| parlassi | scrivessi | partissi | capissi |
| parlasse | scrivesse | partisse | capisse |
| parlassimo | scrivessimo | partissimo | capissimo |
| parlaste | scriveste | partiste | capiste |
| parlassero | scrivessero | partissero | capissero |

### verbi irregolari

| avere | essere | andare | sapere | stare | fare |
|-------|--------|--------|--------|-------|------|
| avessi | fossi | andassi | sapessi | stessi | facessi |
| avessi | fossi | andassi | sapessi | stessi | facessi |

| avessi | fosse | andasse | sapesse | stesse | facesse |
| avessimo | fossimo | andassimo | sapessimo | stessimo | facessimo |
| aveste | foste | andaste | sapeste | steste | faceste |
| avessero | fossero | andassero | sapessero | stessero | facessero |

## Congiuntivo passato

| Abbia parlato | abbia scritto | sia partito/a | abbia capito |
| Abbia parlato | abbia scritto | sia partito/a | abbia capito |
| Abbia parlato | abbia scritto | sia partito/a | abbia capito |
| Abbiamo parlato | abbiamo scritto | siamo andati/e | abbiamo capito |
| Abbiate parlato | abbiate scritto | siate andate/i | abbiate capito |
| Abbiano parlato | abbiano scritto | siano andati/e | abbiano capito |

## Congiuntivo trapassato

| Avessi parlato | avessi scritto | fossi andato/a | avessi capito |
| Avessi parlato | avessi scritto | fossi andato/a | avessi capito |
| Avesse parlato | avesse scritto | fosse andato/a | avesse capito |
| Avessimo parlato | avessimo scritto | fossimo andati/e | avessimo capito |
| Aveste parlato | aveste scritto | foste andati/e | aveste capito |
| Avessero parlato | avessero scritto | fossero andati/e | avessero capito |

**2.** In Italian the **congiuntivo** must be used in all dependent clauses when there is a subjunctive mood: <u>Possibility</u>, <u>assumption</u>, <u>uncertainty</u>, <u>emotion</u>, <u>condition</u> or a <u>condition</u> that is <u>contrary to fact</u>. The **congiuntivo** occurs most frequently in subordinate clauses that have a different subject from that of the main clauses and is introduced by **che**. The subjunctive is used in the following cases:

**a.** After verbs of commanding, suggesting, ordering, requesting:

Il professore **richiese** che tutti gli studenti **scrivessero** un saggio di venti pagine. (The professor demanded that all students write a twenty page essay.)

I miei genitori **volevano** che **io frequentassi** l'università di Roma. (My parents wanted me to attend the university of Rome.)

**Desidero** che **loro studino** un po' di più. (I want them to study a little more/ harder.)

Benito Mussolini **insistè** che l'Italia **si alleasse** con la Germania. (Mussolini insisted that Italy ally with Germany.)

Il chirurgo le **consigliò** che **si facesse** l'operazione. (The surgeon advised her to undergo a surgery.)

I miei parenti **preferiscono che io rimanga** a Firenze. (My relatives prefer that I stay in Florence.)

**Vorrei che Lei venisse** a scuola preparata. (I would like for you to come to school prepared.)

Mio padre **avrebbe voluto che io fossi rimasto** a Venezia per due anni. (My father would have liked that I remain, literally that I 'had' remained in Venice for two years.)

**Mi piacerebbe** che Marco **andasse** in Italia. (I would like for Marco to go to Italy.)

**b.** After verbs expressing opinion, fear, thought, belief, doubt, joy, wish, probability or any kind of emotions:

**Credo** che **sia** troppo tardi per uscire. (I think it is too late to go out.)

Carlo **spera** che Dino e Maria **partano** oggi. (Carlo hopes that Dino and Maria leave today.)

**Avevo paura** che **parlassero** troppo. (I was afraid they talked too much.)

**Mi dispiace** che Clara non **sia arrivata** in tempo. (I am sorry that Clara did not arrive on time.)

**Credevamo** che non **fosse** mai **stato** in Italia. (We believed he had never been in Italy.)

**c.** After impersonal verbs expressing necessity, need, possibility, convenience:

**È incredibile** che così tanti giovani **vogliano** seguire quel corso. (It is incredible that so many young people want to take that course.)

**È urgente che lei spedisca** la lettera . (It is urgent that that <u>she mail</u> the letter.)

**È necessario che siate** puntuali. (It is necessary that <u>you be</u> punctual.)

**È possibile che io arrivi** domani. (It is possible that <u>I arrive</u> tomorrow)

**Bisogna che lo faccia** adesso. (It is necessary that s/<u>he do</u> it now.)

**È inutile** che tu me lo **dia** ora. (It is useless that <u>you give</u> it to me now.)

**Può darsi** che Giorgio **smetta** di fumare. (It may be that Giorgio <u>stops</u> smoking.)

**d**. Adverbial conjunctions indicating concession, time, supposition, condition or purpose:

Te lo dico **perchè** tu lo **sappia**. (I am telling it to you, <u>so that you know</u> it.)

Le do dei soldi **affinchè possa** comprare dei libri. (I give her some money so that she <u>may</u> buy some books.)

Lo inviterò **a patto che non beva**. (I will invite him, <u>provided that he doesn't drink.</u>)

**Benchè parli** bene l'italiano , ha l'accento americano. (<u>Although he speaks</u> Italian well, he has an American accent.)

Voglio salutarli **prima che partano**. (I want to say good by to them <u>before they leave.</u>)

Marco parla **come se fosse** la sola autorità in questo campo. (Marco speaks <u>as if he were</u> the only autority in this field.)

**A meno che tu non legga** la Divina Commedia in italiano, non potrai mai dire di aver letto Dante. (<u>Unless you read</u> the Divina Commedia in Italian, you never will be able to say to have read Dante.)

**Dovunque tu vada**, ti seguirò. (<u>Wherever you may go</u>, I will follow you.)

| | |
|---|---|
| Mentre che l'uno spirto questo disse, l'altro piangeva, sì che di pietade io venni men **così** com'**io morisse**; (Dante, Inferno v, 139-141) | While the one spirit said this the other wept, so that for the pity I passed out <u>as I were dying</u>; (pietade/ **pietà**; morisse/ **morissi**) |
| Ed ei s'ergea col petto e colla fronte **come avesse** lo Inferno in gran dispitto. (Dante, Inferno x, 35-36) | And there he stood out with chest and brow <u>as though he had</u> hell in high disdain. (s'ergea, *imp*. di **ergersi**, dispitto/ **disprezzo**) |

**e.** In relative clauses after indefinite expressions, pronouns and adjectives such as: **Chiunque, nessuno, niente, uno, qualcuno, qualcosa, qualunque** and adverbs such as **comunque, dovunque, per quanto, senza che.**

Cerchiamo **qualcuno** che **parli** portoghese. (We are looking for someone who speaks Portuguese.)

Non so **che cosa possa** piacerle. (I do not know what she may like.)

Non c'è **nessuno che** gli **piaccia**. (There is no one that he may like)

**Chiunque si presenti** sarà benvenuto. (Whoever will show up is velcome.)

Lui crede **qualunque cosa** Elena **dica**. (He believes whatever Elena says.)

**Senza che tu me lo dicessi**, già lo sapevo. (Without you informing me, I already knew it.)

**f.** After words such as **il solo, l'unico, il primo** and in relative clauses introduced by a superlative or an indefinite antecedent:

Il Gattopardo è **l'unico** film **che mi sia piaciuto**. (The Gattopardo is the only film that I liked.)

Voleva fare **una** conferenza **che tutti potessero** apprezzare. (He wanted to give a lecture that everyone could appreciate)

È **la più brava** studentessa **che abbia seguito** questo corso. (She is the best student that took this course)

Mario è **più simpatico** di quanto Olga **pensasse**. (Mario is more pleasant than Olga thought.)

Vorrei corrispondere con **un** russo **che parli** italiano e **conosca** molto bene Mosca. (I would like to correspond with a Russian who speaks Italian and knows Moscow very well.)

Questo è il volo **più lungo che abbia** mai **fatto**. (This is the longest flight I have ever taken)

..................ma il capo chino,           ..........................but I kept my head
Tenea, com'uom **che** reverente **vada**.    bent low, like a man that walks reverently
(Dante, Inferno xv, 44-45)                 (Tenea, archaic form for **tenevo**)

**g.** In idioms, optative and exhortative expressions:

Il Signore **sia** con te (The Lord <u>be</u> with you.)

Che Dio vi **benedica** (<u>May</u> God bless you.)

Lo **voglia** il Signore (<u>May</u> the Lord grant it.)

Magari **potessi** andare in Italia! (I wish <u>I could</u> go to Italy.)

Se **parlassi** arabo! (I wish <u>I spoke</u> Arabic! Literally: If I spoke Arabic.)

**Viva** la democrazia Americana! (Long live American democracy!)

Che questa idea vi **illumini**! (<u>May</u> this idea enlighten you!)

## 3. The use of the subjunctive and the conditional: Il Periodo ipotetico

In addition to the usage listed in chapter IV, the conditional also serves to describe an action which is contingent on another action:

**Se avessi soldi, viaggerei.** (If I had money, I would travel.)

**Viaggerei** is contingent upon **se avessi soldi**. In Italian a sentence of the type illustrated above is called **periodo ipotetico**. If the conditional action is in the present (sentence above) the verb in the subjunctive will be in the imperfect. If the conditional action is in the past, the verb in the subjunctive will be in the past perfect: **Se avessi avuto soldi, avrei viaggiato.** (If I had money, I would have traveled.)

Sentences like: **se Mario lo sapesse glielo direbbe** (if Mario knew it, he would tell her), describes a hypothetical situation, one that is either contrary to the real facts in the present, or unlikely to occur in the future. "If he knew" implies "he doesn't know."

Sentences like: **se Mario lo avesse saputo glielo avrebbe detto** (if Mario had known it, he would have told her), describe a hypothetical situation of past time, one which did not occur. "If he had known" implies "he did not know."

The first sentence contains an **imperfetto congiuntivo** in the dependent clause and a **condizionale presente** in the main clause. The second sentence contains a **congiuntivo trapassato** and **condizionale passato** respectively.

**Se avessi studiato** avrei superato l'esame. (<u>If I had studied</u>, I would have passed the exam.)

Mangerei di più **se avessi** fame. (I would eat more if <u>I were</u> hungry.)

**Se lui avesse preso** quella medicina non **avrebbe avuto** il raffreddore. (<u>If he had taken</u> that medicine, <u>he would not have had</u> a cold.)

**Se loro fossero andate** alla stazione un po' prima non **avrebbero perso** il treno. (If they had gone to the station a little earlier, they would not have missed the train.)

Se Cleopatra **fosse stata brutta**, la storia di Roma **sarebbe stata** differente. (Had Cleopatra been ugly, Roman history would have been different.)

NOTE:

a. In asking or suggesting that someone does something, the request is softened by using the conditional. Note the difference in tone and the sequence of tenses in the following examples:

**Voglio** che Giannella **venga** da me. (I want Giannella to come to my place.)

**Vorrei** che Giannella **venisse** da me. (I would like Giannella to come to my place.)

**Avrei voluto** che Giannella **fosse vunuta** da me. (I would have liked that Giannella come to my place, literally: had come.)

### 4. Use of the present subjunctive

The present subjunctive is used when the main verb is in the present indicative, and when the two actions are contemporaneous. Occasionally it can be used when the main verb is in the future:

**Voglio** parlargli **prima che arrivi.** (I want to talk to him before he arrives.)

**Sarà** possibile **che io parta** domani. (It will be possible that I leave tonorrow.)

Mario **spera** che Gina **esca** con lui. (Mario hopes that Gina goes out with him.)

**Benchè abiti** in Italia da tre anni, Luisa **non parla** l'italiano. (Although she has been living in Italy for three years Luisa doesn't speak Italian.)

### 5. Use of the present perfect subjunctive

The present perfect subjunctive is used in a secondary clause expressing a past event when the verb of the main clause is in the present. The two clauses are not contemporaneous:

**Credo** che Marta ieri **sia uscita** con Giorgio. (I believe that Marta yesterday went out with Giorgio.)

**Mi dispiace** che non **siate arrivati** prima. (I am sorry you did not get here earlier.)

**Ho** ancora **sete** benchè **io abbia bevuto** molto. (I am still thirsty, although I drank a lot. Literally: I have drunk.)

## 6. Use of the imperfect subjunctive

The imperfect subjunctive is used when the two clauses are contemporaneous in the past:

**Credevo** che Mario **studiasse** molto. (I believed that Mario studied a lot.)

**Era** naturale che Cristina **parlasse** con il professore. (It was natural that Cristina spoke with the professor.)

**Pensava** di poter superare l'esame sebbene non **studiasse**. (S/he thought s/he would pass the exam although s/he was not studying.)

**7.** The pluperfect subjunctive is used in a secondary clause provided its action precedes in time that of the main verb in the past. That is, both actions are in the past, but they are not contemporaneous:

**Credevo** che Maria **fosse uscita** con Giorgio. (I thought Maria had gone out with Giorgio.)

Mio figlio **era contento** che **avessimo comprato** una nuova macchina. (My son was happy we had bought a new car.)

Non **eravamo sicuri che** Emma **avesse passato** una bella vacanza in Irlanda. (We were not sure Emma had spent a beautiful vacation in Ireland.)

The following chart will show the correspondence between the **indicativo** and the **congiuntivo**:

| **Indicativo** | | **Congiuntivo** |
| --- | --- | --- |
| | Present: | |
| Mario telefona | | credo che Mario telefoni |
| | Present perfect: | |
| Mario ha telefonato | | credo che Mario abbia telefonato |
| | Imperfect: | |
| Mario telefonava | | credevo che Mario telefonasse |
| | Past perfect: | |
| Mario aveva telefonato | | credevo che Mario avesse telefonato |

The following chart shows the sequence of tenses with the conditional:

**Sarebbe** utile che Elisa **imparasse** a guidare.

**Sarebbe stato** utile che Elisa **avesse imparato** a guidare.

**Se avessi** tempo **leggerei** il Decamerone.

**Se avessi avuto** tempo **avrei letto** il Decamerone.

NOTE:

Sometimes depending on the sequence of tenses, a present tense in the main clause may be followed in the dependent clause by an imperfect or past subjunctive and a past conditional:

Alcuni storici **pensano** che Annibale **avesse attraversato** le Alpi durante l'estate. (Some historians believe that Hannibal 'had' crossed the Alps during Summer.)

Non **credo** che i miei figli **avrebbero ascoltato** i tuoi consigli. (I do not believe that my children would have listened to your advices.)

| | |
|---|---|
| Maggior paura non **credo** che **fosse**, | No greater fear I believe Phaëton felt |
| quando Fetòn abbandonò li freni, | when he loosed the reins, so that the |
| per che il ciel, come pare ancor, si cosse; | heavens, as still appears, melted; |
| (Dante, Inferno XVII, 106-108) | (li/ i; si cosse/ passato remoto di cuocersi) |


## TRADURRE

1. È necessario che partiamo tra un paio di ore.

2. Ho paura che Claudio non venga alla festa.

3. Mi piacerebbe che anche lui venisse alla festa.

4. Voglio che venga prima delle nove.

5. Dubito che riesca a superare l'esame.

6. Ti presto il libro purchè tu me lo restituisca prima di lunedì.

7. Benchè siano state a Milano per più di quattro anni, non parlano l'italiano correttamente.

8. Vorrei parlargli prima che andasse a Torino.

9. Peccato che non siate arrivati prima.

10. Sebbene avesse mangiato molto, aveva ancora fame.

11. Mi dispiace che tu sia stato poco bene.

12. Che faresti se tu fossi un milionario?

13. Ci avrebbero già chiamato se fossero arrivati.

14. Saremmo andati al museo se fosse rimasto aperto anche il pomeriggio.

15. Si sarebbe sposato se avesse trovato la ragazza giusta.

16. Se Pergolesi non fosse morto così giovane avrebbe sicuramente scritto altre opere.

17. Avrei potuto fare meglio all'esame se avessi studiato la storia romana.

18. Se avessero letto la Scienza nuova di Giambattista Vico, riconoscerebbero l'importanza di questo autore.

19. Tutti speravano che lo sciopero finisse.

20. Non sono sicuro che gli studenti abbiano accettato l'invito del professore.

**Cecco Angiolieri** (Nato nel 1260 e morto prima del 1313)

La sua poesia è in linea con i caratteri stilistici del genere "comico-realistico." Ideologicamente lontano dallo stilnovismo (nuova forma di poesia amorosa dei tempi di Dante), Cecco Angiolieri si oppone ad esso sia nei sonetti amorosi per Becchina sia in quelli corrisponsivi con Dante, dove contraffà i moduli del dolce stil nuovo.

## TRADURRE

| | |
|---|---|
| **S'i' fosse** foco, arderei '**l** mondo; | Se io    forma arcaica di **fossi**; il |
| s'i' fosse vento, lo tempesterei; | |
| s'i' fosse acqua, i' l'annegherei; | |
| s'i' fosse Dio, **mandereil' en** profondo; | lo manderei nel |
| s'i' fosse papa, **sare'** allor giocondo, | sarei |
| chè tutti i cristiani **imbrigherei**; | imbrigare= mettere nei guai |
| s'i' fosse imperator, **sa'** che farei? | sai |
| A tutti mozzarei **lo** capo **a tondo**. | il; roteando la spada |

S'i' fosse morte, **andarei** da mio padre;   andrei
s'i' fossi vita, fuggirei da lui:
similimente **farìa** da **mi'** madre.   farei; mia
S'i fosse Cecco, com'i' sono e fui,
**torrei** le donne giovani e leggiadre:   prenderei
e vecchie e **laide lasserei** altrui.   brutte; lascerei

## L'autodistruzione dell'autore

"Come scriverei bene se non ci fossi! Se tra il foglio bianco e il ribollire delle parole e delle storie che prendono forma e svaniscono senza che nessuno le scriva non si mettesse di mezzo quello scomodo diaframma che è la mia persona! Lo stile, il gusto, la filosofia personale, la soggettività, la formazione culturale, l'esperienza vissuta, la psicologia, il talento, i trucchi del mestiere (*tricks of the trade*): tutti gli elementi che fanno sì che ciò che scrivo sia riconoscibile come mio, mi sembra una gabbia che limita le mie possibilità. Se fossi solo una mano, una mano mozza, che impugna una penna e scrive... Chi muoverebbe questa mano? La folla anonima? Lo spirito dei tempi? L'inconscio collettivo? Non so. Non è per poter essere il portavoce di qualcosa di definibile che vorrei annullare me stesso. Solo per trasmettere lo scrivibile che attende d'essere scritto, il narrabile che nessuno racconta."

Italo Calvino 1923- 1986. <u>Se una notte d'inverno un viaggiatore.</u>

### Il Monaco al mercato
(I Fiori morali)

Un cavaliere **avea** lasciato di molte grandi ricchezze per andare al servizio di Dio in un monistero di monaci. Un dì, credendo l'abate che egli fosse più savio nelle cose del mondo che gli altri monaci, lo mandò, a un mercato per vendere certi asini del monistero, che erano vecchi, e per comperare de' giovani; e questo monaco non volle dir di no per l'ubbidienza, ma pur mal volentieri v'andò.

E, stando nel mercato, la gente **lo** domandava:

-- Sono buoni questi tuoi asini?

Ed egli rispondeva:

-- Credete voi che il nostro monistero sia giunto a tanta povertà che, se fossero buoni, **egli** li vendesse?

E, udendo ciò, gli domandavano:

-- Perché hanno **eglino** sì (così) pelata la coda?

Il monaco disse:

--Sono vecchi e cadono molto spesso sotto i pesi, sì che bisogna pigliarli per la coda e farli **rilevare**: e però (perciò) l'hanno sì pelata.

Ed il monaco, non **potendogli** vendere, se ne tornò a casa con essi. Ed il converso(*lay brother*), ch'andò al mercato con lui, disse all'abate ciò ch'egli avea fatto e detto.

E l'abate mandò per lui e lo cominciò a riprendere **forte** delle parole ch'egli avea dette al mercato. Rispose il monaco:

-- Credete voi ch'io venissi qui per ingannar altrui con bugie? Certo io lasciai assai pecore e possessioni, per uscire dalle bugie del mondo; e siate di questo certo, che io non le usai mai infino ch'io era al mondo, sì mi dispiaceano le bugie.

E udendo ciò, l'abate **si restrinse** in sé e non seppe più che dire.

(Tommaso Gozzadini di Bologna, tredicesimo secolo)

VOCABOLARIO: **Avea** (aveva); **lo** (gli); **egli** (il monastero); **eglino** (essi); **rilevare** (rialzare); **potendogli** (potendoli); **forte** (duramente); **restringersi** (to restrain oneself).

Read the following passage and then write a summary in English providing as much information as you can.

## Dottrina politica e sociale del fascismo

Anzitutto il fascismo, per quanto riguarda, in generale, l'avvenire e lo sviluppo dell'umanità, e a parte ogni considerazione di politica attuale (*current*), non crede alla possibilità né all'utilità della pace perpetua. Respinge quindi il pacifismo che nasconde una rinuncia alla lotta e una viltà di fronte al sacrificio. Solo la guerra porta al massimo di tensione tutte le energie umane e imprime un sigillo di nobiltà ai popoli che hanno la virtù di affrontarla. Tutte le altre prove sono dei sostituti, che non pongono mai l'uomo di fronte a sè stesso, nell'alternativa della vita e della morte. Una dottrina, quindi, che parta dal postulato (*postulate*)pregiudiziale (*prejudicial/ detrimental*) della pace, è estranea al fascismo; così come estranee allo spirito del fascismo, anche se accettate per quel tanto di utilità che possano avere in determinate situazioni politiche, sono tutte le costruzioni internazionalistiche e societarie, le quali, come la storia dimostra, si possono disperdere al vento quando elementi sentimentali, ideali e pratici muovono a tempesta il cuore dei popoli. Questo spirito antipacifista, il fascismo lo trasporta anche nella vita degli individui. L'orgoglioso motto **squadrista "me ne frego"**, scritto sulle bende di una ferita, è un atto di filosofia non soltanto stoica, è il sunto (*summary*) di una dottrina non soltanto politica: è l'educazione al combattimento, l'accettazione dei rischi che esso comporta; è un nuovo stile di vita italiano. Così il fascista accetta, ama la vita, ignora e ritiene vile il suicidio. Comprende la vita come dovere, elevazione, conquista: la vita che deve essere alta e piena: vissuta per sé, ma soprattutto per gli altri vicini e lontani, presenti e futuri.

Caposaldo (*cornerstone*) della dottrina fascista è la concezione dello Stato, della sua essenza, dei suoi compiti, delle sue finalità. Per il fascismo lo Stato è un assoluto, davanti al quale individui e gruppi sono il relativo. Individui e gruppi sono "pensabili" (*conceivable*) in quanto nello Stato. Lo Stato liberale non dirige il gioco e lo sviluppo materiale e spirituale delle collettività, ma si limita a registrare i risultati; lo Stato fascista ha una sua consapevolezza, una sua volontà, per questo si chiama uno Stato "etico". Nel 1929 alla prima assemblea quinquennale del regime io dicevo: "Per il fascismo lo Stato non è il guardiano notturno che si occupa soltanto della sicurezza personale dei cittadini; non è nemmeno una organizzazione **a fini puramente materiali,** come quella di garantire un certo benessere e una relativa pacifica convivenza sociale, nel qual caso **a realizzarlo** basterebbe un consiglio di amministrazione; non è nemmeno una creazione di politica pura, senza aderenze con la realtà materiale e complessa della vita dei singoli e di quella dei popoli. Lo Stato così come il fascismo lo concepisce e attua è un fatto spirituale e morale, poiché concreta l'organizzazione politica, giuridica, economica della nazione, e tale organizzazione è, nel suo sorgere e nel suo sviluppo, una manifestazione dello spirito. Lo Stato è garante della sicurezza interna ed esterna, ma è anche il custode e il trasmettitore dello spirito del popolo così come fu nei secoli elaborato nella lingua, nel costume, nella fede. Lo Stato non è soltanto presente, ma è anche passato e soprattutto futuro. È lo Stato che **trascendendo** il limite breve delle vite individuali rappresenta la coscienza immanente della nazione. Le forme in cui gli Stati si esprimono mutano, ma la necessità rimane. È lo Stato che educa i cittadini alla virtù civile, li rende consapevoli della loro missione, li sollecita all'unità; armonizza i loro interessi nella giustizia, tramanda (*hands down*) le conquiste del pensiero nelle scienze, nelle arti, nel diritto (*right/ law*), nell'umana solidarietà; porta gli uomini dalla vita elementare della tribù alla più alta espressione umana di potenza che è l'impero; affida ai secoli i nomi di coloro che morirono per la sua integrità o per obbedire alle sue leggi; addita (*holds up/ points out*) come esempio e raccomanda alle generazioni che verranno i capitani che lo **accrebbero** di territorio e i geni che lo illuminarono di gloria. Quando declina il senso dello Stato e prevalgono le tendenze dissociatrici e centrifughe degli individui o dei gruppi, le società nazionali **volgono al tramonto.**"

Benito Mussolini (1883-1945). "Dottrina politica e sociale," Enciclopedia italiana, (Vol. XIV, giugno 1932)

VOCABOLARIO: **Squadrista** (membro attivo di una squadra d'azione fascista, più volte coinvolto in attività violente); **me ne frego** (*to not give a hoot about*); **a fini puramente materiali** (*with material aims*); **a realizzarlo** (*to achieve it*); **trascendendo**, gerundio di trascendere, *by transcending*); **accrebbero** (passato remoto di **accrescere**, terza persona plurale, *to expand/ enlarge/ augment*); **volgono al tramonto,** *to set/ be on the wave*).

### Francesco Petrarca (Arezzo 1304- Arquà 1374)

Petrarca dedicò gran parte della sua vita poetica all'elaborazione della sua opera maggiore Rime sparse o Canzoniere. L'unità dell'opera sta nel continuo fluttuare dell'anima del poeta in una vicenda alterna di illusione e delusione, di sogno e di consapevolezza amara, di dolcezza e melanconia, di coscienza del peccato e di ansia di redenzione: insomma in una storia spirituale complessa e non mai conclusa. Laura e l'amore del poeta per lei, con le sue estasi e le sue angosce esprimono in forma fantastica il sentimento petrarchesco della vita e del mondo. Il Canzoniere rappresenta la vicenda amorosa di Petrarca come un progressivo, anche se tutt'altro che rettilineo sollevarsi dell'amore terreno per Laura all'amore di Dio. Le Rime del Petrarca furono sentite come modello esemplare della lirica e furono oggetto di imitazione attraverso i secoli.

### Solo e pensoso

| | |
|---|---|
| Solo e pensoso i più deserti campi | |
| **vo** mesurando a passi tardi e lenti, | vado |
| e gli occhi **porto** per fuggire intenti | volgo, *I direct* |
| **ove** vestigio uman **l'arena** stampi. | dove, sabbia/terreno |
| | |
| Altro **schermo** non trovo che mi **scampi** | protezione, *screen*   salvi, *save* |
| dal manifesto **accorger de le** genti; | accorgersi delle |
| perchè ne gli atti d'alegrezza **spenti** | participio passato di spegnere |
| di fuor si legge com'io dentro **avampi**: | bruci, *I burn* |

sì ch'io **mi** credo **omai** che monti e **piagge**  pleonasmo  ormai  *slopes*
e fiumi e selve sappian di che **tempre**  durezze
sia la mia vita, ch'è **celata** altrui.  nascosta, *hidden*

Ma pur sì **aspre** vie nè si selvagge  dure, *harsh*
**cercar non so** ch'Amor non venga sempre  non riesco ad evitare
ragionando con **meco**, ed io **co llui**  me  con lui

Rime (IX, XXXV)

## Movesi il vecchierel

Movesi il vecchierel **canuto** e bianco  con capelli bianchi, *white-haired*
del dolce loco ov'ha sua età **fornita**,  passato
e da la famigliuola **sbigottita**  sorpresa, *dismayed*
che vede il caro padre **venir manco**;  ridotto debole, *grow weak*

**indi**, traendo poi l'antico **fianco**  *whence    hip*
per l'etreme giornate di sua vita,
quanto più **pò** col buon voler s'**aita**,  può         s'aiuta
rotto da gli anni e dal camino stanco;

e viene a Roma, seguento 'l **desio**,  desiderio
per mirar la sembianza di **colui**  *him* (Cristo)
ch'ancor lassù nel ciel vedere spera.

Così, **lasso**! talor **vo** cercand'io,  stanco     vado
donna, quanto è possibile, in **altrui**  nelle altre persone
la **desiata** vostra forma vera.  desiderata

Rime (VI, XVI)

# IMPERATIVO

1. The imperative mood is the mood which expresses commands, requests or exhortations. It has familiar and polite forms: **tu, Lei, noi, voi, Loro.** An imperative sentence usually ends with an exclamation mark or a period. The following are the imperative forms of **avere, essere** and verbs of the first, second and third conjugation:

|        | **essere** | **avere** | **ascoltare** | **leggere** | **partire** | **finire** |
|--------|------------|-----------|---------------|-------------|-------------|------------|
| (Tu)   | sii        | abbi      | ascolta       | leggi       | parti       | finisci    |
| (Lei)  | sia        | abbia     | ascolti       | legga       | parta       | finisca    |
| (noi)  | siamo      | abbiamo   | ascoltiamo    | leggiamo    | partiamo    | finiamo    |
| (voi)  | siate      | abbiate   | ascoltate     | leggete     | partite     | finite     |
| (Loro) | siano      | abbiano   | ascoltino     | leggano     | partano     | finiscano  |

**Aprite** il libro a pagina 48 e **leggete** il primo paragrafo. (Open the book on page 48 and read the first paragraph.)

Signor Rossi, **prenda** quella sedia! **Si accomodi!** (Mr. Rossi, take that chair! Make yourself comfortable!)

Signori! **Entrino**! Il film sta per cominciare. (Gentlemen come in! The movie is about to start.)

**Apri** gli orecchi al mio annunzio, e **odi**. (Open your hears to my announcement and listen.) (Dante, Inferno, XXIV, 142)

As you can see the polite forms (**Lei**) and (**Loro**), are borrowed from the present subjunctive, therefore the imperative of irregular verbs follows the same pattern of the present subjunctive: **fare/ faccia, andare/ vada, potere/ possa, sapere/ sappia, dare/ dia,** and so on.

The imperative can be made negative by placing **non** before the affirmative form with the exception of the singular familiar form which is formed by placing **non** before the infinitive:

Paolo, **non ripetere** sempre le stesse parole. (Paolo, do not repeat always the same words.)

Domani il negozio sarà chiuso, **non venga** a lavorare. (Tomorrow the store will be closed, <u>do not come</u> to work.)

**Non visitino** Venezia nel mese di luglio, c'è troppa gente. (<u>Do not visit</u> Venice in the month of July, there are too many people.)

The reflexive pronoun as we have seen, is suffixed to the verb in the informal commands; however in the imperative negative, its position is optional:

**Svegliati!** È ora di andare a lavorare. (<u>Wake up</u>! it is time to go to work.)

**Non sposarti** (**non ti sposare**) sei troppo giovane! (<u>Do not get married</u>, you are too young.)

**Riposiamoci** un po' prima di riprendere il cammino. (<u>Let us rest</u> a little bit before setting out again.)

The unstressed object pronouns, double pronouns and the adverbial particles **ci, vi, ne,** are suffixed to the verb in the informal imperative:

Devo telefonare a Claudia. **Non telefonarle** oggi, **telefonale** domani! (I have to telephone Claudia. <u>Do not telephone her</u> today, <u>telephone her</u> tomorrow.)

Dobbiamo spedire il regalo alla professoressa. **Spediteglielo** per Natale. (We have to send the present to the professor. <u>Send it to her</u> at Christmas.)

Ritorna**ci** domani, oggi hai da fare. (Go back <u>there</u> tomorrow, today you have things to do.)

Pronouns with the formal imperative do not follow this rule, they precede the verb:

**Telefoni** al dottor Rossi! **Gli telefoni** subito! (Call Mr. Rossi! <u>Call him</u> soon!)

Signora! È un bel vestito, **lo compri**. (Madam! It is a beautiful dress, <u>buy it</u>.)

NOTE:

When the imperative is a monosyllable, (**dà, va', dì, fa'** etc ...) the initial consonant of the pronoun is doubled. **Gli** is an exception, and **loro** follows the verb:

**Non andare** al mercato ora. **Vacci** più tardi. (<u>Do not go</u> to the market now. <u>Go there</u> later.)

**Dille** di ritornare domani. (<u>Tell her</u> to come back tomorrow.)

**Dì a loro** di non fare tanto rumore. (<u>Tell them</u> not to make so much noise.)

E io al duca: "**Digli** che non mucci,
e **dimanda** qual colpa quaggiù il pinse;

(Dante, Inferno XXIV, 127-128)

And I to the guide: " Tell him not to budge,
and ask him what crime penned him down
here; (**mucci**, fugga; **dimanda**, domanda)

## TRADURRE

1. Vestiti subito! Ritorna a casa presto! Non lo compri! Non lo comprare! Vieni!

2. Compriamogliele! Dagli il libro! Controllati la pressione del sangue! Dagli la tua penna!

3. Domandaglielo! Scrivetemelo! Me lo scriva! Glielo mandino! Ascoltatemi!

4. Si pettini i capelli! Si metta la cravatta! Signore non fumi qui! Abbi pazienza con Marco!

5. Non vengano a lezione domani! Bevete qualcosa! Accomodatevi e riposatevi!

6. Non vendere la tua macchina! È ancora nuova. Se proprio devi farlo, fallo domani!

7. Mi invii un telegramma! Me lo invii appena arriva. Inviaglielo subito! Inviateglielo!

8. Dagli dei consigli! Mi creda! Credigli! Non gli credere! Crede in Dio? Ci creda!

9. Va' subito a casa! Vacci subito! Non andarci! Andateci e rimaneteci!

10. Sia gentile con la professoressa! Le chieda di aiutarci! Le porti i nostri saluti.

11. Sappia che chiudiamo alle otto. Quindi venga prima di quell'ora.

12. Ci mandi una cartolina! ce la mandi da Atene. Ne mandi una anche a Leonora.

13. Abbia pazienza signora. Si alzino per favore! Fate silenzio! Faccia attenzione al traffico.

14. Mangiamo insieme oggi. Gli dica di entrare. Mi racconti qualche cosa. Dille di venire.

15. Chiedile di andare subito a casa. Pregali di andar via. Dica loro di ritornare subito.

## TRADURRE

### Batti, batti, o bel Masetto

Zerlina e Masetto stanno per sposarsi. Le festività sono incominciate, quando Giovanni appare sulla scena. Innamorato di Zerlina, lui cerca di portarla nel suo castello. In questa aria, una pentita Zerlina stuzzica (*teases*) e bacia il suo offeso fidanzato rimettendolo di buon umore.

Ma se colpa io non ho!
Ma se da lui **ingannata rimasi**...   forma passiva: *was deceived*
E poi che temi?
Tranquillati, mia vita:
Non mi toccò la punta delle dita.
**Non me lo credi?**   *Don't you believe me?*
Ingrato!
Vien qui, sfogati, ammazzami
**Fa'** tutto di me quel che ti piace;
ma poi, Masetto mio,
fa' pace.

Batti, o bel Masetto,
la tua povera Zerlina.
Starò qui come agnellina
le tue botte ad aspettar.
Lascerò straziarmi il **crine**,   *hair*
lascerò cavarmi gli occhi,
e le care tue manine lieta poi
saprò baciar.
Ah, lo vedo, non hai **core**:   cuore/ coraggio

Pace, o vita mia;
in **contenti** ed allegria   *contentment*
notte e **dì** vogliam passar,   giorno

(Wolfgang Amadeus Mozart. <u>Don Giovanni</u>. Libretto di Lorenzo da Ponte)


TRADURRE

## Laudes Creaturarum


**Altissimu** onnipotente **bon** signore,
    Tue **so** le laude, la gloria e l'honore et **onne** benedictione
    Ad te solu, altissimu, **se confanno,**

Et **nullu** homo **ene dignu** te **mentovare**.
**Laudatu si', mi** signore, **cum** tucte le tue creature,
    Spetialmente **messor lu frate** sole,
    Lo qual' è **jorno** et **allumeni** noi per lui;
    Et **ellu** è bellu e radiante cum grande splendore:
    De te, altissimu, porta significatione.
Laudatu si', mi signore, <u>per</u> **sora** luna e le stelle;      *on account*
    In celu **l'ai** formate **clarite** et pretiose e belle.
Laudatu si', mi signore, per frate ventu,
    E per aere et **nubilo** e sereno et onne tempu,
    Per le quale a le tue creature dài sustentamentu.
Laudatu si', mi signore, per sor acqua,
    La quale è molto utile e humele e pretiosa e casta.
Laudatu si', mi signore, per frate focu,
    Per lu quale **n'allumeni** la nocte,
    Ed ellu è bellu e jocondu e **robustosu** e forte.
Laudatu si', mi signore, per sora nostra matre terra,
    La quale ne sustenta e guverna,
    Et produce diversi fructi e colorati flori et herba.
Laudatu si', mi signore, per quilli **ke** perdonano per lo tuo amore,
    Et sostengo infirmitate e tribulatione:
    Beati quilli ke lo sosterrano in pace,
    **Ka** da te, altissimu, **sirano** incoronati.
Laudatu si', mi signore, per sora nostra morte corporale,
    Da la quale nullu homo vivente **po** skampare:
    Guai a quilli ke morrano in peccato mortale;
    Beati quilli ke se trovarà ne le tue sanctissime voluntati,
    Ka la morte secunda nol farrà male.
Laudate e benedicite lu mi signore et rengratiate
    Et serviateli cum grande humilitate. Amen.

**(San Francesco d'Assisi, 1182-1226)**

VOCABOLARIO: **Laudes Creaturarum,** titolo latino per <u>le laudi delle creature</u>. Questa poesia è conosciuta anche con il titolo di <u>Cantico di Frate Sole</u>. **Altissimu,** nota che la vocale finale **u**, in molte parole di questa poesia corrisponde a una **o**: altissimo, solo, bello; **bon,**buon; **so**, sono; **onne**, ogni; **se confanno**, si addicono, appartengono; **nullu**, nessun; **ene, è**; **dignu**, degno; **mentovare**, nominare; **Laudatu si'**, lodato sii; **mi**, mio; **cum**, con; **messor**, signore; **lu**, il; **frate**, fratello; **jorno**, giorno; **allumeni**, illumina; **ellu**, esso; **sora**, sorella; **l'ai**, le hai; **clarite**, chiare; **nubilo**, nuvoloso; **n'allumeni**, ne illumini; **robustosu**, robusto; **ke**, che; **Ka**, perchè; **siranno**, saranno; **po**, può.

## TRADURRE

### Costumi sessuali nella Roma antica

A Roma le leggi morali d'epoca repubblicana erano molto severe. Ogni rapporto più o meno illecito veniva etichettato con il termine di *stuprum* che, condannato anche penalmente comprendeva situazioni molto diverse fra loro: la violenza sessuale vera e propria e i rapporti con vedove, donne sposate e ragazzi liberi, anche se consenzienti. (*consensual*)
Un esile confine, dunque, separava questo reato dall'*adulterium* che risentiva (*felt the effects of*), giuridicamente, del dominante potere maschile. La punizione, di fatto, colpiva unicamente la donna, dalla quale era preteso un comportamento austero e consono al ruolo di madre; per un uomo sposato, perseguibile solo per l'offesa a un altro marito, era considerato del tutto lecito avere rapporti intimi con schiave e prostitute. Pure la decisione di abortire, almeno ufficialmente, spettava all'uomo, lasciando all'iniziativa femminile la scelta dei metodi contraccettivi: lavaggi accurati con lozioni di erbe, introduzione di pezzuole di lana imbevute di succo di limone, spalmature (*spreadings*)oleose, **pessari** di legno . Destinata ad essere madre di almeno un romano (col tempo il numero fu elevato a tre), repressa nei comportamenti sociali e nella sessualità coniugale, la donna romana riuscì ad ottenere una certa indipendenza solo nel periodo tardo repubblicano con l'entrata in vigore del nuovo contratto matrimoniale. Si passò, infatti dall'unione *cum manu*, nella quale mogli e figli erano sottoposti in tutto e per tutto al capofamiglia, al vincolo *sine manu*, che si limitava a imporre la tutela (*protection*) paterna. Almeno per le *matronae* più abbienti diventò per esempio, possibile in caso di divorzio o nuovo matrimonio, conservare il proprio patrimonio o eventuali eredità.
Ma già a partire dal II sec. a.C., nel tenore di vita edonistico che si diffuse a Roma su modello greco, tradimenti, divorzi e ogni tipo di libertà sessuali sono all'ordine del giorno. Lo stesso Augusto colpito negli scandali provocati dai suoi dissoluti parenti stretti, cerca di porre rimedio alla sfrenata (*unbridled*) vita sessuale (soprattutto delle classi alte) con

provvedimenti legislativi. Così si improvvisa (*turns himself/ acts as*) garante dell'istituzione matrimoniale e promuove provvedimenti per mettere ordine nel suo lussurioso impero. Ed ecco sussidi speciali per le coppie con figli, pari responsabilità penali per i due sessi, tasse per i celibi. Ma la normalizzazione è solo apparente e il tentativo di Augusto destinato a fallire. L'età imperiale - e nei suoi più autorevoli rappresentanti - sembra un'alcova senza limiti, come riferiscono storici e poeti. Accanto a Messalina, moglie di Claudio, che si faceva dipingere i capezzoli d'oro prima di gettarsi nelle orge con tribuni e gladiatori, non sfigurano (*look bad*) certo un Nerone o un Eliogabalo che celebravano le loro "nozze" con attori e atleti. Fra inevitabili squilibri affettivi, morbosità sessuali (descritte da Ovidio) ed esasperazioni letterarie di corte, in Italia, e nella stessa Roma, si andava comunque rafforzando una morale più austera che valorizzava il matrimonio e gli affetti familiari. Funzionari imperiali, amministratori delle provincie, borghesi piccoli e medi privilegiano rapporti interpersonali paritari, una condivisione coniugale di responsabilità sociali e gioie dell'eros. È il primo aggancio (*coupling*) pagano alla morale cristiana sempre più in espansione.

(Per gentile concessione di Marisa Ranieri Panetta. L'Espresso, 17 settembre, 1995, pp. 28-29.)

VOCABOLARIO: **Pessari** (specie di supposte, *suppositories*).

TRADURRE

**L'uomo e il mondo**

L'omo è detto **da li antiqui** mondo minore: e certo la dizione d'esso nome è bene collocata, **imperocché**, siccome l'omo è composto di terra, acqua, aria e foco, questo corpo della terra è somigliante. Se l'omo ha in sé ossa, sostenitori e armatura della carne, il mondo ha i sassi, sostenitori della terra; se l'omo ha in sé il lago del sangue, dove cresce e discresce il polmone nello alitare, il corpo della terra ha il suo oceano mare, il quale ancora lui cresce e discresce ogni sei ore per lo alitare del mondo; se dal detto lago di sangue derivan vene che si vanno ramificando per lo corpo umano, similimente il mare oceano empie il corpo della terra d'infinite vene di acqua. Manca il corpo della terra i nervi, i quali non vi sono, perché i nervi sono fatti al proposito del movimento, e il mondo, **sendo** di perpetua stabilità, non v'accade movimento, e non v'accadendo movimento, i nervi non vi sono necessari. Ma in tutte l'altre cose sono simili.

(Leonardo Da Vinci. 1452- 1519, dagli Apologhi)

VOCOBOLARIO: **Da li antiqui**, dagli antichi; **imperoché,** poichè; **sendo**, essendo;

Read the following passages and then write a summary in English providing as much information as you can

### Il superamento del dualismo agostiniano

Aurelio Agostino nacque nel 354 da una famiglia africana piccolo-borghese, romanizzata. Fu un grande teologo e filosofo universalmente considerato il massimo rappresentante della Patristica (Patristics) e il più grande Dottore della Chiesa. Egli chiaramente rappresenta nella struttura generale della sua opera La città di Dio, un grande modello di interpretazione teologica della storia universale. I ventidue libri dell'immenso capolavoro agostiniano che lo stesso autore con profonda coscienza definì *magnum opus et arduum*, (opera grande e difficile) ha esercitato un influsso così imponente sul pensiero religioso dell'Occidente che non si può negare che nella sua opera **sia prospettato** il maggiore sistema di teologia della storia elaborato dal pensiero cristiano occidentale dal V al XII secolo.

La genesi della Città di Dio è legata come è ben noto, ad un avvenimento sconvolgente della storia occidentale. Un evento che suscitò sia nel mondo pagano che cristiano, un senso di sgomento e di orrore. All'inizio del V secolo e precisamente nell'agosto del 410, le milizie barbariche di Alarico, re dei Visigoti occuparono e saccheggiarono Roma, che, sebbene da tempo decaduta, incarnava ancora potentemente il simbolo della civiltà romana e il mito epico dell'*imperium sine fine* (impero senza fine) celebrato dal grande poeta latino Virgilio. In più a Roma la Chiesa rimaneva depositaria delle nuove virtù cristiane e della nuova civiltà medievale, salvatrice del diritto e della lingua, ed esaltatrice della vita contemplativa ed ascetica del mondo cristiano. Sotto la **scossa** psicologica di questo tragico avvenimento, sant'Agostino iniziò la composizione della Città di Dio, ma il **movente** occasionale della composizione subito **venne trasceso** ed inserito in un più ampio e sistematico disegno con l'intento di enunciare le componenti fondamentali della sua ricca tematica speculativa e di comprendere e giudicare alla luce del provvidenzialismo cristiano, l'intero processo storico dalla creazione del mondo fino alla fine dei tempi.

Nasceva così la teologia della storia di sant'Agostino, con tutti gli elementi biblico-teologici e ascetico-religiosi in essa presenti e sovrapposti. Naturalmente spicca la visione cosmologica classica fondata sul presupposto dell'eternità del mondo. L'opera è divisa cronologicamente in sei grandi epoche, corrispondenti ai sei giorni della creazione del mondo secondo lo schema biblico pienamente accettato da sant' Agostino. La storia ha raggiunto la *plenitudo temporum* (la **pienezza** dei tempi) nella **sesta** età, con l'avvento di Cristo e l'inizio dell'era cristiana. Per rimarcare e suggellare la raggiunta *plenitudo* del processo storico dell'avvento di Cristo, sant'Agostino rigetta tutte le teorie sviluppatesi attraverso i millenni.

Avendo fissato e circoscritto lo svolgimento della storia universale nel ciclo delle "sei età" del mondo, sant'Agostino da filosofo dell'interiorità, si sofferma soprattutto a scrutare l'intrinseca struttura della storia per coglierne la sua interna dialettica ed insieme il disegno provvidenziale di Dio che in essa si realizza. Egli individua così nella struttura della storia due forze interagenti, due entità allo stesso tempo storiche o mistiche costituenti due forme fondamentali dell'essere nel mondo, due opposti modi di esistenza, due princìpi antagonistici: la Civitas Dei e la Civitas terrena, il regno dello spirito e quello della carne. Intorno a queste due realtà gravita tutto il corso storico. Queste due realtà inestricabilmente **fuse,** sono in perenne lotta fra loro e nella dialettica della loro irriducibile dualità e antinomia si svolgono tutte le vicende dell'umanità, vicende che vanno dalle origini dell'esistenza umana sino alla fine del mondo, quando la città di Dio trionferà definitivamente sulla città terrena.

Source: Antonio Crocco. "Il superamento del dualismo agostiniano," in <u>Storia e messaggio in Gioacchino Da Fiore</u>. Atti del I congresso internazionale di studi gioachimiti, S. Giovanni in Fiore, 1980.

**VOCABOLARIO: Sia prospettato** (is proposed/ shown); **scossa** ( shock); **movente** (motive, stimulus, cause); **venne trasceso** (passive,*was transcended*); **Pienezza** (fullness/ height); **sesta** (sixth); **fuse** (past participle of **fondere,***blend/ unite*).

**"Idiota"**

Il termine idiota, identico nella forma al latino da cui proviene, in italiano indica oggi una persona con un basso grado d'intelligenza e cultura **sia** reale che **presunto**. È questo il significato principale e quasi esclusivo, **registrato** per il suo uso attuale, dai dizionari. Idiota è una persona caratterizzata, almeno agli occhi di chi parla, da una vistosa e sconcertante stupidità, una persona senza qualità. Se si vuole offendere qualcuno, gli si dice di essere un perfetto idiota, **ossia** uno stupido, un imbecille. Il termine idiota è usato in questo senso anche in medicina sin dal secolo scorso; infatti per designare uno stato di insufficienza mentale è stato messo in circolazione il termine di idiozia. Ora, a proposito proprio di questa parola così poco simpatica nell'italiano attuale, un fatto importante è che idiota fu uno dei termini con cui san Francesco di Assisi qualificò volentieri sè stesso, e fu in seguito anche chiamato con questo termine dai suoi primi biografi, Tommaso da Celano e San Bonaventura. Non è **di poco conto** determinare il senso più vero del termine per una comprensione più esatta sia della persona che della spiritualità francescana. È necessario infatti esaminare se il significato, attribuitogli da san Francesco e dai suoi biografi, fosse lo stesso di quello che comunemente oggi possiede.

La questione è solo di carattere lessicale e non quella di voler qui stabilire quale fu il grado di cultura del Santo di Assisi. Si sa che san Francesco non fu nè un letterato nè un dotto o un approfondito conoscitore di una disciplina. Nè i suoi scritti nè i suoi biografi lo rivelano **tale**. Probabilmente egli non cessò mai, pur manifestando grande stima per i teologi di professione e per l'incremento degli studi nell'ordine, di nutrire una forte apprensione per il diffondersi tra i frati, dell'attività scientifica, la quale non fosse accompagnata da un profondo desiderio di vita di preghiera e di **ritiratezza**. In relazione al grado di cultura, è anche noto che, **oltre** a idiota, egli amò qualificarsi volentieri anche ignorante. Sull'effettivo grado di cultura del Santo di Assisi, alcuni anni fa ha scritto con grande accuratezza lo studioso O. Schmucki il quale ha chiaramente rivelato che san Francesco non fu un vero ignorante e illetterato, una persona priva di ogni cultura di base. Non fu però neppure, un letterato e un dotto. Fu uno che preferì restare anche dopo la conversione, con un grado di cultura simile alla gente comune, anche se cercò di arricchirla con una più assidua lettura della Bibbia e dei vangeli. Come rivela lo studio dello Schmucki, Francesco in fatto di cultura, fu un uomo a metà strada tra gli illetterati e i dotti. Quindi strettamente parlando è necessario precisare che Francesco d'Assisi non fu **di fatto,** un ignorante ed idiota.

Source: Anselmo Mattioli. "Idiota," in Il Santo. Rivista antoniana di storia, dottrina, arte. Anno XXVII, 1987.

VOCABOLARIO: **Sia** (*either*); **presunto** (immaginato); **registrato** (riportato, scritto); **ossia** (ovvero, cioè); **pure** (anche); **di poco conto** (di poca importanza); **tale** (*such*); **ritiratezza** (vita ritirata, riservatezza); **oltre** (*in addition to*); **di fatto** (in realtà).

# CAPITOLO VII

## COMPARATIVO E SUPERLATIVO

1. The following chart presents the comparative of equality and inequality, and the relative superlative. The comparison of nouns, verbs, adjectives, adverbs etc..........is used to show a difference in degree. The following are the Italian expressions of comparison:

**Più.....di** ( more.....than) + definite article. (del, della, dei, dello. degli etc...):

Roma è **più** grande **di** Milano. (Rome is bigger than Milan.)

Gina parla inglese **più** correttamente **della** sua amica. (Gina speaks English more correctly than her friend.)

**Meno.....di** (less.....than) + definite article. (del, della, dei, dello. degli etc...):

Mario è **meno** intelligente **del** fratello. (Mario is less intelligent than his brother.)

Antonio è **più** alto **di** me. (Antonio is taller than me.)

**Tanto/ così.....quanto/ come** (as....as/ as much....as):

Giovanni è **tanto** (**così**) alto **quanto** (**come**) Paolo. (Giovanni is as tall as Paolo.)

Mia sorella è (**così**) bella **come** tua sorella. (My sister is as beautiful as your sister.)

**Più/ meno.....che. Che** (than) is used intead of **di**, before infinitives, nouns, participles, adjectives, and in comparisons followed by a preposition:

Hanno bevuto **più** birra **che** vino. (They drunk more beer than wine.)

A Venezia ci sono **meno** veneziani d'estate **che** d'inverno. (In Venice there are less Venetians in Summer than Winter.)

I dittatori sono **più** temuti **che** rispettati. (Dictators are more feared than respected.)

Preferisce **più** lavorare **che** studiare. (She prefers working more than studying.)

**Più/ meno.....di quel che** + a verb in the indicative:

Questo capitolo è **meno** difficile **di quel che** credevo. (This chapter is more difficult than I believed.)

**Più/ meno.....di quanto** + a verb in the indicative or subjunctive:

Nerone era **meno** pazzo **di quanto** i romani pensassero (Nero was less mad than the Romans thought.)

**Il più/ il meno.....+** definite article (del, della, dei, dello. degli etc...):

Il Po è **il più** lungo fiume d'Italia. (Po is the longest river in Italy.)

**Il.....più/ il.....meno....** (the most/ the least) + definite article (del, della, dei, dello, degli etc...). See 14.

Il Po è **il** fiume **più** lungo d'Italia. (Po is the longest river in Italy.)

## SUPERLATIVO ASSOLUTO

The **superlativo assoluto** is formed:

**1.** By suffixing **-issimo/a/i/e** to the stem of the adjective or adverb after dropping its last vowel:

Caterina è una ragazza intelligent-**issima** ma studia poch-**issimo**. (Caterina is a very inteligent girl but she studies very little.) See note: c.

Le Ferrari sono automobili **costosissime**. (The Ferraris are very expensive cars.)

**2.** By placing before the adjective or adverb, an adverb such as **assai, molto, estremamente**:

Luigi è un uomo **estremamente coscienzioso**. (Luigi is an extremely conscientious man.)

**3.** Sometimes by repeating twice the adjective or adverb:

Camminava **piano piano** perchè era malato. (He walked quite slowly because he was ill.)

**4**. By prefixing to the adjective words such as **ultra-**, **arci-**, **sovra-**, **stra-**:

Il teatro era **sovraffollato** di persone **straricche**. (The theater was over crowded with very rich people.)

As we have seen above, adverbs can be compared like adjectives, however the adverbs listed in the following chart, have an irregular comparison:

| | | |
|---|---|---|
| **Bene** (well) | **meglio** (better) | **benissimo** (very well) |
| **male** (bad) | **peggio** (worse) | **malissimo** (very badly) |
| **molto** (much) | **più** (more) | **moltissimo** (very much) |
| **poco** (little) | **meno** (less) | **pochissimo** (very little) |

Carlo scrive tedesco **meglio** di Roberto perchè studia di **più**. (Carlo writes German better than Roberto because he studies more.)

Caterina è uscita, sta **benissimo**. (Caterina went out, she is very well.)

Note the contrast among the comparative, superlative and absolute superlative forms of **buono** and **cattivo** with respect to **bene** and to **male**:

| Aggettivo | comparativo | superlativo relativo | superlativo assoluto |
|---|---|---|---|
| **Buono** | **migliore** (better) | **il migliore** (the best) | **ottimo** (very good) |
| **cattivo** | **peggiore** (worse) | **il peggiore** (the worst) | **pessimo** (very bad) |
| **grande** | **maggiore** (bigger) | **il maggiore** (the biggest) | **massimo** (the greatest) |
| **piccolo** | **minore** (smaller) | **il minore** (the smallest) | **minimo** (the smallest) |

Questa è **la peggiore** traduzione della Divina Commedia. (This is the worst translation of the Divina Commedia.)

Ho letto un **ottimo** romanzo. (I read a very good novel.)

Ho avuto delle esperienze **pessime** in quella città. (I had some <u>very bad</u> experiences in that town.)

Mi devi ascoltare con **la massima** attenzione. (You have to listen to me with <u>the greatest</u> attention.)

Non mi ha dato **il minimo** aiuto. (S/he did not give to me <u>the smallest</u> help.)

NOTE:

a. The absolute superlative of an adverb can also be formed by suffixing **-mente** to the feminine singular form of the absolute superlative of the adjective:

Guidava la sua macchina velocissima**mente**. (He used to drive his car very fast.)

b. Some adjectives whose ending are **-re** and **-ro**, take the ending **-errimo/a/i/e** in the absolute superlative forms:

<u>Il principe</u> di Macchiavelli è un'opera **celeberrima**. (The Prince of Macchiavelli is a <u>very famous</u> work.)

c. Adjectives ending in **-co, -go,** add an **h** before **-issimo/a/i/e** and adjectives ending in **-dico, -fico** add **-entissimo/a/i/e** to the stem.

Questi sono testi **antichissimi**. (These are very old texts.)

La sua **magnificentissima** figura ebbe una grande influenza su tutti noi. (Her <u>very magnificient</u> figure affected us all.)

d. The **superlativo relativo** of an adverb is made by placing **il** before the comparative form:

Il direttore ci parlo **il più cordialmente** di tutti. (The director spoke to us the <u>most cordially of all.</u>)

e. Depending on meaning, the forms of **maggiore** and **minore** can refer to age or importance:

Pina è **la maggiore** delle sorelle. (Pina is <u>the oldest</u> of her sisters.)

Leopardi è il nostro **maggiore** poeta lirico. (Leopardi is our <u>greatest</u> liric poet.)

TRADURRE

1. Alla conferenza c'erano meno di 30 persone.

2. Mario beve più di te, ma fuma meno di tutti.

3. Questo esame è più complicato di quel che pensavamo.

4. La mia cravatta non è così bella come la tua. La sua è la più bella di tutte.

5. Quella tua amica è tanto simpatica quanto bella. Non tutte le ragazze sono così.

6. La piscina non è tanto grande quanto lui credeva. La credeva più grande della nostra.

7. D'estate in questa città ci sono più stranieri che italiani.

8. È più facile leggere che scrivere.

9. Ci sono più turisti a Roma che a Milano.

10. Molti italiani imitano le peggiori e non le migliori idee degli americani.

11. Il suo fratello minore canta magnificamente.

12. Io conosco il greco meglio di te, infatti ho letto l'Odissea direttamente dal greco.

13. Maria parla tanto chiaramente quanto Giorgio.

14. L'ufficio postale è così vicino come la libreria.

15. Alcune persone parlano così rapidamente che non riesco a capirle.

16. La prima lezione era più facile della seconda. L'ultima era difficilissima.

18. Giovanni e Paolo agiscono più diligentemente di Giorgio.

19. Ci spiegò il teorema di Euclide nel modo più chiaro possibile.

20. La cosa migliore che Claudio abbia potuto fare è stata quella di riprendere gli studi.

21. Fa più freddo sulle Alpi che sugli Appennini.

22. La civiltà etrusca è più antica di quella romana.

23. Molti pensano che la basilica di San Pietro sia la chiesa più bella del mondo.

24. Nessuno nuota meglio di mia cognata. Lei è una nuotatrice bravissima.

25. Tutti hanno imparato meglio di quanto credessi.

26. Il calcio è lo sport più popolare del mondo.

27. Questi sono i migliori ristoranti di Roma.

28. Si decise frettolosamente. Avrebbe dovuto aspettare un'occasione migliore.

29. Tutti credono che il suo minimo problema siano i soldi. È un uomo stracarico di soldi.

30. Ona delle civiltà più avanzate e attraenti del mondo antico fu quella degli etruschi.

31. Ci hanno servito un riso stracotto.

## Il Filosofo e Pulcinella

Nella prima parte di questo secolo un uomo piú di ogni altro ha cercato di capire come funzionano i linguaggi, e in particolare le parole. Era un austriaco, ingegnere e poi filosofo: Ludwig Wittgenstein (1889-1951). Ancora giovane, egli scrisse un primo libro molto importante, al quale dette un titolo latino (ma il resto del libro era in tedesco): *Tractatus logico-philosophicus* (1922). Il Trattato logico-filosofico è l'ultima grande opera scientifica nella quale **si sia cercato** di sostenere che una lingua è un calcolo, che le frasi sono come operazioni aritmetiche con i loro simboli funzionali (le preposizioni, le congiunzioni, ecc.) e i loro numeri (le parole).

Diversi anni dopo, al giovane austriaco **fu offerto** di studiare e insegnare all'università di Cambridge in Inghilterra. Wittgenstein accettò. E visse prevalentemente in Inghilterra fino alla morte. A Cambridge, egli incontrò un ambiente scientifico e intellettuale degno di lui. Tra gli altri, incontrò un grande economista di origine italiana, andato via dall'Italia perchè antifascista e grande amico di Antonio Gramsci: Piero Sraffa (1898-1983). Specialmente con Sraffa, Wittgenstein ebbe conversazioni lunghe e appassionate sulle sue teorie. A Sraffa cercava di spiegare i suoi punti di vista, per cui le parole di una frase o sono simboli funzionali delle operazioni da eseguire (*execute*) con le parole o sono parole, il cui valore sta negli oggetti che rappresentano. E la frase è quindi una fila ordinata di simboli, una 'struttura', né piú né meno delle espressioni dell'aritmetica o dell'algebra.

Raccontano le storie che un giorno la discussione diventò molto **accalorata**. Sraffa resisteva agli argomenti di Wittgenstein. E a un certo punto, per manifestare la sua incertezza e il suo disaccordo, fece un gesto tipico della sua patria, un tipico segno del linguaggio dei gesti nato a Napoli e diffuso in Italia.

Da molti secoli a questa parte Napoli è stata la capitale, la Firenze del linguaggio per i gesti o 'gestuale'. Tra i molti gesti, un posto importante hanno i vari tipi di **grattatine**. Per esempio, c'è la grattatina sulla testa. **La si fa** quando non **ci si ricorda** qualcosa, per significare "aspetta, **sto cercando** di ricordare". (Pulcinella [*Punch*] che era un grande osservatore di fatti linguistici e semiologici, amava dire nel suo latino un po' improvvisato: *grattatio capitis facis recordare cosellas*, "la grattatina della testa **ci fa** ricordare le cose anche piú minute"). Ma nella serie delle grattate che hanno valore di segni c'è anche un'altra grattatina. È quella che si fa, di solito con la punta delle dita della mano destra, **sfregando** la parte sinistra del mento (*chin*) ripetutamente, dal basso in alto, da destra verso sinistra. Il gesto è carico di significati. **A tradurlo** in parole ci vuole un intero discorsetto, che piú o meno potrebbe essere questo: "Sí, vedo. Certo, le cose pare proprio che stiano cosí. Però, eh: c'é qualcosa che non vedo, ma sento che c'è, e che non mi persuade. No, forse le cose non stanno cosí. Ma nemmeno di questo sono sicuro".

Ebbene, (*well*) la storia dice che un giorno, quel giorno, l'economista italiano Sraffa fece proprio quel gesto. E Wittgenstein d'improvviso restò come di sasso. Un pensiero attraversò la sua mente e, da quel momento, non lo abbandonò piú. Il gesto di Sraffa era certamente un segno. Esprimeva, e bene, qualcosa. Ma inutilmente nel gesto **si sarebbe cercato** il pezzo che voleva dire "sí" e il pezzo che voleva dire "sicuro", il pezzo che voleva dire "sento" e il pezzo che voleva dire "cose", e **via seguitando.** Il segno tutt'insieme serviva a comunicare un'esperienza. E rispondeva bene a questo scopo, perché si incastrava (*fit in*) in una certa particolare situazione. Un segno, per essere tale, non deve essere necessariamente una struttura come una formula matematica. Ma deve essere sempre, invece, qualcosa che si inserisce in una catena di rapporti tra persone, tra esseri che interagiscono.

Tullio De Mauro. <u>Guida all'uso delle parole</u>. Editori Riuniti: Roma, 1983, pp. 65-66.

VOCABOLARIO: **Si sia cercato** (it has been attempted/ tried); **fu offerto** (was offered); **accalorata** (heated); **grattatine** (little scratchings); **la si fa** (one does it ); **ci si ricorda** (one does remember it); **sto cercando** (I am trying to...); **ci fa** (make us); **sfregando** (rubbing); **A tradurlo** (to translate it); **potrebbe** (it could); **stiano** (are like); **si sarebbe cercato** (one would have looked for); **via seguitando** (and so on).

## FORMA PASSIVA

**1.** In Italian the passive construction is less common than in English. The object of an active verb becomes the subject of the corresponding passive sentence. A verb is rendered in the passive voice when the subject is receiving the action. In a passive sentence the verb **essere** appears before the main verb which is in the past participle form. Look at the following sentences:

| Frasi nella forma attiva | frasi nella forma passiva |
|---|---|
| Anna **lava** i piatti. | I piatti **sono (vengono) lavati** da Anna (dishes are washed by Anna) |
| L'avvocato **difende** l'imputato | L'imputato **è (viene) difeso** dall'avvocato (the defendant is defended by the lawyer) |
| ha difeso | **è stato difeso** |
| difendeva | **era (veniva) difeso** |
| aveva difeso | **era stato difeso** |
| difese | **fu difeso (venne)** |
| ebbe difeso | **fu stato difeso** |
| difenderà | **sarà difeso (verrà)** |
| avrà difeso | **sarà stato difeso** |
| difenderebbe | **sarebbe (verrebbe) difeso** |
| avrebbe difeso | **sarebbe stato difeso** |
| difenda | **sia (venga) difeso** |
| abbia difeso | **sia stato difeso** |
| difendesse | **fosse (venisse) difeso** |
| avesse difeso | **fosse stato difeso** |

If the main verb of the active sentence is an infinitive or a gerund, the corresponding passive forms are:

| difendere | **essere difeso** |
|---|---|
| avere difeso | **essere stato difeso** |
| difendendo | **essendo difeso** |
| avendo difeso | **essendo stato difeso** |

Roma **fu fondata** nel 753 avanti Cristo. (Rome was founded in 753 B.C.)

Da chi **fu assassinato** Giulio Cesare? (By whom was Julius Caesar assassinated?)

Giulio Cesare **venne assassinato** da Bruto. (Julius Caesar was assassinated by Brutus.)

Dubito che il signor Paci **sia (venga) difeso** dall'avvocato Belli. (I doubt that Mr. Paci be defended by counselor Belli.)

Pensavamo che questa lezione **fosse** già **stata spiegata**. (We thought that this lesson had already been explained.)

Anche Mario **sarebbe stato invitato** alla festa se si fosse comportato bene. (Mario also would have been invited to the party had he behaved well.)

Questo affresco deve **essere stato eseguito** da un artista della scuola di Raffaello. (This fresco must have been executed by an artist of Raffaello's school.)

**Essendo state ricevute** in ritardo fu difficile rispondere a tutte le lettere. (Having been received late it was difficult to answer all the letters.)

**2.** When the agent is not expressed, by placing **si** before the third person singular or plural of the verb, or by suffixing it to the infinitive or gerund, the passive construction becomes an impersonal form with the verb in the active form. The **si** of this construction in Italian is called "**si passivante.**"

**Si vendono** appartamenti. (Apartments are sold.)

Non **si accettano** (sono accettate) carte di credito. (Credit cards are not accepted.)

Domani **si celebrerà** (sarà celebrato) il cinquantesimo anniversario della morte di Benedetto Croce. (Tomorrow it will be celebrated the fiftieth anniversary of Benedetto Croce's death.)

In quella conferenza **si parlò** (fu parlato) delle piramidi egiziane. (In that lecture it was spoken about Egyptian pyramids.)

Da **consumarsi** (essere consumato) entro il 1998. (To be consumed not later than 1998.)

L'anno scorso in Italia **si sono vendute** (sono state vendute) più macchine che biciclette. (Last year in Italy more cars than bicycles were sold.)

**Si dice** (è detto) che Plinio il Vecchio morisse durante l'eruzione del Vesuvio nel 79 d.C. (It is said that Pliny the Elder died in the eruption of mount Vesuvius in 79 AD.)

Non **si capiva** se fosse italiana o straniera. (It could not be understood if she was Italian or foreigner.)

**3**. Some passive impersonal constructions are common in Italian:

**A Napoleone fu ordinato** di rimanere nell'isola di Sant'Elena. (Napoleon was ordered to remain in Saint Elena Island.)

**Mi fu detto** di studiare di più se volevo superare gli esami. (I was told to study more if I wanted to pass the exams.)

**Gli fu proibito** di ritornare in patria. (He was prohibited to return to his home land.)

Se fossi rimasto a Roma **mi sarebbe stato offerto** un bel lavoro. (Had I remained in Rome, I would have been offered a good job.)

Nel primo secolo a. C., **si dice** che la gente di origine etrusca, incontrata da Dionisio di Alicarnasso, avesse rivendicato di essere nativa della penisola italiana.

(In the first century BC., the people of Etruscan ancestry, encountered by Dionysius of Halicarnassus, are said to have claimed they were native of the Italian peninsula.)

NOTE:

**1**. The past participle of transitive verbs has usually a passive meaning:

Se **studiata** bene, questa lezione chiarirà molte idee. (If studied well, this lesson will clarify many ideas.)

**Pulito** bene, quel vestito pareva quasi nuovo. (Having been cleaned well, that dress seemed almost new.)

**2**. Occasionally passive constructions in Italian besides **venire**, use **rimanere** and **andare** as auxiliary verbs:

Questo problema **va risolto** (deve essere risolto) in questo modo. (This problem is/ has to be solved in this way.)

**Siamo rimasti** (stati) **colpiti** dalla sua morte improvvisa. (We were shocked by his unexpected death.)

Il ponte **rimase distrutto** dal terremoto. (The bridge was destroyed by the earthquake.)

TRADURRE

1. La luce elettrica fu inventata da Edison prima che io nascessi.

2. Il pranzo si serve da mezzogiorno all'una.

3. Dovrebbero essere costruiti più ospedali.

4. L'inflazione deve essere controllata al più presto.

5. Rimasero feriti nell'incidente.

6. Quell' articolo andava letto con più attenzione.

7. La Cappella sistina fu affrescata da Michelangelo.

8. Qui si parlano molte lingue straniere ma non si accettano assegni per viaggiatori.

9. Negli Stati Uniti si celebrano poche feste religiose.

10. Siamo rimasti sorpresi dalla sua improvvisa partenza.

11. Molti ponti, strade e acquedotti furono costruiti dai romani.

12. Essendo stato criticato da più persone, il chirurgo si rifiutò di operare.

13. La navicella spaziale fu esaminata meticolosamente prima di essere lanciata.

14. Mi fu ordinato di prendere due pillole al giorno, e mi fu proibito di bere vino.

15. Quando fu costruito il Colosseo? Penso che sia stato costruito nel primo secolo dopo Cristo.

16. Benchè fosse stato riparato, il suo televisore non funzionava.

17. Questo materiale viene riciclato e usato per costruire scatoloni di cartone.

18. Ci è stato detto di presentarci nel suo ufficio prima delle nove.

19. Queste poesie dovrebbero essere tradotte in inglese prima di essere pubblicate.

20. Secondo alcuni studiosi le piramidi egiziane sarebbero state costruite con l'uso di tecnologia avanzatissima per quei tempi.

21. Giorgio era rimasto sconvolto dall'incidente e non voleva tornare a casa.

22. Secondo una famosa leggenda, Romolo e Remo sarebbero stati allattati da una lupa.

23. Molti manoscritti sarebbero andati perduti se non fossero stati trascritti dai Benedettini.

24. Nella seconda metà del '500 al pittore Daniele da Volterra venne ordinato di coprire con dei panneggi le figure del Giudizio Universale considerate scandalose.

25. È stato deciso dai restauratori vaticani di togliere alcune mutande ai nudi michelangioleschi

## William Shakespeare

William Shakespeare nacque nella cittadina di Stratford-upon-Avon verso il 1590. Di lui abbiamo soltanto poche notizie biografiche. Sappiamo che Shakespeare fu molto attivo a Londra dove fu riconosciuto e apprezzato come compositore di sonetti, ma soprattutto come drammaturgo, e sappiamo che lavorò per la compagnia di Lord Chamberlain, che divenne poi nel 1603 "The Royal Company." William Shakespeare fu anche attore e proprietario del teatro "The Globe." Le opere di Shakespeare vengono generalmente suddivise in tre fasi: una fase iniziale di tirocinio, una fase caratterizzata dalla rappresentazione di drammi storici e di commedie brillanti e la fase maggiore dove esplode una forte carica tragica. Molte tragedie di Shakespeare sono ambientate nell'antica Roma e si concentrano su personaggi eroici travolti dal male e dalla follia. Dal 1608 fino alla sua morte Shakespeare approfondì il complesso rapporto che esiste tra l'illusione scenica e la vita: tutto il mondo è un palcoscenico.

## Scoperte archeologiche in Messico

Iscrizioni in cinese antico risalenti a 400 anni A.C. sono state rinvenute in alcune piramidi del Messico Occidentale. Lo ha dichiarato l'antropologo americano Neil Steed il quale ha affermato che tra le rovine ci sono disegni con raffigurazioni di individui asiatici e negroidi e figure di elefanti che erano ignoti in America, e che quindi sarebbero stati disegnati da popolazioni provenienti dall'Asia. Il ritrovamento, se confermato, toglierà a Cristoforo Colombo la paternità della scoperta del continente americano. Le popolazioni asiatiche lo avrebbero preceduto di quasi due millenni.

Le iscrizioni sono incise su mattoni che compongono le pareti di nove piramidi, portate alla luce in questo sito archeologico del Messico. Secondo Steed, le nove piramidi sono le prime ad essere scavate su un totale di 360 presenti nella zona archeologica. Nel corso degli scavi, iniziati nel 1979, lo studioso americano ha constatato che quasi il 3 per cento dei mattoni erano coperti da iscrizioni o disegni, e alcuni dei quali non erano di origine Maya.
Neil Steed, che lavora per il ministero della pubblica istruzione messicana, ha aggiunto che l'origine asiatica e le date delle iscrizioni sono state stabilite da esperti dell' "Epigraphy Society" negli Stati Uniti alla quale erano stati spediti alcuni esemplari. L'ipotesi della scoperta dell'America da parte di popoli orientali circola già da diversi anni e non è la prima volta che vengono portate prove in questo senso; mai però prove così evidenti come quelle

che Steed afferma ora di avere trovato. L'ultima in ordine di tempo venne lo scorso anno quando fu annunciato il ritrovamento di noccioline americane in una località archeologica cinese risalente a tre mila anni avanti Cristo.

READ THE FOLLOWING PASSAGES AND THEN WRITE A SUMMARY IN ENGLISH PROVIDING AS MUCH INFORMATION AS YOU CAN

## L'incidenza delle catastrofi:

C'e il rischio, parlando di un mondo in crisi come quello del Trecento, di **calcare le tinte**. Lo studioso deve evitarlo: prima di tutto, perché i documenti, numerosissimi per questo periodo, sono stati analizzati solo per sondaggi (e quando si procede per sondaggi sono i tratti eccezionali che colpiscono, non ciò che è normale); in secondo luogo, perché, l'uomo medievale, così temprato e resistente, è certamente meno sensibile ai disagi di quanto noi, abituati a una civiltà complicata e fragile, possiamo pensare. Ma, fatta questa precisazione, non avremo paura di indugiare più sui dati eccezionali che sui dati normali, giacché quelli non sembrano semplici "episodi", bensì lacerazioni profonde e talora insanabili per l'umanità dell'epoca.

Eccezionali e catastrofiche furono in primo luogo le carestie, prodotte da congiunture naturali tra cui un eccesso di **piovosità**. Il fenomeno non **accadde** una volta sola, ma due, tre, anche più volte nel corso di ogni decennio; e ogni volta i morti per inedia o in seguito a troppe privazioni erano anche il 10 percento e più della popolazione, soprattutto della popolazione urbana. A Firenze, nel 1347, furono colpiti "**spezialmente** i poveri e impotenti": ne morirono circa 4000.

Altro flagello: le guerre e i saccheggi. Non sono certo una novità nel Medioevo; ma in quest'epoca essi si accentuano. C'è ad esempio, come vedremo, una guerra tra Francia e Inghilterra che dura, **pur** con varie pause, dal 1337 al 1453 (la **cosiddetta** "guerra dei Cento Anni"). Gli eserciti, sempre più formati da mercenari, cioè da soldati di professione, portavano violenze e rovine ovunque passassero: persone uccise o ferite, bestiame sgozzato o disperso, fienili e granai saccheggiati e incendiati, interi **vigneti** tagliati. Quando si stanziavano in una località, non era neanche più possibile lavorare i campi.

Terzo flagello: le pesti. La più conosciuta è la *Peste Nera* che fece strage in Europa nel 1348-1351. Ma almeno dieci furono le epidemie che a intervalli irregolari colpirono varie zone dell'Occidente fin verso la metà del secolo XV: nel 1361, nel 1375, nel 1390, nel 1400, ecc. Non c'erano rimedi: troppo arretrate le conoscenze mediche; assolutamente mancanti i mezzi terapeutici; spaventose le condizioni igieniche: la gente si lavava poco, viveva spesso in promiscuità con gli animali, beveva latte e acqua anche infetti, indossava abiti sudici, lasciava immondizie e rifiuti organici davanti alla porta di casa o nei cortili. Il morbo non risparmiò neppure i centri rurali. Si calcola che ci siano stati, sommando tutte le epidemie, milioni di morti. Di certo, la popolazione europea si ridusse di almeno un terzo. **Bisognerà** giungere alla metà del secolo XVI perchè l'Europa torni ad avere i circa 50 milioni di abitanti che la popolavano ai primi del Trecento.

Giorgio Cracco. Corso Di Storia: Il Medioevo. S.E.I. Torino, 1984. pp. 249-250.

VOCABOLARIO: **Calcare le tinte** (*to exagerate/ lay stress upon*, **tinta**/ *dye*); **piovosità** (*rainfall*); **accadde** (passato remoto di **accadere**, terza persona singolare); **spezialmente** (specialmente); **pur** (anche se); **cosiddetta** (*so called*); **vigneti** (*vineyards*); **Bisognerà**, (sarà necessario).

## Il Battistero

Il **Battistero**, il "bel S. Giovanni " di Dante, risale secondo alcuni al V secolo, secondo altri al XI secolo, e fu fabbricato sull'area di un sontuoso edificio del secolo I, mettendo in opera copiosi materiali marmorei tolti alle rovine di monumenti romani. È un edificio a pianta diagonale, interamente rivestito da lastre di marmo bianco e verde di Prato a scomparti geometrici. Le facce sono spartite da lesene, sormontate da una trabeazione in basso, da arcate a tutto sesto in alto; un attico aggiunto nel secolo XIII sorregge un tetto a piramide che nasconde la cupola, culminante in una lanterna cuspidata. Pure nel secolo XIII fu sostituita l'abside semicircolare con l'attuale tribuna rettangolare. Fu cattedrale di Firenze fino al 1128, quando l'accresciuta popolazione determinò il trasferimento della cattedrale in S. Reparata, e qui venne portato il fonte battesimale.

Di eccezionale interesse le tre porte di bronzo che, rimosse durante l'ultima guerra, sono state ricollocate al loro posto nel 1948, dopo averne riportato in luce la primitiva doratura. Questa, limitata nella porta di Andrea Pisano e nella prima porta del Ghiberti alle borchie della cornice ed ai gruppi di figure entro i quadriboli, ricopriva invece interamente la Porta del Paradiso, che oggi risplende nuovamente in tutto il suo primitivo fulgore, liberata dalla patina di sporco e dalla fioritura di verderame prodotta dal bronzo attraverso i secoli.

(Firenze e dintorni, Touring Club Italiano, Milano 1950, p. 71)

# TRADURRE

### Vesti la giubba

| | |
|---|---|
| **Vesti la giubba** | *Put On Your Costume* |
| **Recitar**! Mentre preso dal delirio | *To act!* |
| non so più quel che dico e quel | |
| che faccio! Eppur, **è d'uopo** | è necessario (*you must*) |
| sforzarti! Bah sei tu forse un | |
| uom? Ah! Ah! Ah! Ah! | |
| | |
| Tu se' pagliaccio! | |
| | |
| Vesti la giubba e la faccia **infarina**. | *powder* (imperativo di infarinare) |
| La gente paga e rider vuole qua. | |
| E se Arlecchin **t'invola** Columbina, | *steals* |
| ridi, Pagliaccio e ognun | |
| applaudirà! Tramuta in **lazzi** lo | *jokes* |
| **spasmo** ed il pianto; in una | *pain* |
| **smorfia** il singhiozzo e 'l dolor. | *funny face* |
| Ah! | |
| | |
| Ridi Pagliaccio, sul tuo amore | |
| **infranto**! | *broken* |
| Ridi del **duol** che t'avvelena il cor! | dolore |

(Ruggero Leoncavallo, 1858-1919, I Pagliacci)

### Il medioevo

Non è da meravigliarsi se durante questo periodo, molte persone scosse dal pauroso disordine e desolazione portata dalle invasioni barbariche si siano rivolte sempre più verso Dio. Assistiamo quindi in questo periodo a un rapido sviluppo del monachesimo occidentale e al diffondersi di monasteri dappertutto.

San Benedetto (480-543) fondatore di un nuovo ordine religioso a Monte Cassino, fu un uomo di genio e di straordinaria bontà. Lui influenzò grandemente la vita religiosa del suo tempo portando regole più umane e tollerabili nei monasteri occidentali. Benchè rigorosa, la regola benedettina ripudiava gli eccessi: proibiva l'ozio e richiedeva che i monaci partecipassero al lavoro manuale nei campi e nei chiostri. Inoltre ai monaci non era permesso di possedere proprietà perchè la regola benedettina non faceva distinzione tra ricchi e poveri, padroni e servi, romani e barbari. Tutti gli uomini erano simili al cospetto di Dio.

Il concetto di introdurre lavoro intellettuale nei monasteri venne da Cassiodoro (468-562), statista e segretario dell'imperatore Teodorico. Questa idea fu immediatamente accettata dai benedettini, e perciò durante questo periodo di feroci lotte politiche nella pace dei monasteri furono trascritte dai monaci molte opere antiche che altrimenti sarebbero andate distrutte o perdute. Dobbiamo al lavoro di fede e carità dei benedettini se la sapienza e la cultura del mondo classico furono preservate per le generazioni future.

## FORMA IMPERSONALE E VERBI DIFETTIVI

**1.** The reader of this book is already familiar with a number of impersonal constructions and with the usage of some impersonal verbs, verbs which do not have a specific person as subject or which are not conjugated in all persons. For instance a very common impersonal construction with which we are familiar, is the verb **essere** combined with an adjective:

**È importante** saper leggere una lingua straniera. (It is important to be able to read a foreign languare.)

**È ovvio** che il pronome inglese *it* non ha un equivalente in italiano nelle costruzioni impersonali. (It is obvious the English pronoun *it* has no equivalent in Italian in impersonal constructions.)

Other verbs that require an impersonal construction are verbs that describe meteorological conditions. They are used only in the third person singular:

Oggi **fa freddo** e **nevica.** (Today it is cold and it is snowing.)

**Ha (è) piovuto** tutto il giorno. (It has been raining all day.)

Quando **lampeggia e tuona**, è anche **possibile** che **grandini**. (When there is lightning and thunders, also it is possible that it hails.)

Prima **nevicò** e poi **tirò vento**. (First it snowed and then it was windy.)

Durante l'estate **annotta (si fa notte)** tardi. (In Summer it gets dark late.)

Verbs expressing necessity, impression or occurrence (**accade, avviene, basta, bisogna, capita, conviene, importa, occorre, pare, scade, succede**) also require an impersonal construction:

**Bisogna** arrivare all'aeroporto prima delle sei. (We need/ it is necessary to arrive to the airport before six.)

**Mi pare** che non fosse interessato alla nostra offerta. (It seems to me/ I think he was not interested in our offer.)

Per fare domanda di lavoro, **basta** inviare una lettera ed il curriculum vitae. (To apply for the job, one needs only to send a letter and a curriculum vitae.)

**Non importa** se viene con noi anche tua suocera. (It doesn't matter if your mother in law is coming with us.)

Spesso **mi capita** di sognare eventi della mia infanzia. (I often happen to dream about my childhood events.)

**Accadde** che il re dovette lasciare l'Italia. (It happened that the king had to leave Italy.)

Ieri **è scaduta** la data per presentare il ricorso in appello. (The date to present the appeal expired yesterday.)

Cosa **succedeva**? C'era molta confusione, chi andava e chi veniva. (What was happening? there was a great confusion, people were coming and going.)

The verb **piacere** and **dispiacere** as we have seen, in a previous chapter, have an impersonal construction:

Gli **dispiacque** molto quando venne a sapere della morte della sua amica. (He was very sorry when he found out about his friend death.)

Mi **piace** leggere la storia degli Etruschi. (I like to read Etruscan history.)


**2.** The impersonal construction with **si** is the most common since almost all Italian verbs can be used impersonally. This construction, which shows similarity to the passive construction in its impersonal form, may have **si** placed before the third person singular or plural of the verb:

In Italia oltre all'italiano, **si parlano** anche tanti dialetti. (In Italy besides Italian, people speak also many dialects.)

A Firenze la vita è cara ma **si vive** bene. (<u>One lives</u> well in Florence, but it is expensive.)

Quando **si è in vacanza ci si diverte** a fare lunghe passeggiate. (When<u> one is in vacation, one has good time </u>in taking long walks.)

Quando **si è a dieta, non si deve** mangiare molta carne di manzo. (When <u>dieting people are not supposed</u> to eat much beef.)

**Si spendono** molti soldi nella pubblicità di prodotti non necessari. (A lot of money <u>is spent </u>for the advertisement of unnecessary products.)

**Si vede** che conosce bene la letteratura del Rinascimento. (<u>One can tell </u>that s/he knows well Renaissance literature.)

**Ci si fermò** ad Alessandria prima di arrivare a Torino. (<u>We stopped</u> in Alessandria before arriving in Torino.)

Benchè **si fosse bevuto** molto, nessuno era ubriaco. (Although <u>people drunk</u> a lot, no one was drunk.)

**Si pensa** che **si è felici** solo se **si è ricchi**. (<u>One thinks</u> that<u> one is happy</u> only if <u>one is rich.</u>)

**Si sprecò** molto tempo a fare cose inutili. (<u>It was   wasted</u> lot of time in doing useless things.)

**Si raccomanda** di usare le catene a causa del mal tempo. (<u>One is advised</u> to use snow chains because the bad weather.)

Come **si dice** trapano in inglese? **Si dice**  *drill..* (<u>How do you say</u> "trapano" in English? <u>One says it</u> drill.)


**3**. Many of the verbs describing weather conditions may also be used personally, especially with figurative language:

I suoi occhi **lampeggiarono** alla vista di tale bellezza. (Her eyes  <u>flashed</u> at   the sight of such beauty.)

Ernesto **tuonò** parole che misero in difficoltà gli ospiti. (Ernesto <u>thundered</u> words which put  the guests in difficulty.)


The verb **piacere** also has a personal construction:

Il mio saggio è **piaciuto** al professore. (The professor <u>liked</u> my essay.) Literally: my essay pleased the professor. [See **piacere,** chapter III]


In the impersonal construction of reflexive verbs,  use **ci**  before the reflexive **si**   as impersonal pronoun to avoid a combination of **si + si**:

Negli Stati Uniti **ci si** sposa molto giovani. (In  US. people get married very young.)

D'estate **ci si** alzava presto tutti i giorni. (In Summer we used get up early every day.)

An adjective used with the impersonal **si** construction is in the plural:

Quando **si è sani** e **intelligenti** si ha tutto. (When we are healthy and intelligent we have everything.)

In the impersonal construction the past participle is invariable or has an agreement depending whether the verb is conjugated with **avere** or **essere** in the active form:

Quando **si è studiato** poco si ha paura dell'esame. (When one has studied a little, one is afraid of the exam.)

Quando **si è stati** in Svizzera per molto tempo, è normale parlare tre lingue. (When you have been in Switzerland for a long period of time, it is common to speak three languages.)

Passive impersonal constructions are common in Italian with the verb in the third person singular as we have seen in the passive construction:

**A Cesare fu ordinato** di non attraversare il Rubicone. (Caesar was ordered not to cross the Rubicon.)

Mi è stato **detto** di rispondere solo alla prima domanda. (I was told to answer only the first question.)

An impersonal action may also be expressed using the third person plural without a subject or a second person singular with a subject. This last form is less common:

**Dubiteranno** che siamo capaci di scalare il Monte Bianco da soli. (One may doubt that we are capable to climb Monte Bianco by ourselves.)

**Dimostrano** che spesso i politici sono inetti. (One will demonstrate that politicians are good-for-nothing.)

**Tu dirai** che quel lavoro mi piace, ma guadagno poco. (One can say that I like that job, but I earn a little.)

## TRADURRE

1. Piovve tutto il giorno per cui non potemmo uscire.

2. Fui rimproverato per aver usato il telefono senza il suo permesso.

3. Nell'università di Bologna ci si può specializzare nelle più svariate discipline.

4. Tu dirai che la politica estera americana è sbagliata, ma essa è il risultato di moti anni di politica economica.

5. Si parlò troppo di cose inutili. Si discussero fatti irrilevanti.

6. Il sei gennaio si celebra la festa cristiana dell'Epifania.

7. Di solito la domenica ci si alza tardi.

8. Si sarebbero potute esaminare tutte le possibilità, ma non si fece.

9. Protestai perchè mi era stato detto di presentarmi alle nove ma dovetti aspettare un'ora.

10. Non so come si ripara questo calcolatore elettronico, bisogna chiamare uno specialista.

11. Basta fare una telefonata e il giorno dopo avrete in casa il frullatore speciale.

12. Si crede che la sua scoperta sia stata poco apprezzata nel mondo accademico.

13. Lampeggiò tutta la notte e piovve tutto il giorno. Sembrava il diluvio universale.

14. Alcuni credono che quando si hanno soldi, si ha tutto.

15. Mi sembrò ovvio che volesse parlare dei suoi problemi personali.

16. Si sta/ come d'autunno/ sugli alberi/ le foglie. (Giuseppe Ungaretti: Soldati)

READ THE FOLLOWING PASSAGE AND THEN WRITE A SUMMARY IN ENGLISH PROVIDING AS MUCH INFORMATION AS YOU CAN

**La Nascita dei Comuni**

"L'associazionismo spontaneo"

Una società che si articola in ceti **ben** distinti tra loro, un'economia che si specializza, nel senso che toglie alla campagna e concentra nelle città la funzione dei traffici e dell'artigianato, comporta una nuova organizzazione del potere, l'adeguamento delle vecchie strutture o la creazione di nuove.

Nel secolo XI **si era** riscontrato il fenomeno della frantumazione dei distretti pubblici (comitati e **marche**) in tante **signorie** locali, cui era seguito lo sforzo di coordinamento e di controllo da parte dei poteri centrali. Nel secolo XII gli schieramenti mutano a causa dell'avvento di una realtà nuova, quella dell'*associazionismo spontaneo*, che ebbe per protagonisti rustici e borghesi. Costoro, abituati a vivere e lavorare, nelle rispettive sedi e attività, fianco a fianco, impararono ben presto a mettersi insieme (i rustici nei villaggi e i borghesi nelle città), e a sentirsi gruppo omogeneo, comunità. Li muoveva il bisogno istintivo di tutelarsi tra di loro, di garantirsi con la reciproca amicizia e solidarietà per tutti i bisogni eccezionali (l'incendio dell'abitazione, un furto, una prigionia da riscattare, ecc.), di difendere elementari interessi connessi con il loro lavoro, con il loro mestiere: un diritto di pascolo, di taglio della legna, di passaggio libero per una strada o per un ponte, nel caso dei rustici; oppure una condizione di pace, la libera circolazione degli uomini e delle merci, la tutela delle regole e dei segreti di ogni mestiere, nel caso degli abitanti delle città. La fraternità cittadina o rurale è sentita così profondamente che comincia a essere **sancita** da un patto **giurato** e reciproco tra tutti i membri: la *coniuratio*, che pertanto non è una "congiura", bensì un impegno solenne e vicendevole, in vista di una mutua protezione.

Quando queste comunità di rustici e di borghesi, per fare meglio l'interesse dei loro membri, si rivolgono al signore locale, laico o ecclesiastico, per chiedergli nuove condizioni di vita e di lavoro, *libertates* o **franchigie** che ritenevano di meritare, allora esse assumono una **veste nuova**: quella di forze politiche che entrano in competizione con altre forze politiche (le soprastanti signorie), per modificare a loro favore i rapporti di potere esistenti sul territorio. Agiscono, infatti, come un organismo politico: si riuniscono in assemblea per decidere una linea d'azione, designano propri legati o rappresentanti per le varie iniziative e trattative, che finiscono per l'essere i capi temporanei, periodicamente eletti e rinnovati, della comunità, e prendono il nome di *sindaci* (nei paesi transalpini) o di *consoli* (specialmente in Italia), o anche, nelle campagne, di *marici*.

Nelle campagne, l'organizzazione politica dei rustici (detta spesso anche *universitas*) fatica ad affermarsi, a causa della compresenza sul territorio di una pletora di forze signorili. E anche quando si afferma, resta normalmente **invischiata** nel tessuto delle giurisdizioni signorili: i rustici ottengono sì un'autonomia, ottengono anche di crearsi dei loro magistrati e di darsi un loro corpo di norme o *Statuto* o *Regola*, ma sempre sotto il controllo del signore o dei signori locali, che anzi mettono a capo delle loro comunità propri uomini di fiducia, spesso propri **masnadieri**.

Nelle città, invece, l'organizzazione politica dei borghesi si afferma ben più largamente, quasi trionfalmente. Nelle città, infatti, a parte il vescovo, è minore o quasi nulla la presenza dei signori; la città, specialmente quella transalpina, **s'andava** differenziando e staccando anche materialmente dalla campagna circostante (qua e là borghesi, sborsando quattrini propri, fanno sorgere cinte di mura); la città ha una forza economica autonoma che nessun villaggio rurale poteva vantare.

La grande novità istituzionale del secolo XII (con radici nel secolo precedente) è pertanto l'affermazione, **pur** differenziata, delle comunità rustiche e di quelle cittadine, cioè la nascita dei Comuni.

Giorgio Cracco. <u>Corso Di Storia: Il Medioevo</u>. SEI: Torino, 1984, 170-171.

VOCABOLARIO: **ben** (very/ quite); **si era** (it was); **marche** (march); **signoria** (dominion); **sancita** (sanctioned); **giurato** (sworn); **franchigie** (enfranchisement); **veste nuova** (new guise); **invischiata** (entangled); **masnadieri** (brigands/ bandits); **s'andava** (was); **pur** (even though).

READ THE FOLLOWING PASSAGE AND THEN WRITE A SUMMARY IN ENGLISH PROVIDING AS MUCH INFORMATION AS YOU CAN

### Niccolò Machiavelli a suo figlio Guido

Guido, figliuolo mio carissimo,

Io ho avuto una tua lettera, la quale mi è stata gratissima, **massime** perchè tu mi scrivi che sei guarito bene; che non potrei avere **auto** maggiore **nuova**. Che se Iddio ti presta vita, ed a me, io credo farti un uomo da bene, quando tu **vogli** far parte del **debito** tuo; perchè oltre alle grandi amicizie che ho io, ho fatto nuova amicizia con il cardinale Cibo, e tanto grande, che io stesso me ne meraviglio; la quale **ti tornerà a proposito**. Ma bisogna che tu impari; e poi che tu non hai più scusa del male, dura fatica a imparare le lettere e la musica, chè vedi quanto onore fa a me un poco di virtù che io ho. Sì che, figliuolo mio, se tu vuoi **dare contento** a me e far bene ed onore a te, studia, fà bene ed impara; chè, se tu ti aiuterai, ciascuno ti aiuterà.

(...) Saluta **monna** Marietta, e dille che io sono stato qua per partirmi **di dì in dì** e così sto; e non ebbi mai tanta voglia di essere a Firenze, quanto ora; ma io non posso altrimenti. Solo dirai che, per cosa che la senta, stia di buona voglia, chè io sarò **costì** prima che venga travaglio alcuno. Bacia la Baccina, Piero e Totto, se vi è; il quale **arei** avuto caro **intendere** se gli è guarito dagli occhi. Vivete lieti, e spendete meno che voi potete. E ricorda a Bernardo che attenda a fare bene: al quale, da 15 giorni, **in qua,** ho scritto due lettere; e non ne ho risposta. Cristo vi guardi tutti.

Die II Aprile 1527                     Niccolò Machiavelli, in Imola
Niccolò Machiavelli, 1469-1527

VOCABOLARIO: **Massime** (massimamente); **auto** (avuto); **nuova** (notizie); **vogli** (voglia); **debito** (dovere); **ti tornerà a proposito** (sarà a tuo vantaggio); **dare contento** (dare felicità); **monna** (forma arcaica : madonna, signora); **di dì in dì** (da un giorno all'altro); **costì** (qui); **arei** (avrei); **intendere** (qui nel senso di sapere); **in qua** (fino qui, ad oggi).

# CAPITOLO VIII

## FARE CAUSATIVO

In Italian various constructions can be built on the verb **fare** followed by an infinitive without a preposition. They have the meaning of: to have something done, to have someone do something and to have something done by someone:

Secondo il Vangelo, il re Erode **fece uccidere** tutti i neonati della Giudea. (According to the Gospel, king Herod had all new-born babies in Judea killed.)

Giorgio **ha fatto riparare** il tetto della sua casa. (Giorgio has had his house roof repaired.)

Il direttore **ha fatto scrivere** dalla sua segretaria una lettera a tutti i clienti. (The director had his secretary write a letter to all clients.)

**Mi hanno fatto ripetere** la stessa frase tre volte. (They made me repeat the same sentence three times.)

Il papa **fece affrescare** la cappella sistina **da Michelangelo**. (The pope had the Sistine Chapel frescoed by Michelangelo. Or had Michelangelo fresco the Sistine Chapel.)

Prima di fare gli esami, **si faranno spiegare** alcuni punti grammaticali **dall'insegnante**. (Before taking the exam, they will have some grammatical points explained by the instructor)

NOTE:

Like **fare**, the verbs **lasciare** and **permettere** may be followed by the infinitive, and they mean to let someone do something and to let something happen:

**Mi permetteva frequentare** il suo corso solo due volte la settimana. (S/he allowed me to attend his/ her class only twice a week.)

**Lasciali andare**, non è colpa loro. (Let them go, it is not their fault.)


## TRADURRE

1. Il professore ci ha fatto tradurre il quarto canto dell'Eneide di Virgilio.

2. Lasciala cantare, non vedi come si diverte.

3. Gli fece mangiare gli spinaci anche se non gli piacevano.

4. Ieri ho fatto riparare la lavastoviglie.

5. La mamma fece apparecchiare la tavola ai loro figli.

6. Ho fatto allungare i pantaloni dalla sarta.

7. Maria si è fatta fare un bella torta dal pasticcere.

8. Mi fece aspettare un'ora alla stazione prima di venire a prendermi.

9. Fece riprodurre illegalmente le video cassette.

10. Non ci hanno fatto entrare perchè era tardi.

11. Chi ti ha permesso di uscire?

12. Lascialo riposare, ha lavorato tutto il giorno.

13. Dopo essere ritornato a Roma, mi feci spedire i mobili che avevo lasciato in America.

14. Si è fatto portare dal barista il caffè in camera.

15. La lasciò allontanare senza dirle niente.

## Vittorio Alfieri (1749-1803)

L'Alfieri in questo passo tratto dalla sua <u>Autobiografia</u> ci fa una vivida descrizione della sua fuga da Parigi nel 1792, appena in tempo per non essere coinvolto nelle stragi del settembre dello stesso anno. Scoppiata la rivoluzione francese nel 1789, Alfieri sperò di veder trionfare gli ideali di libertà ma fu deluso dagli eventi che seguirono.

READ THE FOLLOWING PASSAGES AND THEN WRITE A SUMMARY IN ENGLISH PROVIDING AS MUCH INFORMATION AS YOU CAN

Nel marzo di quell'anno ricevei lettere di mia madre, che furon l'ultime: ella vi esprimeva con caldo e cristiano affetto molta sollecitudine di vedermi, diceva, "In paese, dove sono tanti **torbidi**, dove non è più libero l'esercizio della cattolica religione, e dove tutti tremano sempre, ed aspettano continui disordini e disgrazie." Pur troppo bene diceva, e presto **si avverò**; ma quando **ravviai** verso l'Italia, la degnissima e veneranda matrona non esisteva più. Passò di questa vita il **dì** 23 aprile 1792, in età di anni settanta compiuti.

**Erasi** frattanto **rotta** la guerra coll'Imperatore, che poi divenne generale e funesta. Venuto il giugno, in cui **si tentò** già di abbattere intieramente il nome del re, che altro più non rimaneva la congiura di quel giorno 20 giugno **essendo andata fallita,** le cose si strascinarono ancora malamente sino al famoso dieci d'agosto, in cui la cosa scoppiò come ognuno sa.

Accaduto quest'avvenimento, io non **indugiai** più neppure un giorno, e il mio primo ed unico pensiero essendo di togliere da ogni pericolo la mia donna, già dal dì 12 feci in fretta tutti i preparativi per la nostra partenza. Rimaneva la somma difficoltà dell'ottenere passaporti per uscir di Parigi, e del regno. Tanto c'industriammo in quei due o tre giorni, che il dì 15, o il dì 16 già **gli** avevamo ottenuti come forestieri, prima dai ministri di Venezia io, e di Danimarca la signora, che erano quasi che i soli ministri esteri rimasti presso quel simulacro di re. Poi con molto più stento **si ottenne** dalla sezione nostra comunicativa detta *du Montblanc* degli altri passaporti, uno per **ciascheduno** individuo, sì per noi due, che per ogni servitore, e cameriera, con la pittura di ciascuno, di statura, **pelo**, età, sesso, e che so io. **Muniti** così di tutte queste **chiavesche** patenti, avevamo fissato la partenza nostra pel lunedì, 20 agosto; ma un giusto presentimento **trovandoci allestiti**, mi fece anticipare, e **si partì** il dì 18, sabato, nel dopo pranzo.

... Appena giunti alla *Barrière Blanche* , che era la nostra uscita la più prossima per **pigliar** la via di San Dionigi per *Calais*, dove ci avviavamo per uscire al più presto di quell'infelice paese; vi ritrovammo tre o quattro soli soldati di guardie nazionali, con un **ufiziale**, che visti i nostri passaporti, si disponeva (made himself available to) ad aprirci il cancello di quell'immensa prigione, e lasciarci **ire** a buon viaggio. Ma v'era accanto alla barriera una **bettolaccia**, di dove sbucaron (sprung out) ad un tratto una trentina forse di **manigoldi** della plebe; **scamisciati**, ubriachi e furiosi.

Costoro, viste due carrozze, che tante n'avevamo, molto cariche di bauli e **imperiali,** ed una comitiva di due donne di servizio, e tre uomini, gridarono che tutti i ricchi **se ne voleano** fuggir di Parigi, e portar via tutti i loro tesori, e lasciarli essi nella miseria e nei guai. Quindi ad altercare quelle poche e triste guardie con quei molti e tristi birbi, esse per farci uscire, questi per ritenerci. Ed io balzai di carrozza fra quelle turbe, munito di tutti quei sette passaporti, ad altercare, e gridare, e schiamazzar **più loro**; mezzo col quale sempre **si vien a capo** dei Francesi. Ad uno ad uno si leggevano, e facevano leggere da chi di quelli legger sapeva, le descrizioni delle nostre rispettive figure. Io pieno di stizza e furore, non **conoscendo** in quel punto, o per passione **sprezzando** l'immenso pericolo, che ci soprastava, fino a tre volte ripresi in mano il mio passaporto, e replicai ad alta voce: "vedete, sentite; Alfieri è il mio nome; Italiano e non Francese; grande; magro, sbiancato; capelli rossi; son io quello, guardatemi; ho il passaporto; l'abbiamo avuto in regola da chi lo può dare; e vogliamo passare, e passeremo per Dio".

Durò più di mezz'ora questa **piazzata**, mostrai buon contegno (*self control*), e quello ci salvò. Si era frattanto ammassata più gente intorno alle due carrozze, e molti gridavano, diamogli il fuoco a codesti legni: altri **pigliamoli a sassate**: altri, questi fuggono; son dei nobili e ricchi, portiamoli indietro al palazzo della città, **che se ne faccia giustizia.** Ma in somma il debole aiuto delle quattro guardie nazionali, che tanto qualcosa diceano per noi, ed il mio molto schiamazzare e con voce di banditore replicare e mostrare i passaporti, e più di tutto la mezz'ora e più di tempo, in cui quei **scimiotigri** si stancarono di contrastare, rallentò l'insistenza loro; e le guardie accennatomi (*motioned to me*) di salire in carrozza, dove **avea** lasciato la signora, si può chiedere in quale stato, io rientratovi, rimontati i **postiglioni** a cavallo, si aprì il cancello e di corsa si uscì, accompagnati da fischiate, insulti e maledizioni di codesta **genia**....

Vittorio Alfieri. <u>Autobiografia</u>. Milano: La Santa, 1928.

VOCABOLARIO: **Torbido** (*turbid/ riots*); **si avverò** (*came true*, passato remoto di **avverarsi**); **ravviai** (*set out*, passato remoto di **ravviare**); **dì** (giorno); **erasi rotta** (*broke out*, si era rotta, era scoppiata la guerra); **si tentò** (impersonale, passato remoto di **tentare**); **essendo andata fallita** (*having [gone] been unsuccessful*); **indugiai** (*lingered*, passato remoto di **indugiare**); **gli** (li ); **si ottenne** (forma passiva impersonale, fu ottenuta, passato remoto); **ciascheduno** (ciascuno); **pelo** (qui ha il significato di capelli); **muniti** (*provided with*, participio passato di **munire**); **chiavesche** ( *key like*, deriva dalla parola chiave); **trovandoci allestiti** (*finding us ready* , **allestiti** è il *p.p.* di **allestire**); **si partì** (*we left*); **pigliar** (prendere); **ufiziale** (ufficiale); **ire** (andare); **bettolaccia** (*ugly pub*); **manigoldo** (*scoundrel*); **scamisciati** (*plebeian/ subversive*); **imperiale** (*box-seat on a coach*); **se ne voleano** (*wanted*); **più loro** (più di loro,*more than they did*); **si vien a capo** (*one carries through*); **conoscendo** (*knowing*); **sprezzando** (*despising*); **piazzata** (*street squabble*); **pigliamoli a sassate** (*let us stone them/ pelt them with stones*); **che se ne faccia giustizia** (*justice be done*); **scimiotigri** (*monkey-tigers* , scimmie-tigri); **avea** (avevo); **postiglioni** (*postilions*, cocchieri) **genia** (*pack*).

(Niccolò Machiavelli, 1469-1527)

**Della crudeltà e pietà; e s'elli è meglio esser amato che temuto, o piu tosto temuto che amato.**

...Nasce da questo una disputa: **s'elli** è meglio essere amato che temuto, o **e converso**. Respondesi che si vorrebbe essere l'uno e l'altro; ma, perchè gli è difficile **accozzarli** insieme, è molto più sicuro essere temuto che amato, quando si abbia a mancare dell'uno de'**dua**. Perchè degli uomini si può dire questo generalmente: che **sieno** ingrati, volubili, simulatori e dissimulatori, fuggitori de' pericoli, cupidi di guadagno; e mentre fai loro bene, sono tutti **tua, offeronti** el sangue, la roba, la vita, e figliuoli, come di sopra dissi, quando il bisogno è **discosto**; ma, quando ti si **appressa, e'** si rivoltano. E quel principe che si è tutto fondato in sulle parole loro, trovandosi nudo di altre preparazioni, ruina; perchè le amicizie che si acquistano col prezzo, e non con grandezza e nobilità di animo, si meritano, ma non le si hanno, e **a'tempi** non si possono spendere. E **li** uomini hanno meno respetto ad offendere uno che si facci amare che uno che si facci temere; perchè l'amore è tenuto da uno vinculo di obligo, il quale, per essere li uomini tristi, da ogni occasione di propria utilità è rotto; ma il timore è tenuto da una paura di pena che non ti abbandona mai.

...Concludo adunque, tornando allo essere temuto e amato, che, amando li uomini **a posta loro**, e temendo a posta del principe, **debbe** uno principe savio fondarsi in su quello che è suo, non in su quello che è d'altri: debbe solamente ingegnarsi di fuggire lo odio, come è detto.

(Il principe, Cap. XVII)

VOCABOLARIO: **S'elli** (se è ...); **e converso** (al contrario); **accozzarli** (spingerli/ metterli); **dua** (due); **sieno** (siano); **tua** (tuoi); **offeronti** (ti offrono); **discosto** (lontano); **appressa** (avvicina); **e'** (essi); **a'tempi** (a volte); **li** (gli); **a posta loro** (a modo loro); **debbe** (deve).

## PREFISSI

No attempt is made here to classify prefixes according to the degree of assimilation into the meaning of the word. Neither is a special effort made to explain when an exact counterpart exists in English. For the convenience of the student, prefixes are listed here in alphabetical order:

**A-**          acattolico (non-catholic); amorale; anormale (abnormal); acromatico.

| | |
|---|---|
| **Ante-** | anteguerra (pre-war); antenato (ancestor). |
| **Anti-** | anticomunista; anticonformista; antiaereo (anti-aircraft); anticarro (anti-tank); anticiclone; anticorpo; anticoncezionale; antifascista; antipasto; antigelo; antipolio; antimafia. |
| **Arci-** | arciprete; arcidiocisi; arcivescovo; arciricco. |
| **Auto-** | autobiografia; autodidatta (self-taught person); autocarro (truck); autocritica; autosufficiente; autocontrollo. |
| **Con-** | consanguineo (related by blood); connazionale (of the same country); concatenare (to link together). |
| **Contra-** | Contraddizione; contrassalto; controproposta; contrattaccare; contrattempo; contrappeso; contrapporre; controspionaggio. |
| **De-** | decapitare; degradare; desalificazione; demilitarizzare; deportare. |
| **Di-** | diroccare (demolish); diuretico; diboscare (deforest); dirottare (to divert). |
| **Dis-** | disagiato (uncomfortable); disamorato (estranged); disattenzione; dissociato; disgraziato (unfortunate); disabitato; disarnato; disconoscere; discolpa; disfatta. |
| **Etero-** | eterosessuale; eterodosso; eterogeneo. |
| **Ex-** | Ex-presidente; ex-ministro; |
| **Extra-** | extraterrestre; extraterritoriale; extravergine; extraparlamentare; extraconiugale. |
| **Fra-** | fraintendere (misunderstand); frapporre. |
| **In-** | infelice; infedeltà; inafferrabile (incomprehensible/ elusive); infondere; intimidazione; intitolare; intrattabile; invalido; inutilizzabile; inzuccherare; invincibile. |
| **Infra-** | Inframmettere (interpose); infrarosso; infrastruttura; infrasuono (infrasonic wave); infrasettimanale. |
| **Inter-** | internazionale; interurbana; interplanetario; interdisciplinare; intercomunicante; intercorrere; interdipendenza; interrompere. |
| **Intro-** | introdurre; introduzione; intromettersi (to interfere); introspezione. |
| **Iper-** | ipersensitivo; ipercritico; ipertensione; ipernutrizione; ipertiroideo. |
| **Ipo-** | ipodermico; ipotesi; ipotecare. |
| **Meta-** | metamorfosi; metafora; metafisica; metastasi. |
| **Mini-** | minigonna; minigolf. |

| | |
|---|---|
| **Mono-** | monografia; monotono; monosillabo; monologo; monolitico; monolingue. |
| **Non-** | noncuranza (carelessness); nonsenso; nonintervento; nonvolente (unwilling). |
| **Pan-** | panamerica; panteismo; pantografo; pantomimo. |
| **Para-** | parafrasi, paratifo; parabrezza; paracadute; parafrasare; parafango (mudgard) parafulmine; parasole; parapioggia; parastatale (state-controlled); paraurti (bumper); parapetto. |
| **Pen-** | penultimo; penombra; penisola. |
| **Post-** | posporre; postguerra; postdatare. |
| **Pre-** | prestabilito; precursore; prevalente; preavvertire; prefazione; prealpino; preavviso; prebellico (pre-war); precauzione; preromano; preesistere. |
| **Pro-** | promuovere; proporre, prologo; procattolico; procomunista. |
| **Re-** | reincarnazione; redimere; reiterare; reintegrare; rescindere. |
| **Ri-** | ricapitolare; rifare; riorganizzare; richiamare; riproduzione; ripieno; risorgere; ritornare; rivedere; rileggere; riepilogare; rinnovare; rifinire. |
| **S-** | sfare; sdire; sgarbo (discourtesy); sfruttare (exploit); sfiducia; sfuggire. |
| **Semi-** | semichiuso; semimorto; semicirconferenza; semipazzo. |
| **Sopra-** | soprascritto; sopraccennato; soprammobile; soprannaturale; sopraffino (first rate); soprappiù (surplus); soprattassa; sopraggiunto; sopracciglio (eyebrow). |
| **Sor-** | sorpassare; sorprendere; sorvegliare; sorreggere; sorvolare; |
| **Sotto-** | sottosuolo; sottomettere; sottomarino; sottoalimentazione; sottufficiale sottovalutare; sottoprodotto; sottosopra (upside down); sottoscrizione; sottotenente; sottosviluppato. |
| **Sovra-** | sovrabbondante; sovrastare; sovrapproduzione; sovrapposto. |
| **stra-** | straricco, straordinario, stravecchio; strafare (overdo); stragrande; stravincere. |
| **Su-** | suddetto; suaccennato (above-mentioned); surriportato; susseguente (following); suddividere (subdivide). |
| **Sub-** | subacqueo; subalterno; subaffitto (sublease); subcosciente; subentrare; subordinato; suburbano. |
| **Super-** | superuomo; supermercato; supersonico; supervisore; supernutrizione. |
| **Sur-** | surrealismo; surreale; surriscaldamento; surrenale. |

| | |
|---|---|
| **Tra-** | tramontare (to set/sun ); trapiantare; trapassare; travestire; travolgere; trascrivere; trascendere. |
| **Trans-** | transatlantico; transazione; transcontinentale; transalpino; transiberiano. |
| **Tri-** | trilogia; triforme; triduo (three days period); trilaterale; triangolo; tricolore. |
| **Ultra-** | ultramoderno; ultravioletto; ultraterreno; |
| **Uni-** | unicellulare; unicorno; uniforme; unigenito (only child); unilaterale; unisono; uninominale. |
| **Vice-** | vicepresidente; viceré; vicegovernatore; vicesegretario; vicepreside. |

TRADURRE

## Pompei

Pompei al contrario di *Cumae* e di *Neapolis*, città greche di nome e di origine, fu certamente fondata dalle genti osche della Campania. Gli avanzi del tempio dorico ed i resti di mura dell'età presannitica non consentono di risalire oltre il VI secolo a.C. quando la città ebbe il pieno sviluppo della sua cinta murale ed il suo primo regolare impianto; ma un più antico e primitivo nucleo di abitato formato dalle rudi popolazioni agricole della valle del Sarno, dovè preesistere al suo vero e proprio sviluppo urbanistico, fino almeno all'ottavo secolo a. C., poichè, offrendo la foce del fiume un favorevole punto d'approdo ai navigatori greci e fenici delle coste campane, l'altura su cui sorse Pompei, imminente sulla rada e sul fiume, non poteva non servire di natural posto di vedetta e di difesa su quel primo affluire di genti e di prodotti d'oltremare.

Dominavano nel VI secolo a.C. lungo il golfo di Napoli, i greci: validamente asserragliati nella munita acropoli di Cuma e sulle rocche e le colline di Puteoli, padroni della formidabile base navale di Miseno, estendevano la loro marittima signoria fino all'estremo promontorio della penisola sorrentina, chiudendo l'ampio cerchio del golfo con l'occupazione delle isole di Ischia e Capri.

Pompei, città litoranea, non poteva sfuggire anch'essa all'egemonia greca; minacciata dagli Etruschi, signori del retroterra della Campania, la nascente città osca, dovè stringere patto di alleanza commerciale con i greci e rientrare nell'orbita politica del grande stato cumano. Sottoposta per alcun tempo all'influenza etrusca tornò dopo la battaglia campale perduta dagli Etruschi nelle acque di Cuma, sotto l'egemonia greca. Ciò da ragione della presenza di un tempio dorico arcaico sulla terrazza del Foro Triangolare e spiega anche perchè il sistema più antico della cinta murale risponda meglio al tipo della fortificazione greca, che non a quello della fortificazione italica.

(Amedeo Maiuri. Pompei, Libreria dello Stato, Roma, 1953, p. 3)

### La Villa dei Misteri

La "Villa Dei Misteri" scavata solo in piccola parte nel 1909-1910, scoperta e restaurata nella sua quasi totalità nel 1929-30, costituisce per l'interesse singolare delle sue strutture e per l'interesse sommo delle sue pitture di carattere dionisiaco, uno degli edifici monumentali più importanti e più integri della città sepolta.

La pianta ci presenta un grandioso edificio quadrilatero, orientato come tutte le ville suburbane di questo settore, da est ad ovest, delimitato da due strade, costruito su un terreno fortemente in pendio. ...Edificata con pianta più semplice e più fedelmente rispondente al tipo dell'abitazione urbana, verso la metà del III secolo a. C., venne in più epoche successive, con ampi rifacimenti e numerose aggiunte e sopraelevazioni, assumendo sempre più spiccatamente il carattere di villa, quale ora ci si presenta: oltre a ciò, dopo il terremoto del 63 d. C., perde il carattere di villa signorile e patrizia, poichè venuta nelle mani di rozzi proprietari, e spogliata di tutta la sua suppellettile preziosa si stava trasformando con più povera decorazione in ambienti di più umile destinazione.

(Amedeo Maiuri. Pompei, Libreria dello Stato, Roma, 1953, p. 95)

### CONGIUNZIONI E PREPOSIZIONI

| | | | |
|---|---|---|---|
| **Acciocchè** | in order that | **a differenza di** | unlike |
| **a dispetto di** | in spite of | **ad ogni modo** | in any case |
| **affinchè** | in order that | **al contrario** | on the contrary |
| **alla fine** | in the end/ finally | **a meno che** | unless |
| **anche** | also/ too | **anche se** | even if |

| | | | |
|---|---|---|---|
| **ancora** | yet/ again | **ancora una volta** | once more |
| **anzi** | rather | **a parte** | except for |
| **a proposito di** | what about | **avanti che** | before |
| **benchè** | although | **caso che** | if |
| **certamente** | certainly | **che** | that/ than |
| **cioè** | that is (to say) | **ciò nonostante** | nevertheless |
| **ciò vuol dire** | that is to say | **come** | as |
| **come se** | as if | **comunque** | however |
| **conseguentemente** | consequently | **contrariamente** | contrary to |
| **così** | thus | **dall'inizio** | from the beginning |
| **d'altra parte** | on the other end | **da una parte** | on one hand |
| **davvero** | indeed | **del resto** | after all |
| **di conseguenza** | consequently | **di modo che** | so that |
| **di nuovo** | again | **di solito** | usually |
| **di tanto in tanto** | from time to time | **diversamente** | unlike |
| **donde** | whence | **dopo** | after |
| **dopotutto** | after all | **dove** | where |
| **dovunque** | wherever | **dunque** | then/ therefore |
| **eccetto che** | except that | **ecco perchè** | this is why... |
| **finchè** | as long as | **fino ad ora** | until now |
| **giacchè** | since | **in altre parole** | in other words |
| **in breve** | in brief/ in short | **in conclusione** | in conclusion |
| **infatti** | in fact | **in fine** | finally |
| **in futuro** | in the future | **in modo tale da** | so as to |
| **in ogni modo** | in any case | **inoltre** | besides |
| **in realtà** | in fact | **in secondo luogo** | second |
| **in sintesi** | in summary | **invece** | instead of |

| | | | |
|---|---|---|---|
| **ma** | but | **malgrado** | in spite of |
| **meno male che** | luckily... | **mentre che** | while |
| **naturalmente** | of course | **nè.....nè** | either..or neither |
| **neanche** | not even | **nel complesso** | seen as whole |
| **nell'insieme** | seen as whole | **nemmeno** | not even |
| **neppure** | not even | **non che** | much less |
| **nondimeno** | nevertheless | **nonostante** | in spite of |
| **o/ oppure** | or | **ossia** | that is/ to be precise |
| **per** | for/ in order to | **perchè** | because/ so that |
| **per cominciare** | starting 'with' | **per concludere** | in conclusion |
| **perciò** | therefore consequently | **per cui** | this is why |
| **per esempio** | for example | **per lo meno** | at least |
| **per lo più** | most of the time in most cases | **però** | however |
| **per prima cosa** | first | **perquanto** | however/ although |
| **persino** | even | **pertanto** | consequently therefore/ so |
| **più tardi** | later | **poi** | after |
| **poichè** | since | **prima** | earlier |
| **prima che** | before that | **purchè** | provided that |
| **quindi** | then/ therefore | **realmente** | really/ truly |
| **riassumendo** | in summary | **se** | if |
| **sebbene** | although | **secondo** | according to |
| **siccome** | as/ since | **sicuramente** | certainly/ of course |
| **soprattutto** | above all | **tranne** | except |
| **tutt'altro** | far fron it | **tuttavia** | nevertheless |

TRADURRE

1. Poichè non era un esperto d'informatica, neanche lui capì la conferenza del professore.

2. Prima mi disse di aspetare e poi mi telefonò che non sarebbe venuto.

3. Appena assunto in fabrica, Luigi chiese un prestito per comprarsi una macchina.

4. È difficile leggere le poesie di Montale, per cui ho deciso di non seguire quel corso.

5. Per prima cosa è necessario rivolgersi ad un medico, quindi consultare un avvocato.

6. Dopo tutto, il suo saggio, tranne la parte finale, mette in rilievo il pensiero religioso dell'autore.

7. Riassumendo considero la sua produzione artistica un fatto straordinario.

8. Siccome durante il giorno doveva frequentare dei corsi di portoghese, lavorava per lo più di notte.

9. Prima ci fu la rivoluzione industriale, in secondo luogo l'industrializzazione dell'agricoltura.

10. Meno male che non sei arrivato in ritardo, altrimenti non avresti un posto in cui sederti.

TRADURRE

Leonardo Sciascia: A ciascuno il suo

Che per Sciascia l'interpretazione del romanzo A ciascuno il suo da parte della critica fosse molto importante, lo rivela fra l'altro un'intervista del 1979 rilasciata alla studiosa francese Marcelle Padovani. Dobbiamo chiederci come mai il breve romanzo A ciascuno il suo, tra l'altro un romanzo che ha tutte le caratteristiche del romanzo poliziesco, avrebbe dovuto rappresentare per il lettore la denuncia di un fallimento storico che secondo Sciascia avrebbe precipitato tutti nella desolazione. In A ciascuno il suo, l'autore mette in risalto che alla radice della mafia c'è un atteggiamento di contumacia collettiva, assenza dello Stato, lontano e estraneo, incapace di imporre un rovesciamento ai sistemi delle istituzioni civili, conservando immutati i rapporti sociali ed economici. La mafia non è soltanto un'organizzazione criminale, la mafia ha anche collegamenti con gli uomini dello Stato che sono collusi con la mafia. Quale cambiamento radicale si aspettava Sciascia dal centrosinistra? L'autore con questo romanzo cerca di dare al lettore un quadro del fallimento politico della nuova formula di governo che rappresentava nella mente di Sciascia niente altro che il fallimento di iniziative contro la corruzione proprio alla luce delle antiche pratiche di collusione e manipolazione di natura mafiosa che legavano la grande criminalità ad organizzazioni statali e ai partiti politici. Sciascia aveva notato che ancora una volta, la bilancia del potere era scivolata in favore di un ristretto gruppo. I centri di potere che avrebbero dovuto riequilibrare la vita sociale, morale ed economica dell'Italia non erano cambiati, tutto era rimasto uguale. In A ciascuno il suo, Sciascia presenta un'accurata analisi sociale e uno studio psicologico e di costume dove sono coinvolte nel gioco mafioso alcune strutture dello Stato. In pratica Sciascia era convinto come molti altri italiani della contiguità tra mafia e Stato, e che la lotta alla mafia dipende dalla riaffermazione della legalità e dell'autorità dello Stato. Con il suo romanzo volle quindi denunciare il fallimento politico che vedeva i nuovi padroni non diversi dai vecchi nelle alleanze e negli intrecci di interesse. Sciascia aveva notato la graduale ricucitura delle relazioni della criminalità con i vari segmenti delle istituzioni politiche e con i nuovi padroni della politica siciliana e nazionale. Questa intenzione dell'autore è chiaramente presente nel romanzo in questione e ne caratterizza gran parte. L'omicidio del dottor Roscio e del farmacista Manno, gli interessi criminali, basati su un sistema di solidarietà segrete ed illegali tra mafia e politica presenti nel romanzo ne hanno fatto di esso una storia di mafia all'occhio del lettore e della critica in generale. Ma in questo particolare romanzo, Sciascia voleva denunciare quel sistema politico che avrebbe dovuto combattere la mafia, ma che invece ne veniva passivamente coinvolto. Sciascia nota questo sentimento di impotenza perchè la società dello Stato e delle istituzioni ha le stesse caratteristiche mafiose. Parte dello Stato è dalla parte degli assassini, c'è complicità di fatto e omogeneità di cultura. I sottili sofismi giuridici, il cinismo dei mostri che stanno nei palazzi di giustizia sono profondamente radicati nello Stato. Se la coalizione del centro-sinistra viene formata nel 1963 ed il romanzo fu scritto nell'estate del 1965 e se questo romanzo come Sciascia dice denuncia il fallimento del centro-sinistra possiamo vedere come fosse a cuore all'intellettuale siciliano una soluzione politica al problema della mafia. Soluzione politica non in senso legislativo o amministrativo quale un varo di leggi anti-mafia, ma come ripristino della riaffermazione dell'autorità e legalità dello Stato e del diritto del cittadino contro l'ingiustizia e la violenza; un'offensiva frontale contro quella fetta politica infiltrata dalla criminalità mafiosa.

## Il Decameron

*Peronella mette un suo amante in un **doglio**, tornando il marito a casa; il quale avendo il marito venduto, ella dice che venduto l'ha a uno che* *dentro v'è a vedere se saldo gli pare: il quale, saltatone fuori, il fa* **radere** *al marito e poi portarsenelo a casa sua.*

Con grandissime risa fu la novella d'Emilia ascoltata e l'orazione per buona e per santa commendata da tutti; la quale al suo fine venuta essendo, comandò il re a Filostrato che seguitasse; il quale incominciò:

--Carissime donne mie, elle son tante le beffe che gli uomini vi fanno, e spezialmente i mariti, che, quando alcuna volta avviene che donna **niuna** alcuna al marito ne faccia, voi non dovreste solamente esser contente che ciò fosse avvenuto o di risaperlo o d'udirlo dire ad alcuno, ma **il** dovreste voi medesime andar dicendo per tutto, acciò che per gli uomini si conosca che, se essi sanno, e le donne d'altra parte anche sanno; il che altro che utile esser non vi può, per ciò che, quando alcun sa che altri sappia, egli non si mette troppo leggermente a volerlo ingannare. Chi dubita adunque che ciò che oggi intorno a questa materia diremo, essendo risaputo dagli uomini, non fosse lor grandissima cagione di raffrenamento al beffarvi, conoscendo che voi similemente, volendo, ne sapreste beffare? È adunque mia intezion di dirvi ciò che una giovanetta, quantunque di bassa condizione fosse, quasi in un momento di tempo per salvezza di sé al marito facesse.

**Egli** non è ancora **guari** che in Napoli un povero uomo prese per moglie una bella e vaga giovanetta chiamata Peronella; ed esso con l'arte sua, che era muratore, e ella filando, guadagnando assai sottilmente, la lor vita reggevano come potevano il meglio. Avvenne che un giovane de' leggiadri, veggendo un giorno questa Peronella e piacendogli molto, s'innamorò di lei: e tanto in un modo e in uno altro la sollecitò, che con essolei si dimesticò. E a potere essere insieme presero tra sé questo ordine: che, con ciò fosse cosa che il marito di lei si levasse ogni mattina per tempo per andare a lavorare o a trovar lavorio, che il giovane fosse in parte che uscir lo vedesse fuori; e essendo la contrada, che Avorio si chiama, molto solitaria, dove stava, uscito lui, egli in casa di lei se n'entrasse: e così molte volte fecero.

Ma pur trall'altre avvenne una mattina che, essendo il buono uomo fuori uscito e Giannello Scrignario, ché così aveva nome il giovane, entratogli in casa e standosi con Peronella, dopo alquanto, dove in tutto il dí tornar non soleva, a casa se ne tornò; e trovato l'uscio **serrato** dentro, picchiò e dopo il picchiare cominciò **seco** a dire: "O Iddio, lodato sii tu sempre, ché, benché tu m'abbi fatto povero, almeno m'hai tu consolato di buona ed d'onesta giovane di moglie! Vedi come ella tosto serrò l'uscio dentro, come io ci usci, acciò, che alcuna persona entrar non ci potesse che noia le desse".

Peronella, sentito il marito, che al modo del picchiare il conobbe, disse: "Oimè! Giannel mio, io son morta, ché ecco il marito mio, che tristo il faccia Iddio, che ci tornò: e non so che questo si voglia dire, ché egli non ci tornò mai piú a questa **otta**; forse che ti vide egli quando tu c'entrasti! Ma per l'amore di Dio, come che il fatto sia, entra in cotesto doglio che tu vedi costí, e io gli andrò ad aprire, e veggiamo quello che questo vuol dire di tornare stamane cosí tosto a casa". Giannello prestamente entrò nel doglio, e Peronella, andata all'uscio, aprì al marito, e con un mal viso disse:" Ora questa che novella è, che tu così tosto torni a casa stamane?

Giovanni Boccaccio, 1310 - 1375; <u>Decamerone</u>. VII, 2 .

VOCABOLARIO: **Doglio** (botte); **radere** (qui nel senso di pulire, rimuovere le incrostazioni); **niuna** (nessuna); **il** (lo); **egli** (qui ha la funzione di un pronome impersonale); **guari** (molto tempo); **serrato** (chiuso); **seco** (tra sè, a sè stesso); **otta** (ora).

## VERBI SEGUITI DA PREPOSIZIONI

**1.** Many Italian verbs do not take a preposition before an infinitive:

**Bisogna studiare** per imparare, non **basta guardare** la televisione.

**Voleva vedere** chi fossero gli invitati, ma non **potè entrare.**

**Desiderava fare** troppe cose, ma non **sapeva organizzarsi.**

**2.** Before an infinitive, the preposition **a** is used after verbs of beginning, continuing, hastening, helping, preparing, inviting, teaching, accustoming, attaining:

Mi **aiutò a** tradurre un passo dell'Eneide dal latino in Italiano.

**Cominciò a** piovere per cui **continuammo a** leggere.

Alcuni si **affrettavano a** rientrare perchè dovevano **prepararsi a** fare gli esami.

Molti italiani sono **abituati a** fare sciopero.

**3.** After many other verbs the preposition **di** is used before an infinitive:

Gli ho **detto di** chiamarmi più tardi.

La **pregava di** corrispondergli il suo amore.

Non **mi ricordo di** averlo incontrato.

**Abbiamo finito di** lavorare, ora **cerchiamo di** riposarci.

Non **mi sento di** scrivere a nessuno.

**4. Da** is used to indicate duty or necessity:

Se non avessi tanto **da fare** le parlerei più a lungo.

A Firenze ci sono pochissimi appartamenti **da affittare**.

Siamo alla fine dell'anno accademico, ho molto **da studiare**.

È un film brutto, c'è poco **da capire**.

Avevano mangiato così tanto **da sentirsi male**.

C'è poco **da ridere**, sono cose che capitano!

### PAROLE APOCOPATE

The Italian verbal forms are many and often appear apocopated. An infinitive is shortened especially before another infinitive: **Voler andare, poter venire, dover studiare.**

Crede di **poter** venire alla festa? (Do you think you can come to the party?)

The third person plural of the present indicative may also be shortened: **Son, van, devon, lascian, dan, fan, stan, san.**

**Van** via sempre quando arrivo io. (They always go away when I arrive.)

The last vowel may be occasionally dropped in the third person singular of the present indicative: **Par, vuol, vien.**

**Par** proprio che tutto vada bene. (It really seems that everything is going well.)

The first person of the present indicative of **essere** is often apocopaded:

Io **son** capace di rimproverarlo davanti a tutti. (I am capable of scolding him in front of everybody.)

The third person plural of the imperfect often drop the last vowel and so does the third person of the past absolute tense, but not as often:

**Credevan** che tutti capissero ciò che lui voleva dire. (They thought that all understood what he wanted to say.)

Non **poteron** trovare nessuna traccia della loro cultura. (They couldn't find any trace of their culture.)

The third person plural of many other tenses can also be apocopated:

Saran tutti qui prima delle otto. (They all will be here before 8:00.)

TRADURRE

## Il Trecento

Nel detto anno 1321, del mese di luglio, morì Dante Alighieri di Firenze nella città di Ravenna in Romagna, essendo tornato d'ambasceria da Vinegia in servigio de' signori da Polenta, con cui dimorava; e in Ravenna, dinanzi alla porta della chiesa maggiore, fu seppellito a grande onore, in abito di poeta e di grande filosofo. Morì in esilio del Comune di Firenze in età circa cinquatasei anni. Questo Dante fu uno onorevole e antico cittadino di Firenze di porta san Pietro, e nostro vicino; e 'l suo esilio di Firenze fu per cagione che, quando messer Carlo di Valois della casa di Francia venne in Firenze l'anno 1301 e caccionne (ne cacciò) la parte bianca, ... il detto Dante era de' maggiori governatori della nostra città, e di quella parte, bene che fosse guelfo; e però sanza altra colpa, colla detta parte bianca fu cacciato e sbandito di Firenze, e andossene (se ne andò) allo studio a Bologna, e poi a Parigi, e in più parti del mondo.

(Giovanni Villani, 1276-1348. <u>Cronica</u>, IX, cxxxv)

**Inferno**

Nel mezzo del cammin di nostra vita
   Mi ritrovai per una selva oscura,

Ché la diritta via era smarrita.
E quanto a dir qual era è cosa **dura**  dolorosa
   Esta selva selvaggia e **aspra** e **forte**  insidiosa    con grosse piante
   Che nel pensier rinnova la paura!
Tant' è amara che poco è piú morte;
   Ma per trattar del ben ch'io vi trovai,
   Dirò de l'altre cose ch'io v'ho scorte.
I' non so ben ridir com' io v'entrai.
   Tanto era pien di sonno in su quel punto
   Che la verace via abbandonai.

(Dante Alighieri. <u>Inferno</u>. Canto I, vv. 1-12)


## Paolo e Francesca

Io cominciai: "Poeta, volentieri
   Parlerei a **que'** due che insieme vanno,  quei
   E paion sì al vento esser leggieri."
Ed egli a me: "Vedrai quando saranno
   Più **presso** a noi ; e tu allor li prega  vicino
   Per quell'amor che **i** mena, e quei verranno."  li
Sì **tosto** come il vento a noi li piega  subito
   Mossi la voce: "O anime affannate,
   Venite a noi parlar, s'altri **nol** niega!"  non lo
**Quali** colombe dal desio chiamate,  simili a
   Con l'ali alzate e ferme, al dolce nido
   Vengon per l'aere dal voler portate;
**Cotali** uscir dalla schiera ov'è Dido,  allo stesso modo
   A noi venendo per l'**aer** maligno;  aria
   Sì forte fu l'affettuoso grido.
"O animal grazioso e benigno,
   Che visitando vai per l'aer perso
   Noi che tingemmo il mondo di **sanguigno**;  con il sangue/color del sangue
Se fosse amico il re dell'universo,
   Noi pregheremmo lui per la tua pace,
   Poi che hai pietà del nostro mal perverso.

Di quel che udire e che parlar ti piace
   Noi udiremo e parleremo a **vui,**　　　　　　　　　　voi
   Mentre che il vento come fa, ci tace.
Siede la terra dove nata fui,
   Su la marina dove il Po discende
   Per aver pace co' seguaci **sui**.　　　　　　　　　　suoi
Amor, che al cor gentil ratto s'apprende,
   Prese costui della bella persona
   Che mi fu tolta; e il modo ancor m'offende.
Amor, che a **nullo** amato amar perdona,　　　　　　nessuno
   Mi prese del costui piacer sì forte,
   Che, come vedi, ancor non m'abbandona.
Amor condusse noi ad una morte:
   **Caina** attende chi vita ci spense."　　　　　　　da Caino, parte dell'Inferno
　　　　　　　　　　　　　　　　　　　　　　　　　dove sono i traditori dei parenti

(Dante Alighieri. <u>L'Inferno</u>. Canto V, vv. 73-107)

**Purgatorio**

Era gia l'ora che **volge** il disìo　　　　　　　　　qui nel senso di richiama
   Ai naviganti e intenerisce il core,
   **Lo dí** c'han detto a' dolci amici addio;　　　　il giorno
E che lo novo peregrin d'amore
   **Punge**, se ode squilla di lontano　　　　　　　　stimola
   Che paia il giorno pianger che si more;
Quand'io incominciai a render vano
   L'udire e a mirare una dell'alme
   **Surta**, che l'ascoltar chiedea con mano.　　　　alzata
Ella giunse e levò ambe le palme,
   Ficcando li occhi verso l'oriente,
   Come dicesse a Dio: "D'altro **non calme**".　　　non mi preoccupo
   « *Te lucis ante* » sí devotamente
   Le uscío di bocca, e con sí dolci note,
   Che fece me a me uscir di mente;
E l'altre poi dolcemente e devote
   Seguitar lei per tutto l'inno intero,

Avendo li occhi alle superne **rote**.　　　　　　　cieli

Dante Alighieri. Purgatorio. Canto VIII, vv. 1-18.)

**Paradiso**　　　　　　　　　　　　　　è una preghiera alla Vergine Maria

"Vergine Madre, figlia del tuo figlio,
　Umile e alta più che creatura,
　Termine fisso d'eterno consiglio,
Tu se' colei che l'umana natura
　Nobilitasti sì che 'l suo **fattore**　　　creatore
　Non disdegnò di **farsi sua fattura**.　　nascere da essa
Nel ventre tuo si raccese l'amore,
　Per lo cui caldo nell'eterna pace
　Così è germinato questo fiore.
Qui se' a noi **meridiana face**　　　　　sole splendente a mezzogiorno
　Di caritate; e **giuso**, **intra** i mortali,　giù (nella terra)　tra
　Se' di speranza fontana vivace.
(Dante Alighieri. Paradiso. Canto XXXIII, vv. 1-12.)

### FORME ARCAICHE DELL'IMPERFETTO

1. The first person of the imperfect indicative may end in **-a**; learn to recognize it, but do not use it. It is rare in modern Italian. The same may be said of the contracted endings of the imperfect: **-ea**, **-ia**, for **-eva**, **-iva**. **Avea** is the most commonly used contraction.

## TRADURRE

**Giacomo Leopardi** (Recanati 1798 - Napoli 1837)

L'originalità della poetica di Leopardi nasce dalla fusione del romanticismo con il materialismo illuministico. Il problema della ragione e giustificazione della vita è il tema centrale della poetica leopardiana. Le sue conclusioni disperate rivelano in forma drammatica l'intimo disagio in cui si dibatteva la spiritualità romantica e le esigenze del nuovo sentimento della vita di fronte alle conclusioni della ragione. L'uomo non è altro che un trascurabile elemento dell'universo ed è travolto dalle forze gigantesche della natura, dominata da un complesso di leggi che creano e distruggono ogni manifestazione di vita in un'incessante trasformazione. Centrale per lui è il problema del piacere o della felicità visto come fine supremo dell'individuo. Il poeta scopre una contraddizione: il piacere tende all'infinito, scontrandosi con la limitatezza della vita umana. L'infinito diviene una tensione sempre delusa.

## L'infinito

| | |
|---|---|
| Sempre caro mi fu quest'**ermo** colle | *solitary* |
| E questa **siepe**, che da tanta parte | *hedge* |
| dell'ultimo orizzonte il guardo esclude. | |
| Ma sedendo e **mirando**, interminati | *gazing* |
| Spazi di là da quella, e sovrumani | |
| Silenzi, e profondissima quiete | |
| Io nel pensier **mi fingo**; ove per poco | mi immagino |
| Il cor non **si spaura**. E come il vento | *is frightened* |
| Odo **stormir** tra queste piante, io quello | *rustle* |
| Infinito silenzio a questa voce | |
| Vo comparando: e **mi sovvien** l'eterno, | *come to mind* |
| E le morte stagioni, e la presente | |
| E viva, e il suon di lei. Così tra questa | |
| Immensità s'**annega** il pensier mio | *drowns* |
| E il **naufragar** m'è dolce in questo mare. | *sinking* |

## A Silvia

| | |
|---|---|
| SILVIA, **rimembri** ancora | ricordi |
|    Quel tempo della tua vita mortale, | |
|    Quando beltà splendea | |
|    Negli occhi tuoi ridenti e fuggitivi, | |
|    E tu, lieta e pensosa, il limitare | |
|    Di gioventù salivi? | |
| Sonavan le quiete | |

Stanze, e le vie dintorno,
Al tuo perpetuo canto,
Allor che all'opre femminili intenta
Sedevi, assai contenta
Di quel vago avvenir che in mente avevi.
Era il maggio odoroso: e tu **solevi**      usavi / avevi la consuetudine
Così **menare** il giorno.      passare
Io gli studi leggiadri
Talor lasciando e le **sudate carte**,      duro lavoro (poetico)
Ove il tempo mio primo
e di me si spendea la miglior parte,
D'in su i **veroni** del paterno **ostello**      loggia, balcone      casa
Porgea gli orecchi al suon della tua voce,
Ed alla man veloce
Che percorrea la faticosa tela.

(A Silvia, vv. 1-22)


### POSIZIONE DI AlCUNI PRONOMI RIFLESSIVI

While in most cases the conjunctive personal pronouns precede the inflected form of a verb, occasionally they are found after it and written together with it:

a. In notices and advertisements in the present tense:

**Affittasi** / si affitta casa vicino al mare. (House <u>for rent</u> near the beach.)

**Vendonsi** / si vendono appartamenti. (Apartments <u>for sale.</u>)

b. In descriptive passages in the imperfect, especially in the third person singular and plural in classical written Italian:

**Addensavansi** / **si addensavano** le nuvole ed il temporale stava per cominciare. (The clouds <u>became dense,</u> and the storm was about to begin.)

## TRADURRE

### Marco Polo

Quando li due **frategli** videro che papa no' si facea, **mossersi** per andare al Grande Cane e menârne co' loro questo Marco, figliuolo di messer Nicolao. **Partîrsi** da **Vinegia** tutti e tre, e venero ad **Acri** al savio **legato** che v'avevano lasciato, e **disseli**, poscia che papa non si facea, voleano ritornare al Grande Cane, ché troppo erano istati...

(Marco Polo, 1254-1324, Il milione, V(XI)

VOCABOLARIO: **Frategli** (fratelli); **mossersi** (si mossero); **partîrsi** (si partì); **Vinegia** (Venezia); **Acri** (Cosenza, città dell'Italai meridionale); **legato** (ambasciatore); **disseli** (gli dissero).

### Quant'è bella giovinezza

Quant'è bella giovinezza
   che si fugge tuttavia.
   Chi vuol esser lieto, sia:
   di doman non c'è certezza.

Quest'è Bacco e Arianna,
   belli, e l'un dell'altro ardenti:
   perchè il tempo fugge e inganna,
   sempre insiem stan contenti.

Queste ninfe ed altre genti
   sono allegre tuttavia.
   Chi vuol esser lieto sia:
   di doman non c'è certezza.

Lorenzo De' Medici. 1449 - 1492. "Trionfo di Bacco e Arianna."

READ THE FOLLOWING PASSAGE AND THEN WRITE A SUMMARY IN ENGLISH PROVIDING AS MUCH INFORMATION AS YOU CAN

Raffaello Sanzio, rammaricandosi della morte del duca di Urbino, Guidobaldo da Montefeltro, raccomanda un amico fiorentino, prossimo a recarsi ad Urbino, a suo zio Simone de Batista di Ciarla di Urbino e fornisce varie notizie su lavori in corso. L'originale autografo di questa lettera è nella Biblioteca Apostolica Vaticana, ms Borgia 800, ed è danneggiato lungo le piegature, con caduta della carta e perdita di brani del testo.

**Raffaello Sanzio a Simone suo zio**     1508, aprile 21, Firenze

Iesus

Carissimo quanto patre, io ho **resuta** una vostra lettera, per la quale ho inteso la morte del nostro illustrissimo signor duca, a la quale Dio abi misericordia a l'anima e certo non **poddè** senza lacrime leggere la vostra letera, ma *transiat*; a quello non è riparo bisognia avere pazientia e acordarsi con la volontà de Dio. Io scrissi l'altro dì al zio prete che me mandasse una tavoleta, che era la **coperta** della nostra Donna de la Profetessa: non me l'à mandata; ve prego voi faciate sapere quando c'è persona che venga, che io possa satisfare a madona, che sapete adesso uno averà bisognio di loro. Ancora vi prego, carissimo zeo, che voi voliate dire al preto e a la Santa, che, venendo là Tadeo Tadei, fiorentino, el quale n'avemo ragionate più volte insieme, li facine honore senza **asparagnio** nisuno e voi a[nco]ra li farite careze per mio amore che certo **li** so' ubligatissimo, quanto che a omo che viva. Per la tavola non ho fatto **pregio** e non lo farò se io porò, perchè **el** serà meglio per me che la vada a stima e in però non ve ho scritto quello che io non **poseva** e ancora non ve ne posso dare aviso; pur, secondo me **a ditto**, el patrone de ditta tavola dice che me darà da fare per **circhia** a trecenti **ducati** d'oro per qui e in Francia. **Fato** le feste, forsi ve scrivirò quello che la tavola **monta**, chè io ho finito el cartone e, fato Pascua...

(Ed. Golzio, <u>Raffaello nei documenti, nelle testimonianze dei contemporanei e nella letteratura del suo secolo</u>, Città del Vaticano 1936, p.18-19)

VOCABOLARIO: **Resuta** (ricevuta); **poddè** (potè); **transiat** (espressione latina, si vada avanti); **coperta** (tela per dipingere); **asparagnio** (risparmio); **li** (gli); **pregio** (prezzo); **el** (quello, esso); **poseva** (potevo); **a ditto** (a quanto detto); **circhia** (circa); **ducati** (moneta fiorentina dell'epoca); **fato** (fatte, passate); **monta** (vale in senso monetario).

**MORE ABOUT PREPOSITIONS**

1. The agent is expressed in Italian by **da**, but **da** has many more meanings:

L'ho fatto tuto **da** me. (I have done it all <u>by</u> myself.)

Tutti gli ospiti devono venire alla festa vestiti **da** sera. (All the guests must come to the party in evening dress.)

Ho bisogno di comprare sei tazze **da** caffè. (I need to buy six coffee cups.)

Si esce **da** questa parte, non **da** quella. (One goes out this way, not that way.)

**2.** Before a personal pronoun, **contro, dietro, dopo, senza, sotto** and occasionally **fra** and **verso** take the preposition **di**.

Arrivò al teatro **dopo di** me. (She arrived at the theater after me.)

Si divertivano sempre **tra di** loro. (Among themselves they always had a good time.)

A proclitic **I** is occasionally prefixed to a word beginning with **S** followed by a consonant after the prepositions **per** and **in**:

Abitò in **Ispagna** per una decina d'anni. (He lived in Spain for about ten years.)

Nelle **istorie** fiorentine. (In the Florentine stories.)

## TRADURRE

1. Che cosa riusciranno a fare senza di noi?

2. Tutta la responsabilità è sopra di me, e di te.

3. C'erano centinaia di persone per istrada.

5. Vieni da me questa sera?

6. Sarebbe lei tanto gentile da rispondermi subito?

7. La sala da ricevimento è dall'altra parte della casa.

8. Perdere tanto tempo è proprio da sciocchi.

9. I lavori di riparazione furono interrotti dal sindaco.

10. Si comportarono da bambini anche in quell'occasione.

## GENERAL IMPORTANCE OF THE VERB

While there is a tendency in English to throw weight on nouns, in Italian the verb is emphasized. An Italian passage will contain more verbs than the corresponding English; Students should be aware of this language feature:

Questo pensiero **rispecchia** le sue idee politiche. (This thought is the reflection of her political ideas.)

Often the infinitive-nouns as subjects or objects of verbs or prepositions are translated by English nouns:

Il suo **gesticolare** mi irritava. (His gestures irritated me.)

Guardavano sempre **il tramontare** del sole nella baia. (They watched the sunset on the bay.)

Il decadentismo iniziò **col frantumarsi** degli ideali romantici. (The Decadentismo started with the disintegration of the romantic ideals.)

## TRADURRE

### Il quindicesimo secolo

Nel quindicesimo secolo l'Italia, erede della civiltà greca e romana riuscì a fondere le culture antiche con la cultura contemporanea. L'aspirazione verso le glorie del passato portarono a un pieno risveglio del pensiero artistico e scientifico, e con il ritorno alla bellezza dell'arte classica, molte forme pagane si fusero con quelle del cristianesimo creando così una sintesi armoniosa dello spirito delle due civiltà.

Gradualmente l'interpretazione mistica e morale della natura, comune nel Medioevo cominciò ad essere dimenticata e l'uomo divenne consapevole del suo diritto di capire il funzionamento del mondo naturale. Le avide investigazioni dell'uomo diedero nuova energia alla scienza e anche l'arte trasse vantaggio dalla ricerca della verità obiettiva quando gli artisti incominciarono ad investigare le leggi dell'ottica e dell'anatomia e a rivelare le belle proporzioni del corpo umano.

Imitazione ed invenzione andarono di pari passo creando nuove espressioni artistiche e scientifiche che imitavano veramente le forme antiche nella loro spontaneità, forza ed eleganza. Perciò il quindicesimo secolo con la sua vitalità, fermento di idee e ricerca della conoscenza preparò lo splendido fiorire dei primi anni del sedicesimo secolo che sarà dominato dalle potenti figure di Leonardo e Michelangelo.

TRADURRE

**Baldassarre Castiglione**, 1478- 1529

Mentre gli artisti del Rinascimento aspiravano a raggiungere la perfezione nell'arte con la scultura e la pittura, alcuni scrittori si adoperavano a produrre modelli immaginari di uomo e di donna perfetti e un ideale di bellezza perfetta.

L'opera più autorevole sulla perfezione sociale fu <u>Il cortegiano</u> di Baldassarre Castiglione, poeta e diplomatico che stabilì le norme del comportamento per il cortigiano perfetto e diede all'Europa del sedicesimo secolo il modello del gentiluomo perfetto. La presentazione nella sua opera è fatta in forma di vivace dialogo da dove emerge una figura di cortigiano perfetto di mente, di anima e di corpo.

Secondo Castiglione, il cortigiano dovrebbe appartenere preferibilmente a famiglia nobile, essere ben fatto, avere un aspetto virile ma aggraziato, essere un uomo di pensiero e di azione, un soldato e uno studioso. Deve tenersi in forma con esercizi di equitazione, scherma, caccia, nuoto, salto, corsa, tennis o calcio. La sua mente deve essere adornata di nobili virtù; deve conoscere letterature classiche e moderne, e come minimo parlare due lingue straniere; deve essere scrittore, poeta e oratore. Deve inoltre sapere disegnare, dipingere, cantare e suonare due strumenti a corda. Deve avvalersi della discrezione, prudenza, grazia e deve evitare affettazione. Nel fare ciò che meglio sa fare, lui dovrebbe agire con studiata disinvoltura poichè la vera e grande arte deve sembrar essere raggiunta senza alcuno sforzo.

Il cortigiano deve possedere tutte queste qualità per trarre piena gioia dalla vita ed ispirare gli altri, e sopra ogni cosa per poter illuminare il principe così che questi a sua volta possa governare saggiamente e diventare il principe ideale dello stato ideale. Castiglione enunciò anche il diretto rapporto che esiste tra moralità e politica, cielo e terra, uomo e Dio, riassumendo e definendo i motivi e lo scopo che spinsero l'uomo del Rinascimento a raggiungere la perfezione in tutti gli aspetti della vita umana.

## La Donna di Corte

... Benchè alcune qualità siano comuni e necessarie così all'**omo** come alla donna, sono poi alcun' altre che più **si convengono** alla donna che all'omo, ed alcune convenienti all' omo, dalle quali essa deve in tutto esser aliena. Il medesimo dico degli esercizi del corpo; ma sopra tutto parmi che nei modi, maniere, parole, gesti e **portamenti** suoi, debba la donna essere molto dissimile dall'omo; perchè come ad esso conviene mostrar una certa virilità **soda** e ferma, così alla donna **sta ben** aver una tenerezza molle e delicata, con **maniera** in ogni suo movimento di dolcezza feminile che nell'andar e stare e dir **ciò che si voglia** sempre la faccia parer donna, senza similitudine alcuna d'omo.

...perchè molte virtù dell'animo **estimo** io che siano necessarie alla donna così come all' omo; **medesimamente** la nobiltà, il fuggire l'affettazione, l'essere aggraziata da natura in tutte le **operazion** sue, l'esser di boni costumi, ingeniosa, prudente, non superba, non invidiosa, non **maledica**, non vana, non **contenziosa**, non inetta, sapersi guadagnar e conservar la grazia della sua Signora e de tutti gli altri, far bene e aggraziatamente gli esercizi che si convengono alle donne. **Parmi ben** che in lei sia poi più necessaria la bellezza che nel Cortegiano, perchè in vero molto manca a quella donna a cui manca la bellezza. Deve ancor essere più **circumspetta**, ad aver più riguardo di non dar occasione che di sè si dica male e far di modo che non solamente non sia macchiata di colpa, ma nè anco di **suspizione** perchè la donna non ha tante vie da difendersi dalle false calunnie come ha l' omo...

**Baldassarre Castiglione,** Il libro del cortegiano, libro terzo, IV

VOCABOLARIO: **omo** (uomo); **si convengono** (*are proper/ behoove*); **portamento** (*bearing*); **soda** (*sturdy*); **sta ben** (*it is proper*); **maniera** (*air*); **ciò che si voglia** (*what ever she may wish*); **estimo** (stimo); **medesimamente** (allo stesso modo); **operazion** (*actions*); **maledica** (maldicente); **contenziosa** (litigiosa); **Parmi ben** (*I am quite of the opinion*); **circumspetta** (circospetta); **suspizione** (sospetto).

## TRADURRE

### Congruenze Copernicane

Voglio arrecarvi una certa congruenza, della quale io già solevo servirmi per quelli che, per esser d'altre professioni, non erano capaci di più recondite dimostrazioni, per esser fatti capaci come assai più probabilmente era da stimarsi, il Sole, e non la Terra, esser immobile, e collocato nel centro delle celesti circolazioni. Dicevo dunque così: Noi abbiamo otto corpi mondani, cioè la Terra ed i sette pianeti; de i quali otto, sette assolutamente ed irrefragabilmente si muovono, ed uno solo, e non più, può essere che stia fermo; e questo solo di necessità bisogna che sia o la Terra o 'l Sole. Si cerca ora se da qualche molto probabile coniettura si potesse venire in cognizione qual di essi si muova; e perchè il moto e la quiete sono molto principali accidenti in natura, anzi per essi vien ella definita, e sono tra di loro sommamente diversi, è forza che molto differente sia la condizione di quelli che incessabilmente si muovono, dalla condizione dell'altro che eternamente sta fermo. Stando, dunque, noi in dubbio, se sia la Terra, o pure il Sole, immobile (essendo certi che gli altri sei si muovono), quando noi per qualche gagliardo incontro venissimo in sicurezza qual di essi, Terra o Sole, più si conforma con la natura degli altri sei mobili, a quello molto ragionevolmente potremmo attribuir il moto. Ma la cortese natura ci fa strada per venir in tal cognizione con due altri accidenti non men grandi e principali di quel che si sieno la quiete e 'l moto, e questi sono il lume e le tenebre; ché ben somma conviene che sia la diversità di natura tra un corpo splendentissimo d'un'eterna luce, ed un altro oscurissimo e del tutto privo di lume: ma de' sei corpi indubitabilmente mobili, noi siamo sicuri che essi sono, in loro essenza, privi totalmente di luce; e siamo parimente certi che tale è per appunto la Terra ancora: adunque grandissima esser la conformità della Terra con gli altri sei pianeti, ed all'incontro non minore la disconvenienza del Sole da i medessimi, possiamo noi resolutissimamente affermare. Ora, se la natura della Terra è similissima a quella de i corpi mobili, e diversissima l'essenza del Sole, come non sarà egli grandemente più probabile (quando non ci sia altro che osti) che la Terra, e non il Sole, immiti col movimento gli altri sei suoi consorti? Aggiugnesi l'altra non men notabil congruenza, che è che nel Copernicano sistema tutte le stelle fisse, corpi essi ancora, com'il Sole, per sè stessi luminosi, si stanno in un'eterna quiete. Questo ordinatissimo progresso vien da voi disordinateamente ritorto per concluderne il contrario; e dovrebbe, bastarvi, per trarvi d'errore e scoprirvi i suoi difetti, il semplice riferirlo. Voi dite così: Il Copernico attribuisce il moto a tutte le parti lucide del Cielo, cioè a i pianeti; e al Sole, lucidissimo più di tutti, lo nega, per attribuirlo alla Terra che è un corpo opaco e crasso; ma la natura, discreta in tutte le sue opere, non fa queste cose. Riordinatelo e dite: Il Copernico attribuisce la quiete a tutte le parti lucide del mondo, che sono le stelle fisse ed il Sole; e fa mobili tuttel l'opache e tenebrose, che sono i pianeti e la Terra, essa ancora fatta come loro; e così dovea far la natura discretissima in tutte le sue opere.

(Galileo Galilei. 1564- 1642. Dalla "lettera a Francesco Ignoli" del 1624)

## Indice alfabetico della grammatica

| | |
|---|---|
| Absolute superlative | pag. 196 |
| Adjectives | pag. 25 |
| Adverbs | pag. 52 |
| Adverbs of place | pag. 101 |
| Alphabet | pag. 15 |
| Altered words | pag. 119 |
| Apocopated words | pag. 232 |
| Apocope | pag. 18 |
| Apostrophe | pag. 17 |
| Archaic forms of imperfect | pag. 236 |
| Article and gender patterns | pag. 27 |
| Capitalization | pag. 17 |
| Cardinal and ordinal numbers | pag. 128 |
| Causative **fare** | pag. 217 |
| Cognate words | pag. 23 |
| Comparative and superlatives | pag. 195 |
| Conditional: present and past | pag. 143 |
| Conditional and subjunctive | pag. 175 |
| Conditional (uses) | pag. 143 |
| Conjunctions, prepositions and sentence connectors | pag. 225 |
| Defective verbs | pag. 210 |
| Definite article | pag. 26 |
| Demonstrative adjectives and pronouns | pag. 136 |
| Direct pronouns | pag. 93 |
| Disjunctive pronouns | pag. 99 |

| | |
|---|---|
| Double consonants | pag. 16 |
| Double pronouns | pag. 100 |
| False cognates | pag. 23 |
| Future and future perfect | pag. 115 |
| Gerund | pag. 157 |
| Idiomatic use of **ci**, **ne**, **se** | pag. 102 |
| Idiomatic expressions | pag. 40 |
| Idiomatic expressions with **avere** | pag. 35 |
| Imperative | pag. 185 |
| Imperfect indicative | pag. 75 |
| Imperfect subjunctive | pag. 177 |
| Impersonal construction and defective verbs | pag. 210 |
| Indefinite adjectives and pronouns | pag. 147 |
| Indefinite article | pag. 29 |
| Indirect pronouns | pag. 97 |
| Infinitive | pag. 153 |
| Interrogative form | pag. 31 |
| Interrogative pronouns | pag. 73 |
| Irregular verbs in **-ere** | pag. 83 |
| Modal verbs | pag. 64 |
| Negation (**non**) | pag. 31 |
| Nouns and adjectives | pag. 25 |
| Numerals | pag. 128 |
| Orthography | pag. 15 |
| Partitives | pag. 49 |
| Passive construction | pag. 201 |

| | |
|---|---|
| Past absolute and imperfect | pag. 76 |
| Past absolute of irregular verbs | pag. 82 |
| Past participle | pag. 159 |
| Past perfect : **trapassato prossimo and trapassato remoto** | pag. 108 |
| Phonology and orthography | pag. 15 |
| **Piacere** | pag. 105 |
| Plural of nouns and adjectives | pag. 25 |
| Polite form of address: **Lei, Loro** | pag. 112 |
| Position of some reflexive pronouns | pag. 238 |
| Possessives | pag. 140 |
| Prefixes | pag. 221 |
| Prepositions | pag. 44 |
| Prepositions (more about) | pag. 240 |
| Prepositions and article combination | pag. 46 |
| Prepositions and sentence connectors | pag. 225 |
| Present indicative of irregular verbs | pag. 60 |
| Present participle | pag. 159 |
| Present perfect | pag. 65 |
| Present perfect subjunctive | pag. 176 |
| Present subjunctive | pag. 176 |
| Present tense of **avere** | pag. 34 |
| Present tense of **essere** | pag. 30 |
| Present tense of regular verbs | pag. 37 |
| Present tense of some irregular verbs | pag. 39 |
| Pronouns (forms) | pag. 92 |
| Reflexive verbs | pag. 57 |
| Relative and interrogative pronouns | pag. 71 |

| | |
|---|---|
| Sentence connectors | pag. 225 |
| Subjunctive | pag. 169 |
| Subjunctive and conditional | pag. 175 |
| Subjunctive (imperfect) | pag. 177 |
| Subjunctive (present) | pag. 176 |
| Subjunctive (present perfect) | pag. 176 |
| Subject pronouns | pag. 29 |
| Superlatives | pag. 195 |
| Syllabication | pag. 16 |
| Verbs **volerci** and **metterci** | pag. 103 |
| Verb **piacere** | pag. 105 |
| Verbs followed by prepositions | pag. 231 |
| Vowel | pag. 15 |
| Word Stress | pag. 17 |

# TRADUZIONI

### CAPITOLO I

| | |
|---|---|
| **La casa di Laura** | **pag. 33** |
| **La cucina italiana** | **pag. 37** |
| **Oroscopo** | **pag. 42** |
| **Fulvia** | **pag. 43** |
| **Gli studenti** | **pag. 48** |
| **L'Italia** | **pag. 50** |
| **Aspetto delle piante nelle varie stagioni** | **pag. 50** |
| **La scuola elementare italiana** | **pag. 51** |

## CAPITOLO II

| | |
|---|---|
| **Una lingua straniera** | **pag. 55** |
| **Le origini della polenta** | **pag. 56** |
| **Parentela tra le lingue** | **pag. 57** |
| **Annuncio** | **pag. 59** |
| **Giovanni** | **pag. 59** |
| **Franco** | **pag. 59** |
| **Giuseppe Garibaldi** | **pag. 62** |
| **I venti** | **pag. 63** |
| **I manoscritti di Leonardo Da Vinci** | **pag. 63** |
| **Sci estivo** | **pag. 65** |
| **Una cometa è caduta sul pianeta Giove** | **pag. 70** |
| **Gabriele D'Annunzio** | **pag. 71** |
| **L'opera lirica** | **pag. 75** |

## CAPITOLO III

| | |
|---|---|
| **Amedeo Modigliani** | **pag. 78** |
| **Michelangelo** | **pag. 78** |
| **Il matrimonio in Italia** | **pag. 79** |
| **Giovanni Pascoli: Fides** | **pag. 80** |
| **Trilussa: Il gatto socialista** | **pag. 81** |
| **Tosca** | **pag. 81** |
| **Marco Polo** | **pag. 91** |
| **Mio nonno** | **pag. 92** |
| **Cappuccetto Rosso** | **pag. 98** |
| **La piazza italiana** | **pag. 106** |

| | |
|---|---|
| **Esplorazione del continente antartico** | pag. 106 |

CAPITOLO IV

| | |
|---|---|
| **Nobile fu il primo a sorvolare il Polo** | pag. 110 |
| **Padre Cristoforo** | pag. 111 |
| **Laurana** | pag. 114 |
| **Il lupo e l'agnello** | pag. 115 |
| **Se Florindo è fedele** | pag. 118 |
| **L'eredità dell'umanesimo e la nuova cultura** | pag. 124 |
| **I partigiani sono ancora scomodi** | pag. 125 |
| **Jacopone Da Todi: Lode alla povertà** | pag. 126 |
| **La città nella sua fisionomia culturale e umana** | pag. 127 |
| **Leporello** | pag. 132 |
| **I bronzi di Riace** | pag. 134 |

CAPITOLO V                                                          pag. 132

| | |
|---|---|
| **La fiaba del fungo d'oro** | pag. 138 |
| **Gina** | pag. 146 |
| **Marianna** | pag. 147 |
| **Gerundio** | pag. 164 |
| **Il vento, l'acqua e l'onore** | pag. 164 |
| **La poesia ermetica: Ungaretti, Montale, Quasimodo** | pag. 165 |
| **Luigi Pirandello** | pag. 167 |

CAPITOLO VI                                                         pag. 163

| | |
|---|---|
| **Cecco Angiolieri: S'i' fosse foco** | pag. 179 |
| **Italo Calvino: L'autodistruzione dell'autore** | pag. 180 |

| | |
|---|---|
| Il monaco al mercato | pag. 180 |
| Dottrina politica e sociale del fascismo | pag. 181 |
| Francesco Petrarca: Solo e pensoso | pag. 183 |
| Muovesi il vecchierel | pag. 184 |
| Batti, batti, o bel Masetto | pag. 187 |
| Laudes Creaturarum | pag. 188 |
| Costumi sessuali nella Roma antica | pag. 190 |
| L'uomo e il mondo | pag. 191 |
| Il superamento del dualismo agostiniano | pag. 192 |
| "Idiota" | pag. 193 |

### CAPITOLO VII

| | |
|---|---|
| Il filosofo e pulcinella | pag. 200 |
| Williams Shakespeare | pag. 206 |
| Scoperte archeologiche in Messico | pag. 206 |
| L'incidenza delle catastrofi | pag. 207 |
| Il battistero | pag. 208 |
| Vesti la giubba | pag. 209 |
| Il Medioevo | pag. 209 |
| La nascita dei Comuni | pag. 214 |
| Niccolò Macchiavelli a suo figlio Guido | pag. 216 |

### CAPITOLO VIII     pag. 210

| | |
|---|---|
| Vittorio Alfieri | pag. 218 |
| Macchiavelli: Della crudeltà e pietà | pag. 221 |
| Pompei | pag. 224 |

| | |
|---|---|
| La villa dei misteri | pag. 225 |
| Leonardo Sciascia: A ciascuno il suo | pag. 228 |
| Il Decameron | pag. 229 |
| Il Trecento | pag. 233 |
| Inferno | pag. 233 |
| Paolo e Francesca | pag. 234 |
| Purgatorio | pag. 235 |
| Paradiso | pag. 236 |
| Giacomo Leopardi: L'infinito | pag. 236 |
| A Silvia | pag. 237 |
| Quant'è bella giovinezza | pag. 239 |
| Raffaello Sanzio a Simone suo zio | pag. 240 |
| Quindicesimo secolo | pag. 242 |
| Baldassar Castiglione | pag. 243 |
| La donna di corte | pag. 243 |
| Congruenze copernicane | pag. 245 |